JN118141

「地域」の

経済・社会を身近に考えよう

学び方

帝京大学地域経済学科編集委員会＝編

八朔社

はじめに

本書の位置づけ

　本書は，2017 年に発行された帝京大学地域経済学科，山川充夫編著『地域経済政策学入門』(八朔社) をベースとしつつ大幅に再構成し，改訂したものである。『地域経済政策学入門』は，帝京大学大学院経済学研究科地域経済政策学専攻の大学院生向けに，当時，帝京大学経済学部地域経済学科に所属していた教員が執筆した経緯があった。『地域経済政策学入門』が発行されてから時間が経過し，半数近くの教員が入れ替わった。専門とする詳細な分野も変わってきており，「地域」への教育や研究に対するアプローチもリニューアルされてきた面もある。そこで，新たに「地域」への学びを見つめ直し，「地域」をより多くの人が広く学べるよう再構成を行った。具体的には，「地域」を学ぶ大学生を対象にし，1 年生でも無理なく学べることを意識しながら執筆することとした。

　本書を再構成するにあたって地域経済学科の教員有志から執筆者を募り，新たに書き下ろした章，『地域経済政策学入門』を改訂した章，『地域経済政策学入門』から再掲載した章で構成した。教科書としての位置づけを念頭に置くと，普遍的な内容のところも，本書が『地域経済政策学入門』との連続性を兼ねているところもあるため，このような構成となっている。本書では「地域」の学びに対し，大学 1 年生が頑張って独学で学べるように工夫する一方，大学の教育資源を最大限活用してもらうべく，再掲載した章のように難易度の高い内容のところは教員とともに学ぶことを意識している。これにより独学では気づきづらいような新たな視点を学ぶことができる。さらに教員とともに学ぶことで，教員の専門分野による物事の捉え方の違いから新たな学びを得ることもできる。例えば「地域」の捉え方も，行政区分 (都道府県や市町村など) による地域もあれば，ある都道府県や市町村の全域あるいは一部を指す地域もあり，さらにはヨーロッパやアジアといった国境を越えた地域などといった見方もできる。教員とともに学ぶことで，同じ章でも多様な捉え方ができ，新たな学びにつながることが期待できる。

　また，「地域」と「地域経済政策」の違いによる違和感があるかもしれないが，「地域」の発展には，「経済」が重要な役割を担い，その「地域経済」を推進，支援する取組みとして「地域経済政策」がある。「地域」の発展には様々な段階があり，それぞれで様々な視点からのアプローチができることから，大学1年生のときだけでなく学年が上がるにつれ，視野を広げて総合的に学べるような内容となっている。

本書の狙い

　本書には，「地域」を学ぶにあたって，特定の地域に関する研究にとどまらず，農業，財政，観光，環境問題など，様々な視点から学んでもらいたいという狙いがある。[(1)] 学問分野としての「地域経済学」は，金森・荒・森口編 (2013) によると「経済活動の空間的分布や経済的成果の水準の空間的な変動について研究する経済分析の一分野」と説明されており，本書であれば第6章の内容が直接的に該当する。しかし，「地域」には様々な社会問題があり，その社会問題を見出し，解決に向かうために，様々なアプローチが必要である。例えば，ある経済活動によって，ある特定の地域で環境問題が発生し，住民の健康被害が発生したり農作物への風評被害が発生したりした場合，環境問題の解決に向けて規制を作ったり健康被害の被害者に補償したりする必要がある。しかし，それだけではなく，農作物への風評被害は流通過程でどのような被害が生じているのかを検討し，風評被害に対する対策や補償をどうするのかを考えなければならない。さらにその補償の財源をどうするのかも考えなければならない。そうなれば，環境経済学だけでなく，農業経済学や財政学のアプローチが必要になってくる。これはあくまでも一例であるが，「地域」の社会問題に対し，本書では様々な視点から学べるような構成となっている。

　「地域」を学ぶにあたり，ある地域に焦点をあてて，その地域の産業構造や社会問題の所在などを明らかにし，問題解決に向けたヒントを得るため，フィールドワークは非常に有用である。しかし，フィールドワーク＝「地域」の研究

---

(1)　「地域」あるいは「地域経済」を取り巻く学問的な背景は，帝京大学地域経済学科，山川充夫編著 (2017) の「はじめに」で詳しくまとめられている。

という構図は必ずしも望ましくはない。フィールドワークで同じものを見ても，バックグラウンドにある学問的な知見の有無で，さらに新しい知見が得られるか否かが分かれたり，得られる知見の多さが変わったりしてくる。そのため，せっかくのフィールドワークの機会を大切にし，効果的に学ぶためにも，フィールドワークを実施する前に学術的な理論や背景といった学問的な知見を学ぶことが望まれる。そのためにも様々な視点から学べる本書を役立ててほしい。

本書の構成

　本書は，第1章から第3章が「地域」の経済や産業の研究について学ぶ分野，第4章から第6章が「地域」の経済と社会の構造や分析の方法を学ぶ分野，第7章から第9章が「地域」を制度的な面から学ぶ分野，第10章から第13章が産業や社会問題から地域を学ぶ分野に分けられており，全13章構成となっている。

　第1章から第3章の「地域」の経済や産業の研究について学ぶ分野では，地域に根差した地場産業や農業について取り上げている。地域の「経済」と「社会」について学ぶにあたっては，どのような歴史的背景があるのかを理解することで，現在の地域がどのように形成されたのかを見出すことができる。そして何か課題があればその原因が何なのかを探り，解決に必要なヒントを見つけることができる。

　第4章から第6章の「地域」の経済と社会の構造や分析の方法を学ぶ分野では，社会とは何か，地域とは何かを学び，「経済」と「社会」を身近に考えてもらいたい。ここでは「社会」や「地域」がどういうもので，どのように形成されてきたのかを取り上げており，地域を研究する際にベースとなる社会の構造，地域の構造を知ることができる。さらに研究に一歩踏み込んで，代表的な地域の分析手法であるGIS（地理情報システム）についても取り上げており，実践的な地域の研究法を学ぶことができる。

　第7章から第9章の「地域」を制度的な面から学ぶ分野では，法律，公共政策，財政の観点から「地方」の制度を取り上げている。現代の経済では，政府は重要な役割を有しており，経済の安定に向けた法規制や地域振興政策の策定，公共財の供給などを行っている。それらを通じて，地域の「経済」や

「社会」に対して多方面から影響力を持っている中央政府や地方政府が行う活動を知ることで,「地域」が抱える課題とその解決に向けた取組みを学ぶことができる。

そして第10章から第13章の産業や社会問題から地域を学ぶ分野では,具体的な産業や社会問題として,観光業や電気通信産業,環境問題,教育問題を取り上げて「地域」の分析を示している。もちろん,本書で取り上げている産業や社会問題は一例に過ぎず,地域には様々な課題が存在しているが,それに対して様々なアプローチが必要である。特に第13章で取り上げられている,"Equality"と"Equity"は,経済学の分野でも重要な考えであり,"Efficiency"を追求する経済においても,「地域」の課題解決に向けて考慮すべき視点が盛り込まれている。これらは「地域」を学ぶにあたっての応用分野に位置づけられるものの,わかりやすく読み進められるように工夫している。

本書の使い方

本書は,オムニバス形式でまとめられた内容となっており,「地域」の経済と社会を多角的な視点から学べるように工夫されている。前述の「本書の構成」の冒頭で述べたように,おおむね4つの分野に分かれており,読者の目的に応じて読み進めることができるようになっている。一方,難易度の面から分類すると,例えば,第4章から第6章の2つ目の分野は「地域」を分析する内容を扱っており,全体として難易度は高めである。さらに第7章から第9章の3つ目の分野についても,第9章は初学者から学べるものの,全体として難易度は高めである。難易度が高めのところは,ゼミで教員と一緒に読み進めたり,参考文献などで取り上げられている関連書籍で内容を確認しながら読み進めたりすることを勧める。

次に,帝京大学の地域経済学科のカリキュラムを参考に,本書の使い方の一例を説明したい。地域経済学科では,1年生のときにライフデザイン演習,2年生から4年生のときに演習(ゼミ)がある。ライフデザイン演習は大学での学習や研究で必要となる基本的なスキルを身につけることを目的とする授業であり,研究とはどういうものなのかを身近に感じてもらうため,本書を入門書として活用してもらいたい。そして本書を通じて,様々な視点から「地域」を学

ぶことができることに気づいてもらいたい。演習は2年生と3年生になる時点でそれぞれゼミ募集が行われるため，2年時と3年時で別のゼミに所属することもできるようになっている。これにより，2年生の段階では基礎に重点を置きつつ，より多くの専門分野について学ぶことができる。また，ゼミ募集の際には，教員の専門分野や研究内容を調べるためにも本書を活用することができる。演習では，研究をどう進めていくかの参考として活用したり，輪読のテキストとして活用してもらいたい。教科書として活用することを念頭に置いているが，随所に研究の手法や手がかりが盛り込まれているため，研究のヒントを得るためにも活用できるであろう。さらに本書は普段の授業の中で取り上げられるような内容も盛り込まれ，4年間を通じて使えるよう工夫されており，存分に活用してもらいたい。

　本書は，2021年度に帝京大学経済学部地域経済学科に所属している教員有志で執筆したものである。地域経済学科は，2011年4月に栃木県宇都宮市にある帝京大学宇都宮キャンパスに設立された。「地域」には様々な問題があり，例えば「地域」に直接関係しているものとして都市と農村の関係，地域や地場産業の活性化，過疎地域の再生などが挙げられる。他にも「地域」が抱える問題は多様に存在しており，今後も新たな問題が出てくることが考えられる。地域経済学科ではこのような問題の解決に向けて貢献できる人材の育成を目指している。2011年4月は前月に東日本大震災が発生し，栃木県の隣県である福島県で福島第一原子力発電所事故も発生するなど，未曽有の災害によって社会不安のある中，希望を持って地域経済学科が設立された。地域経済学科の中では東日本大震災に関する研究も行われており，簡単ではあるが，『地域経済政策学入門』でも取り上げられていた。

　そして2020年4月，新型コロナウイルス（COVID-19）の感染拡大に伴い，全国的に緊急事態宣言が発出されたが，そのような時期に地域経済学科は設立10年目を迎えた。本書の中でも新型コロナウイルスのことが取り上げられている。東日本大震災の後も日本各地，世界各地で災害は発生しており，さらに新型コロナウイルス感染拡大も起きた。世界的に不安を抱える中でいかに生き抜いていくかが問われる社会となっている。そのような中でも自分にできること

を見つけ，行動していくことが求められる。そのためにも知識が必要であり，その知識を自分のものとし，生かせることが重要である。帝京大学の教育理念に掲げる「自分流」は，このような不安の多い現代の中でも生き抜く力を身につけるという考えに通ずるが，地域経済学科では「自分流」の教育理念のもと，「地域」に貢献できる人材の育成を目指している。本書を通じて，帝京大学経済学部地域経済学科での教育研究について興味を持ち，関心を高めてもらえれば幸いである。

　本書の出版にあたっては，地域経済学科の教員有志の協力とともに，地域経済学科共通経費補助によるところが大きく，この場を借りて深く感謝申し上げる。なお，編集委員会が全体の構成や索引を担当したが，各章の内容及び表現については執筆者の責に帰せられる。

　本書が刊行される 2022 年 3 月には，第 1 章，第 7 章の執筆者である山本健兒教授，夜久仁教授が定年退職を迎える。これまで地域経済学科の発展にご尽力なされた両氏にこの場を借りて，心からの感謝を申し上げるとともに，今後のますますのご健勝とご活躍を祈念する。最後に，出版事情の厳しい折，今回も出版を快く引き受けていただいた八朔社の片倉和夫社長に，この場を借りて御礼を申し上げたい。

　2022 年 3 月

帝京大学地域経済学科
編　集　委　員　会

〈参考文献〉
金森久雄・荒憲治郎・森口親司編（2013）『有斐閣経済辞典（第 5 版）』有斐閣。
帝京大学地域経済学科，山川充夫編著（2017）『地域経済政策学入門』八朔社。

目　次

第1章　地域における産業調査の方法
―栃木県益子焼産地に関する文献案内を兼ねて―

I　はじめに

　本書が帝京大学経済学部地域経済学科の教育・研究に寄与することを目指して企画されたことに鑑み，地域における産業に関してなんらかのオリジナリティのある卒業論文を執筆したいと考える学生にとって参考になるような内容の提示を本章の目的の1つとする。その際に，具体的な地域における具体的な産業を取り上げて説明するのがよいので，本学科が栃木県の宇都宮キャンパスにあることを考慮し，栃木県の地場産業として最もよく知られている益子焼産地を取り上げる。それは，筆者が帝京大学経済学部地域経済学科在職中に担当した講義科目に「地場産業論」「中小企業論」「地域経済論」などがあったからである。

　たまたま 2019 年度に 2 年生向けの「演習」を担当した際に，上記の担当科目と関わる内容の授業とした。本学科の教育目的に照らして，文献研究と具体的な地域を選んでの現地調査とを組み合わせ，学生が調査研究する能力を身につけるための一助となるような「演習」を実行したいと考え，前期では地域と産業に関わる吉本 (2008) と枝廣 (2018) を順次読み進めるとともに，5 月連休明けから学生の希望を聞きながら現地調査対象地域の選定に取り組んだ。

　現地調査の場所と産業を選定するために演習では 3 回分の授業時間を費やした。単なる思いつきで選ぶのではなく，調査研究の対象地域とするための社会的意義や学問的意義を学生に考えてもらうだけの時間を必要としたからである。言うまでもなく，日本では 2010 年代半ば頃から「地方創生」政策が大きな関心を呼んでおり，これに多少とも関連する「地域における産業」を選ぶのが望ましい。選定の経緯については割愛するが，学生の 1 人から提案があったことも益子焼産地を選んだ理由の一つである。

　前述したように，本章の目的は，学生の自主的研究の参考になるような内容を記述することである。地域における産業を研究するためには文献研究と現地調査の両方を必須とする。そこで，その進め方についても解説する。しかし，その両方を与えられた紙数で書くのは筆者にとって困難なので，ここでは文献研究の進め方を重点的に扱い，現地調査の仕方については補足的に扱う。文献研究によってだけでも益子焼産地の現状をある程度知ることができるし，なによりも現在を理解するために必要な益子焼産地の近過去の歴史を知ることができる。

　ところで，益子焼産地の現地調査の準備と調査後のとりまとめとは別に，「演習」では地域経済に関する新書版の書籍を2冊読んだことは前述したとおりである。吉本（2008）は本来高校生向けの書籍だが，筆者が読んでも教えられるところが多く，本学科の学生だけでなく地域の在り方に関心を抱く学生に読むことを勧める。枝廣（2018）も参考になるが，率直に言えばマクロ経済における経済循環に関する理論を学んでいない学生にとって，やや難しい部分があるかもしれない。しかしその部分を除けば読みやすいし，たとえ難しい部分があるとしても1冊の本を自力で読み通すという経験を積み重ねることが大学での自主的学習には必須である。地域と産業との関係に関心のある学生は批判的な精神をもって，上の2冊を在籍低学年のうちに読了することを勧める。

　なお，本稿は，益子焼産地を知らない人にとっても，その理解を深められるよう，関連する文献案内とすることも目的の一つとしている。

II　益子焼産地に関する先行研究の探し方

1　「芋づる式」による文献探索

　学生が調査研究しようと狙いを定めた地域や産業，あるいはその両者の関係について，これまでどのような研究が公表されてきたのか，それらによって何が明らかになったのか，未解明の問題は何か，ということを調べるのが文献研究である。どんな文献があるのかを調べることは，かつては大変な労力を必要とした。一般的には，先行研究に詳しい教員などから「読んでみたら」と指示された論文や書籍を読み，さらにそれに記載されている参考文献を探し

て読んだものである。いわゆる「芋づる式」で読むべき文献を探すというやり方である。この方式は文献目録のデジタル化が進んだ現在でも，研究を進めるうえで有効な方法である。

　地場産業を調べたい場合には，人文地理学分野の大学・高校教員による論文を収録した下記の文献が参考になる。

　板倉勝高（編）（1978a）『地場産業の町　上』古今書院。

　板倉勝高（編）（1978b）『地場産業の町　下』古今書院。

　板倉勝高（編）（1985）『地場産業の町　3』古今書院。

　この3冊には，古今書院が発行している月刊誌『地理』に連載された日本全国60か所の地場産業産地の1970年代ないし80年代前半期の実態や歴史を扱った論文が収録されている。編者の板倉は流通経済大学と東北大学で教授を務め，地場産業や工業地理の研究者として名声を博した人物である。上巻の最初には，地場産業とは何かを論じた板倉による序章があり，第3巻の巻末には同じく板倉による「地場産業の調べ方」という論考が収録されている。

　21世紀も20年以上を経た現在の学生からすれば，そんな古い本を読む必要があるのか，と疑問に思うかもしれない。しかし，現状を調べるためには，かつてどうだったのかを知ることが重要である。過去と現状とを比較することによって，その間に起きた変化や，困難に遭遇した先人たちがどのような努力によって克服したのかという研究課題を発見する糸口になるからである。それは現在の困難を克服するための方策を考えるうえで何らかのヒントを得ることにつながる可能性がある。

　上記の下巻には真岡高等学校教員だった松本（1978）による「陶器の町　益子」という論文が収録されている。この論文は1975年に発行された『地理』第20巻第6号の，pp.110-119に収録されたものである。したがって，1970年代前半期の実態が描かれているはずである。また，筆者の手元にある書籍に，益子焼産地に関する石田（1981）が掲載されている。この論文には，1970年代末当時の益子焼産地の実態が描かれている。

　ただ，松本（1978）も石田（1981）も，本格的な学術的論文とは言い難い。その理由は，記述の典拠を，注記などを利用して丁寧に示していないからである。論文中には図，表，写真などが掲載されているが，その典拠の記述も十

分とは言い難い。松本（1978）には写真が4枚掲載されており，いずれにもキャプションが施されているが，誰がいつ撮影したのか，明示されていない。さすがに統計数値を整理した表には出所が明記されているが，図に関してはそれがない。板倉（1985：203-204）は，地場産業研究のためには産地での事業所分布図を提示することが必須であり，それが経済地理学的研究として重要であるし，各執筆者にそれを要請したと記しているが，残念ながら何を根拠資料として益子焼窯元と販売店の分布図を作成したのか，松本（1978：36）は明記していない。同じことは石田（1981：74）にも言える。

　しかし，2つの論文にはそれぞれの末尾に各著者が参考にした文献が掲載されている。また，そこから『益子焼産地診断報告書』が1970年代初めに作成されていたことを知ることができる。残念ながらこれは帝京大学図書館にも栃木県立図書館にも所蔵されていない。しかし，そこで諦めてはならない。

2　インターネットによる文献探索

　国立国会図書館には，わが国で刊行された書籍や雑誌がほとんど収蔵されている。そこでそのウェブサイト（https://iss.ndl.go.jp/）から『益子焼産地診断報告書』があるかどうか調べてみると，あるではないか。編者は栃木県商工労働部となっており，1972年に刊行されたと分かる。縦26cmの大きさ，即ちB5版で148頁もあるので，かなりのボリュームである。大学生であれば，在学中に国会図書館を利用する体験をしてほしいと筆者は常々思ってきた。たとえ国会図書館に行かなくても，複写サービスを利用すれば，日数はかかるが原本の一部のコピーを入手できる。著作権の制約の故に，図書館では読みたい文献の全部を複写することは許されていないからである。もちろん，コピーと郵送のための費用はかかる。

　ついでながら，国会図書館のデジタルコレクションというウェブサイトがあり，これに「益子焼」という語句を入れて検索すると，非常にたくさんの文献情報がヒットする。そのなかに，村上（1942）がある。これは栃木縣立宇都宮商業學校（現在の栃木県立宇都宮商業高等学校）教員だったと思われる村上の指導の下に生徒が栃木県内の産業を調査した記録であり，そのなかに大谷石と大麻に関する調査のほかに「益子焼の調査」が収録されている。執筆者は五年二

組淺香満一であり，現地を訪問して識者や経営者などからの聞き取りと観察，そして入手した資料に基づいて一人で論文を執筆した。その内容は，益子焼の起源，栃木縣立となった益子町窯業指導所（現在の栃木県産業技術センター窯業技術支援センターの前身組織）や窯業企業の組合組織，製陶の手順，そして当時の市場などについて詳細に記述し，さらに民芸運動にも触れたうえで「益子焼の将来」という1節も設けてある。

　インターネットによる文献検索で重宝するのは，国立情報学研究所の文献検索システム CiNii である。これには大学図書館のウェブサイトからアクセスできるので，文献名をその検索欄に入力して調べると，どこに所蔵されているか分かる場合がある。『益子焼産地診断報告書』は，大阪経済大学の「中小企業・経営研究所」図書館に収蔵されている。しかし，この図書館は相互貸借に応じていないという趣旨のことが書かれているので，遠隔地に住む者にとって利用は困難である。しかし大学図書館間の複写サービスを利用すれば，一部のコピーの入手は可能であろう。

　CiNii が便利なのは，研究したテーマや具体的対象に関わるキーワードをいくつか用意し，その中から2語あるいは3語の組み合わせで検索すれば，参考になりそうな文献を網羅的に探すことができる点にある。もちろん1語でもよい場合がある。試みに「益子焼」を検索欄に入力して調べると，39件の文献がヒットした。しかし論文を掲載している雑誌の名称からすると経済学的関心からではなく，技術的関心から扱ったものが多い。

　J-STAGE（国立研究開発法人科学技術振興機構（JST））の 論文検索システムも便利である。これに「益子焼」というキーワードで検索するとはるかに多くの文献がヒットする。しかし同様にその大半は益子焼の技術に関するものが多い。

　それでも若干，社会科学的な観点からの研究論文を，上の2つの論文検索システムから収集できる。しかも中には，論文全文の pdf を入手できる場合がある。初沢 (2005)，カレ (2013)，素木 (1955)，水野 (1956) などである。素木 (1955) と水野 (1956) は益子焼の技術に関するものだが，この2論文から1950年代半ば頃までの益子の製陶技術は，美濃や尾張などの産地の製陶技術に比べて立ち遅れていたことがうかがえる。実際，筆者たちが訪問した益子焼窯元のなかには，尾張にある製陶所の技術を活用している場合があった。

　上記の諸論文のうち，初沢 (2005) は経済地理学会という学術団体が発行している学術雑誌に収録されたものであり，松本 (1978) や石田 (1981) に内在する問題点は少ない。そこには益子焼産地の現地調査を 2004 年 8 月から 2005 年 2 月にかけて初沢自身が行ったと p.350 で明記されている。「栃木県立窯業技術支援センター」の事業内容を整理した 2 つの表 (p.358) の資料となったアンケートを誰が行ったのか付記されていないが，初沢自身が 2005 年に行ったものと推察できる。益子焼産地を深く研究したい者にとって，初沢 (2005) を読むことによって，清水 (1973) や『益子町史第 5 巻　窯業編』が益子焼産地を研究する際には読むべき必須の文献であることが分かることも有り難い。芋づる式の効用である。

　実は，市町村スケールの地域における産業を調べる場合に，市町村史は必須の文献である。また当該市町村は発行者であって，編者が市町村それ自体ということは余りなく，その中に組織された編纂委員会であることが多い。その意味では，日本の産業化時代における益子焼の発展を知るための文献として益子町史を参考文献に掲げる場合の編者名は「益子町史編さん委員会」とするのが妥当である。著者名や編者名は書籍の表紙だけでなく，奥付でも確認するのが望ましい。とはいえ，文献によっては編者名を明記しない奥付になっている場合もあり，発行所を編者とするのもやむを得ない。なお，市町村史はいずれも分厚いのが普通であり，現在に直接つながる近過去のことを叙述した部分は，ほんの一部でしかないことが多い。現在の益子焼産地を知るうえで，益子町史編さん委員会 (1989a；1989b；1991) における関連記載部分を読むことは必須である。

　芋づる式とインターネット活用という 2 つの文献探索方法を併用して見出した現在の益子焼産地を理解するための近過去を扱った必読文献として，塚谷 (1967；1974)，羽田ほか (1997)，清水 (1973)，栃木新聞社 (1970)，塚田 (1965) がある。前 2 者はいわゆる大学紀要に掲載された論文であり，大学図書館どうしの連携で容易にその全文コピーを入手できる。また後 3 者は栃木県立図書館に所蔵されており，民芸陶器産地として益子が発展しつつあった時代と，その基礎が築かれつつあった時代の状況が活写されている。塚田 (1965) は栃木県の小学校教師・校長を務めながら，師範学校生徒の頃から益子に通

って佐久間藤太郎の指導の下で作陶に励み，浜田庄司とも交流のあった人物であり，言うなれば益子焼の民芸化以降の当事者による記録であることが，その「あとがき」から分かる。清水 (1973) は，浜田庄司や佐久間藤太郎など，民芸陶器の里としての益子を確立することに貢献した陶芸家や，その後に続いた人たち，さらに益子焼産地の近代的企業として成長した塚本製陶所や栃木県立窯業指導所などへの 1972 年頃に行われた直接インタビューを踏まえて書かれたものであることが，その内容と「むすび」の記述から分かり，言うなれば地域における産業の研究として必須のフィールドワークの結晶ともいえる作品であり，特筆に値する。

　フィールドワークの努力があったことを論文から分かるという点で塚谷 (1967) も貴重である。他方，栃木新聞社 (1970) に納められた諸論考は，その調査方法が明記されていないし，著者たちがどのような経歴の持ち主かということも分からないが，益子焼の歴史と 1960 年代末の現地の状況をよく知る人たちが書いたものと推察できる内容である。羽田ほか (1997) は，彼が勤務する大学の学生を動員して行った大量アンケート調査の成果であり，その意味で 1990 年代半ば過ぎの益子焼産地の状況を知るうえで貴重だが，益子焼産地の概説部分は益子町史編さん委員会 (1989b：1991) などを要約したに過ぎないので，原典を読むほうがよい。

　インターネットを用いて学生たちに実行してほしいのは，新聞や雑誌の過去の記事の探索である。研究対象に関するできるだけ最近の情報を得たい場合はもちろん，かなり以前のことで正史や学術論文に記載されていないことであっても，研究にとって重要な情報を得ることができる場合があるからである。大学図書館が「日経テレコン 21」(日本経済新聞，日経産業新聞など) や「聞蔵Ⅱビジュアル」(朝日新聞)，「ヨミダス歴史館」(読売新聞)，「毎索」(毎日新聞) などを利用できるように契約していれば，各新聞社が発行している新聞や雑誌に掲載された記事を容易に集めることができる。もしもそうした新聞社と契約していない大学図書館であれば，契約するように学生たちが結束して図書館に働きかけることが望ましい。

　「益子焼」の 1 語だけで検索すると，例えば「聞蔵Ⅱビジュアル」では 1985 年から最近まででも 818 件もの記事がヒットする。しかし記事タイトルを見ると，

地場産業の振興に関係ありそうな記事とは異なるものがあまりにも多い。そこでキーワードをいくつか用意し，その中から2語あるいは3語の組み合わせで検索欄に複数の用語を入れて検索すればヒット件数が抑えられ，かつ研究テーマに関する記事がヒットしやすくなる。これは，Googleのサーチエンジンを利用してさまざまなホームページから情報を集める場合にも言えることである。

　試みに「益子焼」と「窯元」の2語をキーワードとして「聞蔵Ⅱビジュアル」で検索すると208件に大きく減少するし，朝日新聞（1989年8月29日）の記事がヒットする。これは産地の動向を知るうえで興味深い内容である。この記事から，益子町にある益子焼協同組合はかつて栃木県全体に組合員を持とうとしていたが，実際には益子町と北に隣接する市貝町で活動する窯元だけが参加していたと分かるし，西に隣接する真岡市や東に隣接する茂木町にも益子焼の窯元が存在することが分かる。つまり益子焼産地は決して益子町だけに限られるというわけではない。関心ある地場産業が特定の地名と結びついていたとしても，その地名を持つ市町村とその領域だけを研究対象としてよいというわけでは必ずしもない，ということは知っておく価値がある。

　そのことはさておき，上の新聞記事を読めば，現在の益子焼窯元の地理的分布はどうなっているのだろうか，そして変化があるとすれば，なぜ変化したのか，という疑問が浮かぶ。研究を進めるうえで重要なことは，疑問点を発見することである。

Ⅲ　益子焼の発祥と隆盛に関する先行研究から分かる点と疑問点

1　益子焼の発祥に関する通説と異説

　「芋づる式」で集めた益子焼に関する文献を読めば，これの発展の起源は，茨城県の笠間焼産地で製陶技術を身につけた大塚啓三郎という人物が，現在の大田原市黒羽田町に居城を置いていた那須黒羽藩主の支援を得て窯を現在の益子町内に構築して，地元の粘土を用いて1852年に製陶を開始したことに求められることは明らかであるかのように思われる。ところが雨宮（1970：20-21）は「益子焼のはじまりは，大塚啓三郎であり，ときは，嘉永六年（一八五三）といわれる。」と慎重な書き方をして，その典拠を益子町内の西明寺境内

に建てられている大塚の頌徳碑に記されている内容を紹介したうえで，「根子屋の窯（大塚啓三郎の窯を意味している：引用者注）と前後して，菊池清蔵の窯（現文八窯）があり，素焼きの日用品を作っていた。啓三郎以前にも，製陶の立地条件に恵まれた益子町では，このような形で，日用品が焼かれていたことがある。／啓三郎の仕事が，基礎もなく，経験も乏しい条件のもとの，まったくの創業であったか。それとも，いくつか，日用品をまかなう程度の窯があり，それ等の土壌の上，今日の益子焼の種子をまいたものか。このところ，文献のうえでははっきりしないが，益子焼のはじまりの問題であろう。」と述べている。残念ながら，雨宮は菊池清蔵の窯に関する典拠を明記していないので，何を根拠にしてこれが大塚啓三郎の窯とは別にあったと断定しているのか分からない。雨宮はその論文の最後に「塚田泰三郎・「益子の窯と佐久間藤太郎」による」と記しており，塚田（1965：25, 29-32）は益子焼の陶祖を大塚啓三郎であると断定しているので，菊池清蔵の窯が大塚よりも早く存在していた可能性に関する典拠資料は別にあるはずである。

　ところが加藤（1970：71）によると，1970年当時の益子町には「菊池陶芸苑」という窯元があり，その始祖が菊池清蔵であり，益子町教職員研究会（編）「わたしたちの益子町」というタイトルの小学3年生用社会科副読本に，大塚啓三郎よりも前から菊池が茶碗や壺などの陶器を製造していたと記されているとのことである。それゆえ，「菊池清蔵窯は，鶏足寺や黒羽領外の風戸に築かれたことで，いわばこちらは民窯，啓三郎の窯は官窯ということで，啓三郎の創業より四年後の安政四年には，六軒の窯元が存在したということは，官窯が六軒になったことであり，この短日月に六軒になったということは，それを可能にするだけの素地があった」という雨宮（1970：21）の見解が，益子の窯の歴史をより的確に表していると筆者は考える。

　益子焼の開祖の異説については塚谷（1967：77-80）も記しており，菊池清蔵の子孫からの手紙を引用して，益子では大塚啓三郎よりも菊池清蔵の方が早く製陶を行っていたし，実際にはそれ以前から益子で焼き物が生産されていたことを示唆している。しかし，塚谷，雨宮，清水のいずれもが重要参考文献として言及している塚田（1965：25, 29-32）が益子焼の陶祖を大塚啓三郎であると断定していることについては前述した通りであるし，村上（1942）も大塚が陶祖

10

であると断定している。正史である益子町史編さん委員会 (1989b：66, 258) に
も大塚啓三郎と菊池清蔵のそれぞれの製陶業としての発足年を示して，前者
の方が早かったという記述になっているし，これより 7 年早く益子町から刊行
された五十嵐ほか (1982：203-208, 301)[1] でも大塚啓三郎が陶祖であったと断
定している。

　なお，学生はこのような起源の問題に深入りすることは避ける方がよい。そ
れは，歴史に関する研究は史料を読む力がなければ無理だからであり，史料
の再発見がない限り，何が史実だったかを判定することは極めて困難だからで
ある。しかし，先行研究を批判的に比較解読し，何が明らかにされており，何
が明らかになっていないかを見出すという努力は重要である。それが新しい疑
問点の発見につながるからである。

2　益子焼産地隆盛の要因

　益子町史編さん委員会 (1989b) を初めとする先に言及した諸論文から，明
治以降において益子焼の隆盛と衰退が繰り返されたこと，そして 1970 年代頃
の隆盛の要因ははっきりしている。それを筆者なりに概括すれば以下のように
まとめることができる。

　1880～1890 (明治 20) 年代に日本の地方制度が順次整備された際に，益子
はまず村として 1889 年に位置づけられたが，1894 年に町としての地位を得た。
それは，東京を主たる市場として台所用品としての土瓶・壺・甕・擂鉢の生産
販売が活況を呈したからである (益子町史編さん委員会 1991：965-967)。しか
し，東京の住民の生活様式の変化によって甕や擂鉢などが利用されなくなっ
たために市場を失い，新たな市場を東北地方に求めた。その後，関東大震災
後に東京市場での台所用品の需要が増すと益子焼の生産販売は復活した。し
かしこれは長続きせず，昭和恐慌期には益子焼も深刻な不況に見舞われたし，

---

(1)　この本の奥付によれば文献リストに挙げた通りの編者となっているが，益子町助役を
　委員長とする「益子町史編さん委員会」が実際の編集作業を行ったことを，p.452 の「あ
　とがき」から知ることができる。また，第二編第五章第三節「近代産業と経済の発展」
　の著者は雑誌『地理』で益子焼産地に関する論考を書いた松本正敏であり，彼が五十
　嵐ほか (1982) において明治以降の益子焼の発展を詳述している。

当時の益子陶器従業員組合はストライキに訴えて，窯元との間で労働争議が起きた（益子町史編さん委員会 1989b：399-403）。

　第二次世界大戦後に益子焼産地は民芸陶器の里としての勢いを長期にわたって持続できるようになった。その土台は浜田庄司が築いた。浜田が，文化庁の文化財保護審議会によって 1955 年に第 1 回重要無形文化財技術保持者即ち人間国宝として指定されたのである。彼は 1924 年に益子に移住し，ここで製陶活動に従事し続けていた。そして益子の伝統的な製陶業者の若き後継者だった佐久間藤太郎などが早くから浜田に師事して新境地を開いたり，島岡達三や村田元なども第 2 次世界大戦後間もない時期に益子に移住し，浜田に師事して作陶に従事したりした。彼らの作品は芸術作品として高い価格で販売され，民芸というよりも工芸という用語が似つかわしいと筆者は考える。彼らの活躍が，陶芸作家を志す人々を益子に引き寄せたのである。

　益子町史編さん委員会（1989b：454-456）によれば，益子で生産される陶器は壺・甕・擂鉢など日用品と湯のみや酒器等の工芸品の 2 種類に分かれるという。しかし，工芸品には絵皿や花器などの装飾品も含めるのが妥当である。土瓶がどちらに分類されるのか不明だが，安価なものは日用品に，高価なものは工芸品に分類されるものと推察される。次頁図 1 は，この 2 つの種類の陶器の生産額の 1950 年代後半から 1970 年度までの推移を示したものである。ここから，益子焼産地では，日用品と工芸品との生産額が 1962 年度までほぼ拮抗し，これ以降どちらも生産額は上昇したが，その上昇速度は 1965 年度まではるかに工芸品において速かったこと，この年から 1968 年度まではその上昇速度がほぼ同じではあるものの工芸品の生産額が上回り，1969 ～ 70 年度になると工芸品の生産額上昇速度が格段に伸びたことが分かる。こうして 1970 年度の益子焼総生産額のうち，70％強が工芸品となったのである。

　益子焼産地での工芸品生産の発展は，全国的な民芸ブームと東京大都市圏に居住する人々の観光活動とが複合したからであり，1966 年度から開催されるようになった陶器市[2]がそれに貢献したことは明白である。清水（1973：170）に

---

(2)　益子町による益子陶器市に関するホームページによる。http://www.town.mashiko. tochigi.jp/page/page000110.html, 2021 年 8 月 9 日閲覧。

12

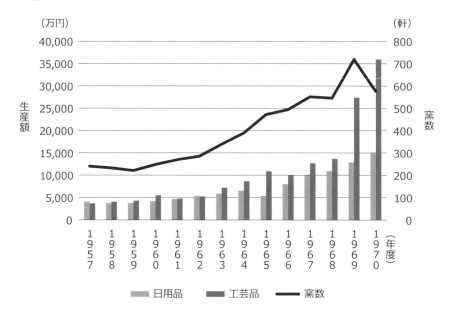

図1　益子の陶器種類別生産額と窯数の推移（1957 ～ 1970 年度）

資料：益子町編さん委員会（編）（1989）『益子町史第五巻　窯業編』p.454 に掲載され
　　ている表から作成。原資料は栃木県陶磁器協同組合資料。

よれば，1961 年からレジャーブームが始まり，1967 年頃から民芸ブームが起き
たという。

　栃木県の観光地と言えば日光と那須高原が全国に知られているし，鬼怒川
温泉もまた東京からの団体客の温泉保養先として有力だった。そうした伝統
的な観光地に続く新しい観光地として益子焼産地を栃木県庁が 1970 年頃に
は紹介するようになっていることや，陶器市だけでなく年間を通じた民芸品購
入のために到来するレジャー客の増加を益子の製陶業者や陶器小売店などが
期待したりする動きを，清水（1973：157, 169-175）は生き生きと描いている。
例えば，城内坂通りに店舗を持つある益子焼小売業者から売上台帳を清水は
見せてもらい，1968 年に比べて 1972 年の売り上げが 30 倍に伸びたことや，
陶器市だけでなく土日祭日の売り上げがウィークデイに比べて特に高いことを

確認している（清水 1973：169）。さらに，『益子焼産地診断報告書』[3]を引用して，1971 年時点での民芸ブームがさらに長期にわたって続くとみる益子焼関係業者が多いことも清水（1973：170）は記している。

3　経済環境の変化と益子焼関係者の主体的努力

　高度経済成長期に益子焼が隆盛した要因として，卓越した陶芸家である浜田庄司の益子での活動があることは確かである。そして隆盛の背景に，民芸ブームの到来と結びついた日本国民のレジャー活動，特に東京大都市圏民の観光行動があったことも確かである。しかしそれだけでなく，さまざまな窯元などによる主体的活動があったことも益子焼隆盛の要因として見過ごすことはできない。

　既に紹介した益子焼産地に関する文献のほとんどに記されていることだが，この産地における最大企業である㈲塚本製陶所（現在の㈱つかもと）が「峠の釜めし」という名称で知られている信越本線横川駅で販売されていた荻野屋（群馬県安中市に本社所在）の駅弁容器の生産を一手に引き受けて生産するようになったことが第二次世界大戦後以降の益子焼の隆盛の重要な 1 つの契機である。朝日新聞（1993 年 8 月 13 日）の栃木版に掲載された記事と『週刊アエラ』（1993 年 10 月 25 日）の記事とを総合すると以下のような経緯で 1956 年から 1958 年にかけて，塚本製陶所と荻野屋との商取引が始まったと解釈できる。

　1950 年代に都会での台所用具などとして重宝されていた水瓶や土瓶が売れなくなっていた頃すでに，塚本製陶所は東京の浅草にある老舗「釜めしの春」に容器を納入していたが，その在庫が 3 千個とたくさんあり，その 1 つをもって荻野屋に営業に出かけたという（上記『アエラ』の記事）[4]。その一方で塚本製陶所は東京のある商社から弁当容器としての釜の試作を 1956 年に受注し

---

(3)　これは石田（1981：72）によれば 1970 年に作成されたとなっているが，松本（1978：46）によれば，1972 年にも同名の報告書が作成されたことになる。清水（1973：177）は参考資料として『益子焼産地診断報告書』を挙げているが，これを「栃木県・益子町」が 1972 年に刊行したという趣旨の書誌情報の記載にしている。

(4)　「釜めしの春」で用いられている窯の素材は陶器ではなく金属であることが，次のホームページから分かる（https://shinise.tv/kamameshi-haru-asakusa/, 2021 年 8 月 11日閲覧）。この店がかつて陶器による釜めし用いていた可能性はあるが，塚本製陶所の釜めし容器の開発と販売に関する『アエラ』と朝日新聞の記事の真偽を確かめる必要がある。

14

たが，商社が期待した試作品とならず，結果的に本格的商取引とならなかった（朝日新聞 1993 年 8 月 13 日の記事）。「釜めしの春」との取引がうまくいかなくなったのか，それとも商社からの試作依頼に応えて 3 千個もの釜めし用容器を生産してしまったからなのか，上記の新聞・雑誌記事だけでは不明だが，塚本製陶所は弁当容器をもって荻野屋に販売交渉をした。他方，荻野屋も他の弁当生産業者とは異なる独自の弁当を開発したいと考えていた頃であり，塚本製陶所が持参した弁当容器を用いて新しい弁当の開発に取り組んだ。この両社のそれぞれの開発の試みが複合して，荻野屋は塚本製陶所に釜めし容器の本格発注をして 1958 年から横川駅で「峠の釜めし」が販売され始めた[5]。そのための容器を益子では「釜っ子」と呼んでいる。

　群馬県側にある横川駅から長野県軽井沢駅までは急坂を汽車が上るためにスイッチバック方式の鉄道だった。そこで横川駅での列車停車時間が比較的長かったことや，もともと第二次世界大戦以前から比較的富裕な東京都民などが軽井沢を避暑地としていたこともあり，そして当時すでに高度経済成長が始まっており，軽井沢以北の北信方面を観光に訪れる人も多くなっていたと考えられるので，「峠の釜めし」の販売は好調を極めた。しかも釜っ子は自宅でご飯を炊くのにも用いることができるものだったので，購入客の多くが列車内で食べた後も持ち帰ることが多かった。かく言う筆者も 20〜30 歳代の頃に信越本線で長野方面に旅行した際には「峠の釜めし」を横川駅で購入し，釜っ子を持ち帰ったことがある。

　荻野屋への容器納入個数は当初年間 10 万個程度だったが，当時の生産方法は量産のための機械化が進んでいなかったので，塚本製陶所 1 社だけでは注文数に対応できなかった。そこで同社は益子町内の窯元約 20 軒に釜っ子の石膏型を供給して生産を下請に出すことで対応した。これによって一人塚本

(5)　荻野屋の「峠の釜めし」販売が 1958 年 2 月 1 日から始まったことは，同社のホームページで確認した。荻野屋が釜めしを考案し，その試作に取り組み始めたのは 1957 年であることも同じホームページに記されている。https://www.oginoya.co.jp/company/history/, 2021 年 8 月 11 日閲覧。初沢（2005：351）は塚本製陶所が釜めし容器の開発に成功したのは 1956 年のことと記しているが，その典拠は明示していない。なお，㈱つかもとのホームページには，「横川駅・駅弁容器（釜）製造着手」が 1957 年だったと記されている。https://tsukamoto.net/company/, 2021 年 8 月 11 日閲覧。

製陶所だけでなく，益子焼産地としての景況が回復したと清水（1973：146）や
松本（1978：35-36），そして益子町史編さん委員会（1989b：450）は記している[6]。
それは「峠の釜めし」だけでなく，宇都宮市に本社と主力工場を置くフタバ食
品㈱が生産し東北本線黒磯駅で販売していた「九尾の釜めし」用の釜っ子も
生産していたことが，加藤（1970：76-77）や益子町史編さん委員会（1989b：
450）に記されている[7]。「九尾の釜めし」容器は，大塚啓三郎の系統をひく大
塚肇製陶所が1960年代半ば頃からフタバ食品と直接商取引関係を持ち，そ
の大量注文に対応するために益子の他の窯元と合弁企業を設立したと加藤
（1970：68）は記している。長野新幹線が開通すると横川駅での「峠の釜めし」
販売はなくなったが，新幹線車内での販売と長野自動車道サービスエリアでの
販売などによって年間400万〜500万個の「峠の釜めし」が2004年時点で販
売できていたとする荻野屋総務部課長補佐の証言を読売新聞（2004年3月21
日）が報じていたので，21世紀に入ってもなお㈱つかもとの売上高のうち相当
割合が釜っ子に依存していたと言える。

　高度経済成長期における益子焼産地の隆盛は，釜っ子の量産技術革新が
下請窯元に与えた影響でさらに進展した。塚本製陶所は，トンネル窯の設置
によって1966年から単独でそれを量産するようになった。その結果，同社の
下請をしていた窯元の約半数が，下請仕事がなくなった苦境から脱するために
益子焼窯元共販株式会社を結成し，益子駅からやってきて城内坂を上り切り，
下り坂になった左手に益子焼窯元共販センターという観光小売店を設立した。

---

(6)　松本（1978：35）には塚本製陶所の下請窯元は6軒であり，これも含めての数字であ
　　ろうが22軒の窯元が釜っ子を生産したと記されている。しかし，その根拠は明示され
　　ていない。
(7)　フタバ食品のホームページに掲載されている同社の沿革欄には「九尾の釜めし」に関
　　する記載はないが，つぎのホームページの中での「九尾釜めし復刻版」に関する記述に
　　よれば，1955年にそれが生産され始め，黒磯駅での駅弁販売が開始されたのは1957
　　年からである。ただし，このホームページでの記載の根拠が何か，ということは必ずしも
　　明快ではない（http://kfm.sakura.ne.jp/ekiben/09tochigi_kuro.htm，2021年8月
　　11日閲覧）。なお，フタバ食品㈱は栃木食糧品工業有限会社という名称で1945年に宇
　　都宮市で設立された冷菓生産企業であり，鉄道弘済会を通じてそれを販売したことが，
　　同社ホームページの「沿革」欄から分かる（https://www.futabafoods.co.jp/compa-
　　ny/about/　2021年8月11日閲覧）。

これが4月末からのゴールデンウイークの時期と11月に陶器市を1966年から
開催し，民芸ブームと観光ブームの相乗効果を益子で受け止める重要な基盤と
なった（益子町編さん委員会1989b：485；清水1973：146-149）。

　清水（1973：142-144）は，1972年に発行された『益子焼産地診断報告書』
に掲載されている統計を引用して，1959年には全国の陶磁器出荷総額の0.1%
しかなかった栃木県が1969年には1.4%にまで高まったこと，そして益子焼
産地での3種類の製陶業者別の生産額を提示している。それを若干修正し補
注を加えたのが表1である。この表によれば，益子焼の生産額は1970年当
時，産地診断調査に回答しなかった製陶業者を含めてもせいぜいのところ10
億円程度だったということになるが，清水（1973：143）は1971年当時の益子
焼窯元は120軒，年間生産額は推定約20億円と書いており，産地としての生
産額に齟齬がある。ちなみに，窯元数と生産額の統計数値の根拠が何なのか，
清水は明示していない。

　それはともかくとして，次頁表1から塚本製陶所は益子焼産地の年間生産
額の3分の1の比重を占めていたことが分かるし，ごく少数の著名作家が1軒
当たり平均2千万円を上回る売り上げを達成していたのに対して，その他の零
細窯元は1軒あたり約500万円と大きな差があったことが分かる。清水
（1973：150-154）は塚本製陶所を詳しく紹介しており，釜っ子の生産額が約1
億円になったと述べている。つまり同社の生産額の約3分の1が荻野屋に依
存していたことになる。それ以外に同社は工芸品としての益子焼も単価の低い
日用品も生産しており，この両方の販売の約90%は東京に設置した小売店と
デパートなどでの売り上げであって，益子町内にある自社小売店での販売は
10%でしかないということも清水は紹介している。

　塚本製陶所は工芸品としての益子焼も生産しているが，日用品としての湯飲
み・箸置き・皿なども生産しており，そうした多品種少量生産を支えたのが釜
っ子の量産だったと言えよう。しかし，それだけでなく，観光客が製陶工程を
一通り見学できる受け入れ施設の整備や美術館の設置など益子の観光地化に
も貢献したし，作家志望の移住者の修業の場も提供したという意味で人材育成
にも貢献した（清水1973：111-112）。初沢（2005：352）は益子にある栃木県窯業

表 1　益子焼産地での製陶業者種類別の業者数と生産額（1970 年）

業者種類	業者数	生産額（千円）	比重（%）	1 事業所当り生産額（千円）
作家	6	134,062	15.5	22,344
大手企業	1	346,046	39.9	346,046
その他製陶業者	75	386,736	44.6	5,156
合計	82	866,844	100.0	10,571

出所：清水（1973：144）。原資料は栃木県・益子町（1972）『益子焼産地診断報告書』。
注：清水（1973：144）に掲載されている表での比重の数値は，ここに示したものと若干異
　　なっているが，清水の誤計算である。当時の作家とは浜田庄司，島岡達三，村田元，
　　加守田章二，佐久間藤太郎，木村一郎の 6 名と推察される。大手企業とは塚本製陶所
　　のことである。その他製陶業者には，第二次世界大戦以前からの製陶業者だけでなく，
　　作家志望として産地に移住してきた製陶業者も含む。産地診断報告書では 101 の製陶
　　業者を同定していたが，回答した業者数は 82 だった。

技術支援センター[8]での人材育成と並んで，塚本製陶所での人材育成を高く評価
しており，後者で育成された陶芸家が多かったと記している。残念なことに初
沢はその典拠を明示していないが，塚本製陶所は作家志望者を従業員として受
け入れ，就業時間中は会社の仕事に専念させたが，それ以降は会社の設備を
自由に使用させたということ，そしてそれはデザイン能力を持つ陶工を育てた
いという経営者の判断があったからだという趣旨のことを書いているので，㈱
つかもとでの聞き取りに基づいているものと推察される。ちなみに加藤（1970：
77）は「陶芸修業者が最も多く出入りすることでもここは有名だ」と述べている。

Ⅳ　益子焼産地の現状と現地調査

1　益子焼産地の縮小傾向

1990 年代初めのバブル経済崩壊以降，日本全国の地場産業産地はほぼ例

---

(8)　現在の正式名称は栃木県産業技術センター内部の 1 組織としての窯業技術支援センタ
　　ーとなっている。このことは 2019 年 8 月 26 日に同センターを訪問し，見学聞き取りをし
　　た際に確認したし，同センターのホームページからも確認できる。https://iri.pref.
　　tochigi.lg.jp/index.php?id=3148, 2021 年 8 月 11 日閲覧。

外なく，生産量・販売額・事業所数・従業者数の衰退を経験している（山本・松元 2007；Yamamoto 2016；山本 2017）。益子焼産地もその例外ではない。ただし縮小が明確になったのはバブル崩壊から約 10 年たってからのことであるが，事業所数と従業者数は最多期の 1990 年代初め頃と比べて 2019 年になるとその 60％弱まで減り，陶土の使用量は約 20％にまで下落した。販売額の低落も陶土使用量の下落率とほぼ同様であると推測される（表 2）。

　なお，益子町が町内の益子焼関連事業所の全体像を把握するために独自に実施した調査の最初は，栃木県立図書館に収蔵されている益子町役場企画課（1979）と考えられる。そこで捕捉された益子焼関連事業所の総数に関する記載はないが，回答事業所数は 270 だった。益子町役場企画課（1981）が 2 回目の調査と考えられるが，ここでの回答事業所数は 298 だった。そして 3 回目の調査結果と思われる益子町役場企画課（1984）には 1983 年末時点で益子焼関連事業所が 319 あり，308 事業所がアンケート調査に回答したと，掲載されているいくつかの表の比較によって分かる。それ故日本経済が低成長期に入っても益子焼関連事業所数はゆるやかに増加を続けていたと考えられる。

　21 世紀に入ってからの益子焼産地の衰退につながりかねない縮小の状況を報道する新聞記事や雑誌記事は，種々検索を試みたが見出すことができなかった。せいぜいのところ，東日本大震災で被災した益子焼窯元の状況や，被災からの復興を報ずる文脈で益子焼の危機が語られたに過ぎない（日本経済新聞　2011 年 4 月 16 日）。日本経済新聞（2011 年 9 月 21 日）の北関東版で，「市町村別の商業地で最高の下落率（マイナス 7.5％）を記録したのは陶芸の町として有名な益子町。深沢氏は「景気低迷で（特産品の）益子焼の高額商品が売れにくくなっていることが背景にある」と地場産業の低迷が原因だとみる。」と報道された。また市場縮小を報道する記事もあったが，その趣旨は益子焼産地と隣接する茨城県の笠間焼産地を組み合わせて日本遺産に申請する動きの報道であって，笠間焼の販売下落について触れているものの，益子焼については明確に記していなかった（日本経済新聞 2020 年 2 月 4 日）。朝日新聞ではようやく 2014 年に「伝統工芸品，絶やさない　「売れる品」へモダンに　「技委員

表2　益子町における益子焼関連事業所数, 従業者数, 陶土使用量, 販売額の推移
（1986〜2019年）

年	事業所数	従業者数	陶土使用量（トン／年）	販売額（千円）
1986	329	1,044	6,206.5	
1989	340	1,068	7,213.6	
1992	349	1,116	8,217.1	
1995	344	1,156	6,073.0	
1998	341	1,039	5,118.0	9,514,120
2001	341	999	4,361.7	6,361,150
2004	335	929	3,605.1	5,152,320
2007	328	868	3,468.0	4,368,420
2010	302	758	2,830.2	2,945,420
2013	252	717	2,327.0	3,205,280
2016	236	714	2,204.6	2,920,920
2019	208	653	1,643.8	2,304,830

資料：益子町（2017）『平成28年　益子焼統計調査報告書』。
　　　益子町（2020）『令和元年　益子焼統計調査報告書』。
注：数値は益子町が独自に実施した調査票に基づく各年末時点での調査に回答した事業所
　　数に関するものであり, 実際に存在していた益子焼関連事業所の数は表中の数よりも多
　　い。例えば2016年には269事業所を益子町は捕捉していたが, そのうち21事業所が
　　休業していたので248事業所が活動していたものと思われる。それゆえ回答率は高い。
　　2019年の捕捉事業所数は246, うち休業していたのは21だった。なお調査事業所は
　　陶磁器製造業, 陶磁器小売業, その他の業種を含み, 公的機関は含まない。

会」が開発[9]という表題の記事の中で, 益子焼を含む栃木県内の伝統工芸品
生産一般のこととして,「職人の高齢化や後継者不足」という危機を伝えてい
るだけでしかない。

　したがって, 益子焼産地の現状を調べるためには現地を訪問し, 現地をよく

---

(9)　「技委員会」の正式名称は「とちぎの技委員会」であり, 技は「わざ」と読む。栃木
　　県のイニシャチブで発足した「活かそう！とちぎの技事業」という, 伝統工芸とモダンデ
　　ザインとを融合させるための勉強会が母体となって, 工芸品を手仕事で生産する職人た
　　ちが結成した団体である。益子焼だけでなく, 真岡の木綿, 鹿沼の組子, 烏山の手す
　　き和紙などの職人企業が加入している（https://secori-hyakkei.com/?p=2939, 2021
　　年8月30日閲覧）。現在もこの委員会が存続し, 機能しているかは未確認である。

知る人たちからの聞き取りや観察を必要とする。実は表2を作成するための資料は、2019年8月の現地調査の際に益子町役場を訪問して初めて入手できた『平成28年　益子焼統計調査報告書』をもとにしていた。益子焼に関する詳細な統計調査は3年おきに公表されてきており、栃木県立図書館には1979年から1996年まで3年おきに刊行された5回分しか収蔵されておらず、21世紀に入ってからの統計調査報告書がなかった。そこで、そうした調査が行われなくなったのかと思ったが、益子町役場を訪問した際に、その後も3年おきに益子焼に関する統計調査が実施されていたことが分かり、当時の最新版が2017年に刊行されたものであることを知ったのである。今回、本章の執筆過程で2019年の状況を調査した報告書が2020年に発行されたことを益子町のホームページから知り、それをもとにして表2を作成した。

2　現地調査の手順と聞き取り先

　地場産業の現地調査のために事前に行う重要なことは、訪問すべき事業所などを選定し、訪問の受け入れをお願いすることである。調査のために使える日数を考慮し、かつ現地での訪問先間を移動するために必要な時間も考慮して、おおまかなスケジュールを、訪問受け入れ依頼状を投函する前に考えておく必要がある。

　2019年の益子焼産地調査では、筆者と学生の予定を考慮し、2泊3日が限度であると分かった。筆者のこれまでの経験から、比較的大きな製造業企業であれば聞き取り時間と工場見学の両方で2時間は必要だが、小規模企業であれば1時間程度でも可能と見込んでいた。訪問先の事情が許し、また話がはずめば3時間以上ということもありうる。1つの訪問が終われば若干の休憩時間のある方が望ましいし、休憩時間が場合によれば30分〜1時間となっても、聴いたばかりの情報を急いでノートにまとめ直すことに使えるので、あまりぎちぎちしたスケジュールにしない方がよい。要するに、午前中1か所、午後2か所とするのが望ましい。また、益子焼は観光と深く関わっているので、これも考慮に入れると現地調査に日曜日ないし休日を入れておくのがベターである。そうすると聞き取りに用いることができるのは実質1泊2日分しかないことが分かった。

　訪問先の選定のために，かつてであれば現地の詳しい情報は現地に行かなければ入手できなかったこともあり，本調査の前に現地での予備調査を行うことが必要だった。しかし現在では公的機関だけでなく企業や企業団体もホームページを開設しており，事業所の名称や住所，電話番号，e-mail アドレスなどを，現地に行かなくても知ることができる。そのためにも，事前のデスクワークで集めた論文や新聞・雑誌記事などが役に立つし，市町村当局のホームページから入手できる情報が役に立つ。

　筆者は前任校の九州大学経済学部で，産業あるいは企業の実態を知るために，演習受講生に対して訪問すべき事業所や施設などの選定をまず試みさせ，ついで訪問依頼状を書かせるということをしてきた。学生によっては自ら電話をかけて訪問受諾の許可を得た者もいた。実際には，学生の書いた依頼状だけでは舌足らずの場合もあったので，訪問依頼状を筆者が添削したものを参考に修正させ，指導教員である筆者の依頼状も添えて郵便で送付し，e-mailでの返信をお願いした。その際に，訪問希望日時も提案したが，先方の都合がつかなければ電話で相談したいということも書き添えた。

　2019 年には調査対象地を決めるまでに手間取ったこともあり，あとに記す 7か所の訪問先を筆者が選択して筆者による依頼状だけを差し上げ，いずれも快諾を得た。なお，生産現場である窯元の訪問見学も必須であり，益子焼協同組合を通じて紹介していただくのがよいと考え，調査日程の制約から 3 つの窯元の紹介をお願いした。これもスムーズに訪問先窯元が紹介され，各窯元に対して筆者自身も連絡し，訪問受け入れの快諾をいただいた。

　　　益子町総務部企画課
　　　栃木県窯業技術支援センター
　　　益子焼協同組合
　　　益子焼窯元共販㈱
　　　鍛冶浦製陶所
　　　よしざわ窯
　　　陶工房あかし

　最初に益子町総務部企画課の訪問を考えたのは，「地方創生」政策との関りで，益子焼が『益子町まち・ひと・しごと創生総合戦略』のなかでどのように

22

位置づけられているかをより詳しく知るとともに，総合戦略策定の経緯や益子町全体の概観を得るためだった。言うまでもなく，演習では事前に，上記の『総合戦略』をテキストとして取り上げ，学生に演習時間中に報告させ，若干のディスカッションを行った。

　大学がある宇都宮市から乗用車ならば1時間程度で益子の中心部に到着できること，演習受講学生数が少なかったので，現地集合ではなく大学の公用車を借りて筆者が運転して学生と一緒に行くこととし，筆者の居住地と大学との距離なども勘案し，さらに事業所等の訪問はウィークデイでなければならないし，他方において観光客がどれだけいるかということも現地観察によって確認したいということもあり，日曜日の昼過ぎに大学の宇都宮キャンパスに集合し，火曜日の午後5時頃までの大学帰着という2泊3日の調査日程を組んだ。

　月曜日と火曜日の一般に勤務時間帯とされている時間帯に7か所を訪問し，かつ各訪問先の間を移動するためにどの程度の時間がかかるか分からない状態で日程を組んだが，なんとか全事業所を訪問し，聞き取りや見学をほぼ予定通り進めることができた。しかし，学生を伴ってこうした調査日程を組んで実行した人ならばある程度推測がつくと思うが，きつすぎる調査日程になってしまった。

　なお，日曜日に行った観光客の観察については，町内中心部の城内坂通り，及び産地最大企業㈱つかもとの販売施設だけでなく，2016年秋に開設されたばかりの「道の駅ましこ」が益子焼を展示販売する新しい拠点となるという趣旨の記事（朝日新聞2016年10月14日）を事前に読んでいたので，これの観察も行った。本来ならば，陶芸メッセ・益子と益子陶芸美術館，濱田庄司記念益子参考館も見学すべきであるが，いずれも観光施設であり，学生が個人として訪問することは容易であり，我々の調査日程が短かったために，外観だけを見るにとどめた。

3　現地調査のとりまとめ

　以上の観察と町役場や各事業所での聴き取りについては，学生たちにできるだけ私見を交えずに観察したことや聞き取ったことを可能な限り復元するレポートを作成し，夏休み明けの最初の授業時に提出することを求めた。そして，

学生たちには，それをもとにして地域経済学科の恒例行事となりつつあったゼミ合同発表会で，学生の観点から報告することを求め，後期の「演習」ではもっぱらその準備を行わせた。その際に筆者は，できるだけ学生たちの考えを尊重し，筆者が考える方向への誘導を避けるようにした。この指導方針がよいか否かは評価が分かれると思うが，学生たちが自分自身の頭で考え，自分自身の表現を工夫できるようになることこそが望ましいと考えたからである。

　とはいえ，ゼミ合同発表会での報告のために作成させた読み上げ原稿とプレゼンテーション用パワーポイント原稿については添削を行ったし，その完成版に至るまでには，作成に関わる学生たちからの質問に答えたし，随時アドバイスした。また，現地調査で得た情報については本来ならば本稿で紹介すべきであるが，紙数が不足しているので，筆者自身の調査ノートをもとにした調査記録を本学付置研究センターである「地域活性化研究センター」の機関誌『帝京大学地域活性化研究センター年報』第6巻（2022年3月発行予定）に掲載する予定である。本稿とあわせて参照いただきたい。

　ここでは筆者なりに発見したことの要点のみを記しておく。第1に，益子焼は益子町を象徴する産業ではあるが，益子町経済を担う産業として最大であるとは言えない。第2に，21世紀に入ってから縮小過程を続けてきている益子焼産地ではあるが，そのなかで事業規模を成長させることに成功している窯元があることも事実である。その要因として益子町への観光客の到来に依存するのではない方法の案出と実行がある。その一つにネット通販があるが，それだけではない。第3に，産業としての益子焼は縮小せざるをえなかったが，芸術作品として独自の作品を作ろうとする作家群は存在し続けるであろう。それを目指す若者あるいは中年の人たちの人数が増えているのではなく減少傾向にあると思われるが，そうした人々が集団としてかなりの人数いれば，益子焼産地は存続すると考えられる。

Ⅴ　おわりに

　本章は，筆者が2019年度に担当した2年生向けの「演習」で行った益子焼産地の興隆と現在の問題を素材にして，文献研究の仕方を解説するとともに，

筆者による先行研究の批判的読解の紹介を中心とした。これによって，具体的な地域における具体的な産業の研究に際しても文献研究というデスクワークが非常に重要であるということを，学生たちに気が付いてもらえればと思う。と同時に，注記や文献表記の仕方についても一つのモデルとして本稿が参考になれば有り難い。

　最後に，その意味もあって，博士学位論文を取りまとめて公刊された濱田（2006）に言及しておきたい。これは，益子焼産地よりもむしろ大分県の小鹿田焼産地と，そのもとになったと言われている福岡県小石原焼産地での民芸運動について深く研究した論文を中心とする著作である。著者の濱田琢司は浜田庄司の孫にあたり[(10)]，「陶芸家濱田庄司の場所へのまなざし」と，「職人か，芸術家か─益子焼陶器産地の担い手の属性と技術習得過程をめぐって」という興味深い論考が収録されている。したがって，その巻末に掲載されている「参考文献」欄には，益子焼産地に関する文献も豊富に提示されており，芋づる式で読むべき文献を探すのに便利である。

　濱田（2006：216）は駒場学園高等学校（1982）を「産地としての総合的な把握を行った報告書的成果」であるが「一定の問題意識に沿った学術的な研究ではない」と評している。しかし栃木県立図書館に所蔵されている現物をみると，1981年4月初めに同校の生徒たち200数十名による益子町での5泊6日，実質4日間にわたるアンケート調査を主とした成果が掲載されており，学術的調査研究の資料として大変優れたものとなっている。

（山本　健兒）

〈参考文献〉
アエラ（1993年10月25日）「益子焼，日用の美　変質しつつ生き続ける「民芸の心」」p.40。
朝日新聞（1989年8月29日）「栃木県陶磁器協組から益子焼協組へ　イメージアップに名称変更」。

（10）　浜田庄司の名字はかつて「浜」という新字体で記されることが多かったが，ある時期以降，「濱」という旧字体で記すことが多くなっている。恐らく戸籍の文字が旧字体で示されているので，これを尊重するようになったからであると推定される。本稿では，取り上げた文献それぞれで使用されている字体に基づいてその両方を使い分けた。

朝日新聞（1993 年 8 月 13 日）「容器革命　「峠の釜めし」は救世主（とちぎ駅弁事情：9）」。

朝日新聞（2014 年 6 月 29 日）「伝統工芸品，絶やさない　「売れる品」へモダンに　「技委員会」が開発」。

朝日新聞（2016 年 10 月 14 日）「陶芸のまち，情報発信へ　「道の駅ましこ」あす開業　展示スペースも充実」。

雨宮義人（1970）「窯の歴史」栃木新聞社（編）（1970）『益子の窯』栃木新聞社，pp.20-29 に所収。

五十嵐典夫ほか（編）（1982）『益子の歴史』益子町（栃木県立図書館に所蔵）。

石田典行（1981）「益子陶磁器業地域の生産構造」辻本芳郎（編）『工業化の地域的展開——東京大都市圏』大明堂，pp.64-75。

板倉勝高（編）（1978a）『地場産業の町　上』古今書院。

板倉勝高（編）（1978b）『地場産業の町　下』古今書院。

板倉勝高（編）（1985）『地場産業の町 3』古今書院。

枝廣淳子（2018）『地元経済を創りなおす』岩波書店（岩波新書）。

加藤信夫（1970）「窯元紹介」栃木新聞社（編）（1970）『益子の窯』栃木新聞社，pp.68-80 に所収。

カレ　プラジャクタ（2013）「外生的ショックと産業集積内の現場協働：東日本大震災による益子町での社会関係資本の変化」『組織科学』第 47 巻第 1 号 pp.15-27（J-STAGE を通じて 2021 年 8 月 1 日入手）。

小島英一（1999）『益子焼』理工学社（栃木県立図書館に所蔵）。

駒場学園高等学校調査旅行専門委員会（編）（1982）『陶業に生きる人びと——益子焼・笠間焼　その動向と意義』駒場学園高等学校（栃木県立図書館に所蔵）。

清水裕子（1973）『益子焼——やきものの里』三一書房，（栃木県立図書館に所蔵）。

素木洋一（1955）「益子の陶器」『窯業協會誌』63 巻 709 号，pp.260-265（J-STAGE を通じて入手可能）。

塚田泰三郎（1965）『益子の窯と佐久間藤太郎』東峰書房（栃木県立図書館に所蔵）。

塚谷晃弘（1967）「益子焼窯業考」『国学院経済学』第 16 巻第 1 号，pp.77-109。

塚谷晃弘（1974）「書評　清水裕子著　益子焼」『国学院経済学』第 22 巻第 4 号，pp.113-116。

栃木県商工労働部（編）（1972）『益子焼産地診断報告書』栃木県・益子町。

栃木新聞社（編）（1970）『益子の窯』栃木新聞社（栃木県立図書館に所蔵）。この小冊子の最後に，誰がどの部分を担当したかの一覧が掲載されており，菊池宗彦が編集の任に当たったと記されている。しかし，奥付には編者が明記されていない。

日本経済新聞（2011 年 4 月 16 日）「北関東の伝統工芸，早期復興へ連携・支援組織」。

日本経済新聞（2011 年 9 月 21 日）「地価下落，震災追い打ち，北関東 3 県のマイナス幅，3 年連続拡大，茨城，最も大きく」。

日本経済新聞（2020 年 2 月 4 日）「笠間と益子，焼き物タッグ，関東二大産地，「日本遺産」へ申請，販路開拓や地域振興狙う」。

初沢敏生（2005）「地場産業産地における革新の特徴——益子陶磁器産地と笠間陶磁器産地を例に」『経済地理学年報』第 51 巻，pp.348-367。

羽田新・中泉啓・合田邦雄（1997）「益子焼の産地構造と窯元, 作家」『明治学院論叢』593 号，pp.1-39（CiNii を通じて所在確認，明治学院大学のリポジトリにはないが，コ

ピーの取り寄せは可能)。

濱田琢司 (2006)『民芸運動と地域文化』思文閣出版 (栃木県立図書館に所蔵)。

益子町 (2017a)『益子町まち・ひと・しごと創生総合戦略』第2版。

益子町 (2017b)『平成28年 益子焼統計調査報告書』。

益子町 (2018)『益子町統計書 平成29年版』。

益子町 (2020)『令和元年 益子焼統計調査報告書』。

益子町史編さん委員会 (編) (1989a)『益子町史 第四巻 近現代史料編』益子町 (栃木県立図書館に所蔵),「第五章 戦後の益子町」の「第三節 益子焼と工業化」pp.794-804。

益子町史編さん委員会 (編) (1989b)『益子町史 第五巻 窯業編』益子町 (栃木県立図書館に所蔵),「第五章 戦後再建と民芸産地への胎動」pp.426-456,「第六章 益子焼の現在」pp.457-613。

益子町史編さん委員会 (編) (1991)『益子町史 第六巻 通史編』益子町 (栃木県立図書館に所蔵),「第四編 近現代」の「第三章 大正時代の社会と生活」の「第四節 益子焼と浜田庄司」pp.1071-1086, 及び「第五章 戦後の益子」の「第六節 高度経済成長期の益子」の一部, 即ち pp.1216-1225。

益子町役場企画課 (編) (1979)『昭和53年益子焼統計調査報告書』益子町 (栃木県立図書館に所蔵)。

益子町役場企画課 (編) (1981)『昭和55年益子焼統計調査報告書』益子町 (栃木県立図書館に所蔵)。

益子町役場企画課 (編) (1984)『昭和58年益子焼統計調査報告書』益子町 (栃木県立図書館に所蔵)。

松本正敏 (1978)「陶器の町 益子」板倉勝高 (編)『地場産業の町 下』古今書院, pp.32-46。

水野喜郎 (1956)「益子焼をすくうもの」『窯業協會誌』64巻, pp.11-12。

村上武夫 (編) (1942)『産業調査 大谷石 大麻 益子焼』栃木縣立宇都宮商業學校。https://dl.ndl.go.jp/info:ndljp/pid/1056315, 2021年8月1日入手。

山本健兒 (2017)「有田焼産地におけるイノベーションと域内小産地の復活」伊東維年 (編)『グローバル時代の地域研究——伊東維年教授退職記念論集』日本経済評論社, 2017年2月, pp.64-83。

山本健兒・松本元 (2007)「国際的競争下における大川家具産地の縮小と振興政策」『経済學研究』(九州大学経済学会) 第74巻4号, 2007年12月, pp.93-121。

吉本哲郎 (2008)『地元学をはじめよう』岩波書店 (岩波ジュニア新書)。

読売新聞 (2004年3月21日)「[談論風発] 上州の駅弁は今」。

Yamamoto, Kenji (2016) Industrial district of Arita porcelain in southwestern Japan : Its struggle for revitalization under the long-term stagnation of Japanese economy,『経濟學研究 Journal of Political Economy』(九州大学経済学会) 第82巻5/6号, 2016年3月, pp.81-104。

第2章 「地富論」の時代における農業の役割

I　はじめに

　この章のタイトルにある「地富論」とは，「諸地域の富」の略であり，いうまでもなくアダム・スミスの『諸国民の富』を『国富論』と略すのを真似たものである。この章は，2019年にはじまった「令和」という時代を，世界史におけるグローバリズムから脱グローバリズムへ転換に呼応して，地域の雇用と人口を増やして活力を再生する「地富論」の時代にしなければならないという主張に立脚している。そして，そこにおける農業の重要な役割を論じる。

　その場合に，「地域」とは何だろうか？　この章で「地域」とは，人々が「まとまり」「結束できる」地理的範囲を言う。その「まとまり」「結束できる」とは，長い歴史を通じて培われてきた「自生的秩序」の意味である。一言で言えば，歴史と文化の共有である。だから，市町村などが地域の中核的な単位となるが，もっと小さな集落や町内会，旧町村という単位も重要であり，他方で都道府県という単位も積極的な役割が期待される。つまり，地域とは，歴史・文化に裏打ちされた「まとまり」「結束できる」“内発性”と“重層性”を備えた地理的範囲なのである。

　この地域（地方）は，1989年に始まる平成の時代に，グローバリゼーションと東京一極集中，少子高齢化と人口減少によって疲弊を余儀なくされてしまった。しかし，世界は今，米中新冷戦と言われるような脱グローバリズムの時代へと転換しつつある。加えて，新型コロナのパンデミックが世界の政治・経済・社会に大きな影響を与えつつある。

　そうした環境変化が地域（地方）の再生に新たな条件を提供しつつある。そこで農業は，単に食料生産だけではなく，地域の雇用の受け皿としても，地域資源管理や地域コミュニティの維持・保全においても重要な役割が期待され

ているのである。

II　平成という時代

　1989年から2018年にかけての平成の30年を一言で表すと，それは"地方
の雇用を犠牲にしたグローバリゼーションの時代"と言うことができる。昭和
は，プラザ合意（1985年）後の超円高で終わった。それに続く平成は，バブ
ル経済とその崩壊で始まり，円高と産業空洞化，人口の少子高齢化，国内需
要不足とデフレ経済，そして地方の衰退と東京一極集中がグローバリゼーショ
ンと一体で進行した。そこで失われたのが，地方の雇用である。

　1995（平成7）年と2015（平成27）年を比較すると，2015年の労働人口は
6,625万人（1995年6,666万人），就業者数6,401万人（同6,457万人）である。
つまり，1995年から微減でほぼ変わっていない。変化したのは，21.0％から
37.4％へ急増した非正規雇用比率である。

　中でも若者（15〜34歳）の非正規雇用比率が17.5％から51.2％へ3倍とな
った。実数では正規が533万人減の1,019万人，非正規が739万人増の
1,068万人である。非正規が正規を上回り，若者の2人に1人は非正規雇用と
なった。つまり，平成の30年は，なによりも若者の雇用条件がひどく悪化し
たのである。

　その起点は，日本経済団体連合会『新時代の「日本的経営」』(1995)だった。
この提言を受けて，1996年に派遣法が改正され，対象業種が13から26へ
拡大され，1999年には原則自由化された（稲葉，2016：3）。これにより，有期
の，年間所得300万円未満の，雇用保険・健康保険未加入の，職業訓練の
機会のない"ワーキングプア"と呼ばれるような若者が激増した。

　他方で，正規雇用者を襲ったのが長時間労働とパワーハラスメントである。
1999年以降，正規雇用者の過労死（脳・心臓疾患），過労自殺（精神障害）は
激増した（篠田・櫻井，2014：61）。ドライバーの過重労働から悲惨な事故も多

(1)　数字は，独立行政法人労働政策研究・研修機構「早わかりグラフで見る長期労働統計」
　　（https://www.jil.go.jp/kokunai/statistics/timeseries/index.html）2021年9月11日
　　最終アクセス。

発した。医師・教師の過重労働も深刻である（熊沢, 2018）。

　同期間の産業別就業者数を見ると，農林漁業は 138 万人（38％）も減少して 229 万人となった．農家の高齢化と後継者不足である．ただし，建設業も 161 万人（24％），製造業も 417 万人（29％），卸売小売業も 396 万人（27％）減少して，減少数では農林漁業を大きく上回った。[2]

　こうした農林漁業，建設業，製造業，卸売小売業の就業者減少で疲弊したのが地方の経済・社会であった。東京圏（東京・神奈川・埼玉）への転入超過人口は，1995 年から増え続け，2014 年に 10 万人を超えて 2018 年には 13.6 万人に達した。その 9 割前後が 15〜29 歳の若者である。大学進学と大卒者の就職が東京圏に集中し，地方の若者（15〜29 歳）の人口は，2000 年の 1,831 万人から 2015 年の 1,299 万人へ約 3 割も減少したのである。[3]

　この社会移動が日本の少子化・人口減少に拍車をかけた．全国で最も未婚化・晩婚化・晩産化が進む東京圏に若者が飲み込まれ，日本全体の出生率を押し下げた。非正規雇用はじめ過酷な労働・生活環境の下で，東京の出生率は，全国平均 1.43 に対して 1.21 である（2017 年）。この「地方の雇用を犠牲にしたグローバリゼーションの時代」が続く限り，日本の経済・社会に未来はない。

Ⅲ　平成の時代における農業・農村

　平成の時代における農業・農村の大きな変化は，農家数の減少である。次頁表 1 にあるように，1995 年に 344 万戸であった総農家数は，2005 年には 285 万戸，2015 年には 216 万戸と 129 万戸（37.2％）も減少した。

　この農家数減少の主要な理由は，昭和一桁世代（1925〜34 年生まれ）の本格的なリタイヤと，後継者不足である。この世代は，上の世代が戦争で多く亡くなり，早くから農業経営の中心として戦後の日本農業を支えてきた。この世代も 2015 年には 81〜90 歳となった。

---

(2)　数字の出典は，注 1 と同じ。

(3)　「まち・ひと・しごと創成総合戦略（2017 改訂版）について」（スライド 4）（https://www.chisou.go.jp/sousei/info/pdf/h29-12-22-sougousenryaku2017gaiyou.pdf）2021 年 9 月 11 日最終アクセス。

30

表1 農家数の推移 (単位：千戸, %)

年次	総農家	販売農家				自給的農家	土地持ち非農家
			専業農家	第Ⅰ種兼業農家	第Ⅱ種兼業農家		
1995	3,444	2,651	423	498	1,725	792	905
2005	2,848	1,963	443	308	1,212	885	1,201
	-17.3	-26.0	4.7	-38.2	-29.7	11.7	32.7
2015	2,155	1,330	443	165	722	825	1,414
	-24.3	-32.2	0.0	-53.6	-40.4	-6.8	17.7

出典：各年次農林業センサスから作成（上段は農家数，下段は変化率）。

　それに加えて表1で注目すべきは，兼業農家数の大幅な減少である。それは，50％にまで達する減少率の大きさから明らかだろう。この20年間に第1種兼業農家（農業所得＞兼業所得）は33万戸，第2種兼業農家（農業所得＜兼業所得）は100万戸も減少した。この結果，販売農家⁽⁴⁾に占める兼業農家の比率は，1995年の84％から2015年の67％へと減少し，その反対に，土地持ち非農家が51万戸も増加した。

　この変化をもたらした最重要な要因は，1985年のプラザ合意に始まる円高である。この円高が1990年以降には経済のグローバル化に拍車をかけ，地方に立地していた製造業の工場が中小企業にいたるまで労賃の安い中国・アジア諸国へと移転していった。2012年度の通商白書は，「いわゆる『空洞化』の現状と評価」と題して「主要国では対外直接投資と国内投資の両方が増加傾向にある中，我が国のみが対外直接投資が増加する一方で国内投資が減少している」(経済産業省，2012：287)と，産業空洞化を認めている。

　これにより，農家の後継者が地元に戻って働く雇用先が失われて行き，それとともに兼業農家が減少することとなった。兼業農家の動向を時系列的に検討

----

(4)　販売農家とは，「経営耕地面積30a以上または農産物販売金額が年間50万円以上の農家」のこと。

した矢口克也は，2000 年頃より，それまでの後継ぎが世代交代とともに帰農する「構造的兼業型」から，後継ぎが帰農するメカニズムを持たない「経過的兼業型」へと転換したとしている（矢口，2013）。

それに加えて，円高が輸入農産物の価格を押し下げ，中国・アジア諸国などからの開発輸入を増やし，国内市場をコメだけでなく，野菜・果実も，畜産物も，乳製品も供給過剰と価格低迷をもたらした。こうして農業は儲からなくなってしまった。ここから日本の農家は，価格競争では勝てない輸入農産物に対抗して，新品種へ転換して高品質にしたり，有機栽培などで安全性を高めたりして，地域ブランド化の戦略に転換していった。

しかし，1990 年のバブル崩壊後の国内市場は不況と円高デフレで，消費者の購買行動も一段と低価格志向が強まって，日本農業は苦戦を強いられることとなったのである。

ただその一方で，農家数の大幅な減少と土地持ち非農家の増加によって農地の貸し手が増え，借地で規模拡大する農家が各地に生まれてきたことは重要な動きである。いまでは，50ha，100ha といった規模の個別経営も珍しくはなくなった。しかし，そうした農家が希望する借地は，基盤整備された条件の良い農地である。逆に，貸し手が増えているのは，山間部や傾斜地，未整備の条件の悪い農地である。

こうして，農家数の大幅減少の結果として農村で起きてきたのは，限界集落や荒廃地の増加であった。それを 3 つの空洞化と表現したのは，小田切徳美だった。すなわち，「人の空洞化」（人口減少），「土地（利用）の空洞化」（農林地の荒廃），「むらの空洞化」（集落機能の脆弱化）である。それは西日本の農山村を起点に東日本へ「東進」し，さらに山間部から平場へと「里下り」して，日本列島全体に広がり，農村は「コミュニティの危機」の時代を迎えたのである（小田切，2019：180）。

Ⅳ　脱グローバリズムの時代へ

では，平成のグローバリズムの時代は，どうして生じたのであろうか。それは，1989 年のベルリンの壁崩壊，1991 年のソ連崩壊によって米ソ冷戦が終結

し，世界がアメリカ一極集中の新自由主義的な市場経済に一体化されたからである。また，時を同じく始まっていた情報技術（IT）革命によって，国境の壁がどんどん低くなっていったためである。

グローバリゼーションとは，こうした人・物・金・情報が国境を超えて自由に移動することを言う。言い方を変えれば，スーザン・ストレンジが言うように“国家の退場”である（ストレンジ，1998）。平成の30年間は，日本政府も規制改革会議などの提言に沿って，規制緩和と市場競争最優先の新自由主義的政策を展開していった。いわゆる“小さな政府”が目指されたのである。

この結果として，企業の投資は国内ではなく専ら海外に向かい，東京一極集中と国内需要不足によるデフレ経済がもたらされた。少子化と人口減少は，この国内需要不足の原因でもあり，厳しい雇用環境による結果でもあった。それがまた，地方の雇用不足と衰退に拍車をかけたのである。

しかし，このグローバリズムの時代は，2010年代後半から大きく転換しはじめた。それは米中新冷戦が開始されたからである。

1990年代以降のグローバリズムを牽引したのは，間違いなくGAFA（Google・Apple・Facebook・Amazon）に代表される巨大IT企業だった。その世界制覇こそがアメリカの覇権国たる証だった。しかし，それが今，14億人の国内市場を基盤に台頭した中国のBATH（Baidu・Alibaba・Tencent・Hauwei）の挑戦を受けている（田中，2019）。

だから，米中の主戦場は，5GやAI，IoTなどの第4次産業革命と言われる先端技術開発にある。アメリカ・トランプ政権が国防権限法によって中国のHauweiを狙い撃ちにしたのも，5Gでの先行に待ったをかけるためであった。

重要なことは，この覇権争いが米中にとどまらず，世界各国に自国のデジタル・データを囲い込むための“国家の復権”を促すことである。というのも，こうしたデジタル・データの収集・解析が今や軍事をはじめとして国の安全保障に直結するからである。現代の戦争はハイブリッド戦と言われ，サイバー戦が死命を制する。

こうして，これまで巨大IT企業が個人のスマホや組織のサーバーから自由に収集し，AIで解析して利用していたデータが，個人情報保護や租税回避にとどまらず，安全保障の問題として重要視されるようになった。EUは，2018年

「一般データ保護規則」を施行し，GAFA などが個人データを EU 域外へ持ち出すことを禁止した。イギリスは巨大 IT 企業への課税を決めた。こうした動きは，G20 の重要議題となり，日本はもちろん世界が追従しつつある。

　今後，アメリカにおいてもデータの独占者として好き勝手に振る舞う巨大 IT 企業への規制強化は不可避である。中国では BATH が完全に中国共産党の管理下に置かれた。GAFA の全盛期は過ぎ，"情報産業の時代" は終わりを告げつつある (鈴木・三ツ谷, 2018)。

　こうした動きを英誌『エコノミスト』(2019 年 11 月 29 日号) は「2020 年の世界」という特集の中で，Split と Internet を合わせた "Spliternet" という造語で表現した。これまでインターネットは世界を覆うただ 1 つのものとして定冠詞 The を付けて使用されたが，今後は複数形で使われるかもしれない。すでに中国は Facebook や Google を国内から締め出し，情報通信システムは米中で分断されているからである。

　国際経済学者のモヨは『ハーバード・ビジネス・レビュー』掲載の論文で，Splinternet を単に米中両陣営への分断ではなく，インターネットのバルカン化 (四分五裂化) であるとしている。グローバリズムは，一握りの大富豪による経済支配とテロの常態化をもたらした。

　その結果，グローバリズムに反発するポピュリズムやナショナリズムを背景に，個人情報保護，移民規制，金融規制，データ保護などの脱グローバリズム (= "国家の復権") の動きが強まっている。モヨは，企業経営者に対して，脱グローバリズムの世界に適応するために，中央に一元化した組織や意思決定を連邦化，分権化することを提案しているのである (Moyo, 2019)。

V　製造業の国内回帰

　こうした脱グローバリズムの動きと連動して注目すべきは，製造業の国内回帰の動きである。アメリカでは，早くも 2017 年頃から製造業が国内へ回帰する動きが見られていた。その理由の 1 つは，先端技術 (= 「知的財産」) の喪失などの「隠れたコスト」を問題視して，トランプ政権が政策的に推進していた

からであった。⁽⁵⁾

　アメリカだけではない。日本でも，資生堂は 2019 年に栃木県に那須工場を新設したのに続いて，2020 年には大阪の茨木市に，さらに 2021 年には久留米市にも新工場を建設する。資生堂の国内工場新設は，実に 36 年ぶりのことである。⁽⁶⁾ 同様に，ライオンは香川県に 52 年ぶりに新工場を，日清食品は 22 年ぶりに「次世代型スマートファクトリー」を滋賀県に建設する。マツダも 2019 年に，主力のスポーツ車（SUV）の生産をタイから日本へ移し，日産も 2020 年に次期エクストレイルのイギリス生産を撤回し，九州工場に切り替えた。

　こうした製造業の国内回帰は，中国やアジア諸国において賃金コストが上昇し，生産コスト面のメリットが薄くなったこと，国内の研究開発拠点との連動で，研究から開発，生産までがワンストップで管理できること，さらに，中国やアジア諸国の所得上昇で，品質的に信頼される日本製品への需要が拡大しており，「Made in Japan」でブランド力がさらに強められること，等が理由として挙げられている。

　それに加えて，重要なのが米中新冷戦や新型コロナ・パンデミックでグローバル・サプライチェーンに過度に依存するリスクが高まり，経済安全保障の観点からも国内生産拠点の強化が迫られていることである。日本政府も 2020 年度に，そうした動きに支援する補助金支給を開始したところ，1,670 件もの応募があった。こうした国内生産の強化は，国の「安全保障」政策としても重要課題になりつつある。

　こうした製造業の国内回帰が進めば，直接の新規雇用はもちろん，工場用地の取得や建設工事の発注，原材料の受注，製品輸送，従業員の住居・生活支出等々の多方面で地域（地方）経済への波及効果がもたらされる。そのため，熊本県など，単独でも国内回帰の支援をはじめた県もある（『日刊工業新

(5)　「トランプ政権による“米国内生産回帰”で何が起こるのか」『MONOist』2017年1月24日（https://monoist.atmarkit.co.jp/mn/articles/1701/24/news076.html）2021年9月13日アクセス。

(6)　「MADE IN JAPAN が最大の武器！36 年ぶり国内工場新設した資生堂の世界戦略とは」FNN プライムオンライン（https://www.fnn.jp/articles/-/16662）2021年9月13日最終アクセス。

聞』2021 年 7 月 20 日）。

　さらに，コロナ禍を契機として，今後は国内でも首都圏から地域（地方）への投資の流れが生まれる。パソナグループは 2020 年に本社機能を淡路島に移すと発表し，2024 年までに 1,800 人のうちの 1,200 人分の業務を移す計画だ。すでに 120 人の社員が現地採用を含めて移っている。経団連が加盟企業を対象に行った 2020 年の調査によれば，東京から本社の移転を「実施中」が 3.9%，「検討中」が 7.8%，「今後検討する可能性がある」が 10.9% だった（『日刊工業新聞』2021 年 6 月 24 日）。

　このように，グローバリズムの時代に海外へ移転していった製造業が国内回帰し，国内へ投資が向いていけば，地域（地方）に雇用機会が増えることになる。それが平成の時代に急激に減少した兼業農業の再建，すなわち後継ぎ世代が地元に就職し，世代交代期に帰農する「構造的兼業型」の復活につながる可能性がある。

Ⅵ　ポスト・コロナの世界

　その意味でも問題は，猛威を振るっている新型コロナ・パンデミック後の世界と日本である。ただし，それは現在進行形であって，予想外の事態が次々と生じており，なかなか先を見通すことは難しい。その中でも，ポスト・コロナの世界を大胆に予測しているのが，三菱総合研究所（2020）である。

　それによれば，ポスト・コロナの世界には，①持続可能性の優先順位の上昇，②集中から分散・多極化へ，③デジタルの加速とリアルとの結合，という 3 つの潮流が生じて，全体としては「レジリエントで持続可能な社会」が目指される，としている。

　具体的には，①では，近年の SDGs への関心がさらに高まる。②では，働き方や暮らし方の重心が都心から地方へシフトし，自治体が市民や地元企業を巻き込んで地域経営の自律化が進む。③では，デジタル化の加速とリアルの価値の再評価が進み，融合と使い分けが同時進行する，と予測している。

　また，世界のパワーバランスは一段と不安定化し，経済安全保障の意識が高まる。産業・企業は，E（環境）S（社会）G（ガバナンス）投資を増やし，地

域社会と協調するマルチステークホルダー経営へ向かう。さらに社会・個人は，自律分散型社会へ向け，利他的視点に立って身近な生活圏でのつながりを重視していくとも言っている（三菱総合研究所，2020）。これは，まさに風が「諸地域の富」を目指す「地富論」の時代へ向かって吹くことを意味する。

　大都市圏に住むリスクの高さは，コロナの感染者数を見ても明かであり，「密」な大都市を離れて地方に移住する動きは，個人はもちろん，先に紹介したパソナなど企業においても強まることが容易に予測できる。その意味でも，今後，強まると思われるのが2011年の東日本大震災から加速した若者の田園回帰の傾向である。

Ⅶ　若者の田園回帰

　農山村の過疎が問題となり始めたのは，1960年代の高度経済成長の時代からだった。農家からは次三男を中心に都市への流出が続いた。特に，若者が都市志向を強めたのは都市の物質的豊かさと都市的生活様式への憧れからであった。謂わば，「何でもある都市 vs 何もない農村」という近代の進歩主義的，物質主義的な価値観である。吉幾三のヒット曲『俺ら東京さ行ぐだ』のリリースは1984年だが，その歌詞は1960年代の吉の幼少期を題材にしていたと言う。

　しかし，1990年代に入って，そうした農村に，「都市には無いものがいっぱいある」という"気づき"と"ゆらぎ"をもたらしたのは，都市育ちの若者を中心とした田園回帰の動きであった。塩見直紀が『半農半Xという生き方』（ソニーマガジンズ）を世に問うたのは2003年だった。章のタイトルを記せば，第1章「田舎に出よう！そこは人間復興の場だった！」，第2章「小さな暮らし，大きな夢−田舎暮らしの楽しみ」，第3章「きっと見つかる！自分という魅力に満ちた原石」，第4章「それは『やりたいこと』か『やるべきこと』か」，第5章「『半農半X』は問題解決型の生き方だ！」である。

　この塩見の本は版を重ね，2014年には第6章「出版10年を振り返って」を増補して「ちくま文庫」となった。その間に，「半農半X」は海を超え，台湾で中国語に翻訳されて12刷を数えた。今や「半農半X」は，世界の共通語と

なった。こうした背景に，都市における若者の労働環境の悪化があることは想像に難くない。

それに呼応する動きが「田園回帰傾向の顕在化」である。世の中では「地方消滅論」が声高に叫ばれる中，全国の都市から農村への移住者数は，2009年の2,864人から2014年の11,735人に増えている（小田切・筒井編，2016：1）。6年間で3倍である。これは，小田切徳美が中心となってNHK・毎日新聞・明治大学が共同で全国自治体に行った調査結果の数字である。

その調査によれば，道府県別の移住者数では島根県が常に上位にある。これは，島根県が早くから「半農半X」支援を県の施策に掲げてきたことが関係しているだろう。島根県のホームページには，「島根県は『半農半X』を応援します」とあって，「半農半X」を実践する方への農業研修や定住・就農助成，施設整備助成など支援策が記されている。こうした取組は，全国に普及しつつあり，徳島県海陽町の「きゅうりタウン構想」は，「半農半サーフィン」を"売り"にしている。

2008年に始まった総務省の「地域おこし協力隊制度」も予想以上の応募者が続いた。その応募者には女性が37％（2014年度末）を占めている。また，仕事への関わり方を「ナリワイ」という言葉で表現し，複数の仕事を組み合わせた「多業化」を望ましいライフスタイルと評価しているという（椎川ほか編，2015：32）。

こうした若者が農業・農村の「多面的価値」[7]を見つけ出し，SNSで発信している。2015年には『食料・農業・農村白書』も特集「人口減少社会における農村の活性化」のなかで「田園回帰」に触れている。小田切徳美は，先の共同調査を踏まえて，「若い世代を中心に，定住や子育てにおける農山漁村志向は確かに生まれている」と結論している（小田切・筒井編，2016：10）。

Ⅷ　「地富論」の時代における農政

世界の趨勢が脱グローバリズムへと転換し，製造業の国内回帰が始まり，

---

(7)　この「多面的価値」という言葉については，玉・木村（2020）を参照。

38

表2　農政をめぐる対抗軸

世界の趨勢	グローバリズムの時代	脱グローバルリズムの時代
政策の旗印	経済成長	地方の雇用創出
国際関係	経済的相互依存の深化	安定供給力の確保
主な政策手段	規制緩和・生産性の向上	地域資源利用・地域内経済循環
関税の考え方	関税の撤廃	関税の活用
農政の重点	産業政策の強化	地域政策の強化
想定する経営体	企業的経営に特化	半農半Xを含む多様な経営体
農産物の販路	輸出の拡大	地消地産

出典：玉・木村（2019）の表1を一部修正。

新型コロナ・パンデミックで都市から地方への流れが生じる中で，若者の田園回帰も確かな傾向となりつつある。こうした動きをしっかり受け止めて，令和は「諸地域（地方）の富」を目指す「地富論」の時代にしなければならない。そのための農政は，いかにあるべきだろうか。

　平成のグローバリズムの時代における農政は，表2に示すように，農業を成長戦略の柱として規制緩和で企業の農業参入を促進し，関税撤廃を目指すTPPに参加して，企業的経営の育成による輸出拡大を推進する産業政策一辺倒のものだった。そこでは，個別の大規模経営にばかりに目が向けられ，地域（地方）における農業の役割という観点が希薄だった。

　それは，グローバル（G）の世界とローカル（L）の世界の違いが正しく踏まえられていなかったからかもしれない。というのも，（G）の世界は「モノ」の製造が基本で，「規模の経済」によるコスト削減が追求され，そのため，製造拠点は世界中から最適の場所が選ばれ，グローバル・サプライチェーンが作られた。

　これに対して（L）の世界は，公共交通や建築・土木，飲食，小売り，医療・福祉・介護，育児・教育等々の「コト」の価値（運ぶこと，造ること，買うこと，食べること，治すこと，育てること，学ぶことetc.）を提供する対面サービスを基本とした労働集約型産業が中心である。それは生産と消費の同時性と場所性を特徴とし，顧客満足にはスキル向上や"おもてなし"などの要素が欠かせない。また，顧客の満足が"働きがい"となる世界でもある（冨田2014）。

　だから，平成の時代でも，直売所や体験農場，六次産業化，農家民泊，農家レストラン，食育，農福連携等々の安売りではなく「コト」に関わる（L）経済と連携した農業は元気だった。しかも，そうした多様な経営形態の農業こそが，外からの新規就農の受け皿となるだけでなく，交流人口・関係人口の増加が重要となる「地富論」の時代には，地域の魅力づくりに欠くことができないのである。

　さらに，「地富論」の時代に重要なことは，防災の意味を兼ねた地域の生態系の保全という農業の役割である。すでに見たように，平成の時代の農村は，農業収益の不安定性と低位性，農業後継者不足，他出による農地管理者の不在，荒廃地増大等の事態が進行していた。要するに，農業が歴史的に担ってきた地域資源管理や農村コミュニティの維持・保全という「多面的機能」の脆弱化である。こうした重要な農業の役割を，どうして一握りの大規模経営で担うことができるだろうか。

　2019 年度の日本農業経済学会は，大会シンポジウムで表 1 を提示し，平成の時代の産業政策一辺倒の農政から，脱グローバリズムの時代に合わせて，農村地域政策とバランスのとれた農政とすることを提起した（玉・木村，2019）。その後，2020 年策定の新しい「食料・農業・農村基本計画」では，新たに「中小・家族経営など多様な経営体」への支援が打ち出された。また，農村振興として「半農半 X」やデュアルライフ（二地拠居住）など「本格的な営農に限らない農への関わりへの支援体制」も打ち出されたのである。

Ⅸ　国連家族農業の 10 年と小農の再評価

　2011 年に国連は，2014 年を「国際家族農業年」とすることを総会で決めた。さらに，その成功を踏まえて，2017 年の総会では，2019 年から 10 年間を「国連家族農業の 10 年」とする決議を採択した。このような決議が行われた背景には，2007〜08 年の世界的な食料危機があるが，それ以上に重要なことは，国連が気候変動問題と向き合う中で，農業生産のあり方を化学肥料・化学農薬等に依存した農法から，生態系の保全を重視した持続可能な「アグロエコロジー（生態農業）」へと転換する方向へ明確に舵を切ったことである。

表3　アグロエコロジーの10要素

	要　素	趣旨・内容
1	多様性	自然資源を保全しつつ食料保障を達成するための鍵
2	知の共同創造と共有	参加型アプローチをとれば地域の課題は解決できる
3	相乗効果	多様な生態系サービスと農業生産の間の相乗効果
4	資源・エネルギー効率性	農場外資減への依存を減らす
5	循環	資源循環は経済的・環境的コストの低減になる
6	レジリエンス（回復力）	人間，コミュニティー，生態系システムのレジリエンス強化
7	人間と社会の価値	農村の暮らし，公平性，福祉の改善
8	文化と食の伝統	健康的，多用，文化的な食事を普及する
9	責任ある統治	地域から国家の各段階で責任ある効果的統治メカニズムを
10	循環経済・連帯経済	生産者と消費者を再結合し，包括的・持続的発展を

出典：関根（2020）p.243

　「アグロエコロジー」は，表3の10要素からも分かるように，そのポイントは戦後の世界的な農業の工業化によって破壊されてきた生態系を，自然の「循環」に依拠した持続可能性なものへと変えていくという志向性である。そのための核となるのが「地域」であり，この「アグロエコロジー」の実践の担い手として国連が期待するのが小規模・家族農業なのである。

　実際のところ，世界の農業生産の大半は家族農業に担われている。それは先進国，途上国を問わない。日本における農業経営体の97.6%が家族農業であることは容易に想像がつくが，あの農産物輸出大国のアメリカでも98.7%がFamily Farmである[8]。

　それは農業生産が工業生産と違って生き物を対象にしているからである。アメリカのハーベスターと言われる収穫機は日本のものと比較して巨大であるが，収穫が終わると1年間倉庫でお休みしている点は同じである。稲にしても麦にしても，収穫物を作っているのは人ではない。稲や麦という生物自身である。人はその生育を助けているに過ぎない。ここが365日，24時間，機械が物を

---

(8)　農林水産省ホームページ（https://www.maff.go.jp/j/kokusai/kokusei/kanren_sesaku/FAO/undecade_family_farming.html）2021年9月11日最終アクセス。

作り続ける工業と根本的に違うところなのである。

　このような国連の動きと連動して，世界でも日本でも小農の再評価が進んでいる。世界ではオランダの学者プルフが，地域資源に根ざして有機農業で消費者とつながったり，農業ツーリズムで経営を多角化したりしてグローバリズムに適応している農家を「新しい小農層」と呼んだり，「再小農化」と呼んだりして，その生態系や農村コミュニティの維持・保全への貢献を評価している（秋津編，2019：第 1 章）。

　同じように国内でも，小農学会が誕生し（小農学会，2019），農村社会学の分野では，京都大学の秋津元輝らが「小農の復権」という言葉で，小農の積極的な再評価を開始している（秋津編，2019）。ここで「小農」とは，単に規模が小さいとか，家族労働力に依拠するとかいう要件で定義される概念ではない。それは，農業が工業生産とは違う生産のモード（様式）であることを正しく踏まえて，自然・生態系と経済社会の両方に折り合いをつけながら永続的な生活と生存を目指す生業的農業を表す概念なのである（玉，2020）。

X　おわりに——「地富論」の時代と日本農業 5.0

　農業は大昔から家族が中心となって自然と向き合い，生態系を保全しながら，経済社会の中で生活のための様々な兼業と合わせて続けられてきた。そこには常に「永続性への希求」があった。それが日本の場合は，「家永続の願い」（柳田国男）となった（柳田，1993）。

　このように，日本農業の基本的な特質は，これまで「イエとムラ」というワンセットで捉えられてきた。そして，それが地域性を伴いながらも全国的に成立したのは，江戸時代の後半である。しかも，それはグローバル化が進展した今日の日本農業においても，基本的性格として維持されている。筆者は，それを「日本農業の基層構造」と呼ぶことにした（玉，2006）。

　さらに，この「イエとムラ」という特質は，単なる残存物として生き続けているのではない。時代や環境の変化に適応し，進化した姿で生きているのである。これが「生命論」から見た日本農業である。これに対して従来は，古いものは早く壊して新しいものに取り替えることで「性能」や「効率」が高まると

考えられてきた。これが工業生産の価値観と言える進歩主義的な「機械論」の理解である。

　しかし，絶滅した生物は二度と生き返らない。生物は過去を保存しながら，環境に適応して進化してきたのである。人の DNA にも，40 億年という生物進化の歴史が保存されている。こうした生物の進化になぞらえれば，いまある「イエとムラ」は“種”としては同じでも，過去とまったく同じではない。

　玉 (2022) で描いたように，江戸時代後期に成立した「イエとムラ」という特質を日本農業の原型 1.0 とすれば，明治維新以降の自由主義経済の時代に 2.0 へ，総力戦体制と冷戦の時代に 3.0 へ進化して，グローバリズムという環境への適応に苦労してしたのが平成の時代の日本農業・農村であった。

　確かに，平成の時代の日本農業は 4.0 への進化を確かなものにするまでには至らなかったかもしれない。しかし，地域ブランド戦略や (L) の「コト」の世界と連動した取組を続けてきた。この章では詳しく触れていないが，集落営農という取り組みもある。

　そうしている内に農業・農村を取り巻く環境は大きく変わった。世界は脱グローバリズムへ向かい，製造業の国内回帰が始まり，コロナ禍で都市から地方への移動も始まって，若者を中心とする田園回帰も確かなものになりつつある。

　こうした変化に適応して，令和という時代を「地富論」の時代にするためには，「イエとムラ」を特質とする日本農業も 5.0 へと進化しなければならない。その追い風となるのが，Society 5.0 と SDGs である。

　Society 5.0 とは第 4 次産業革命と言われる 5G や AI, IoT などの“情報産業の時代”に続く“デジタル化の時代”の社会の姿であり，日本政府が国を挙げて取り組もうとしているものである (五神, 2018)。

　その最重要な特質は，かつての原発のような重厚長大・集中型ではなく，軽薄短小・自律分散型の“スマート”な技術によって，社会インフラが小規模・自律分散化することである。言い換えると，社会資源の循環の単位として地域やコミュニティの重要性が高まっていくことである。

　これは，小規模・分散・遠隔というこれまでの農業・農村の弱点が Society 5.0 によって弱点でなくなり，むしろ大都市から地方へというポスト・コロナの動きを確かなものに後押しする力となることを意味する。

「機械論」の評価基準が「性能・効率」であるなら，「生命論」の評価基準
は「意味・価値」である。Society 5.0 は，日本農業に保存されてきた「意味・
価値」の再評価につながり，日本農業 5.0 への進化を後押しする力となり得る
のである。

一方，SDGs は国連が提唱する 2030 年に向けた開発目標であり，その最重
要な狙いは地球を持続可能にするための気候変動対策であり，必然的に農業
に対しては小規模・家族農業を担い手とする「アグロエコロジー」の推進と支
援に結びつくものとなる（池上, 2019）。

さらに政府はもちろん，企業や市民（消費者）にも，SDGs の具体的な実践課
題として，地域防災と直結する生態系や地域資源の保全を担う農業や農村コミ
ュニティへの支援が要請されることになる。こうした都市の企業や市民（消費
者）と環境や防災面でも結びつくことが日本農業 5.0 の重要な目標となるのであ
る。

繰り返しとなるが，グローバリズムの平成に替わって，令和は「地富論」の
時代にしなければならない。そこにおいて農業は，食料の安定供給はもちろん
であるが，地域の雇用の受け皿としても，地域資源管理や地域コミュニティの
維持・保全においても重要な役割が期待されているのである。

（玉　真之介）

〈参考文献〉
秋津元輝編（2019）『小農の復権』（年報）村落社会研究 55 号。
池上甲一（2019）「SDGs 時代の農業・農村研究——開発益体から発展主体としての農民像へ」
　　『国際開発研究』28（1）：1-17。
稲葉康生（2016）「『雇用・労働の規制緩和』見直しを」『現代の理論』7 号（http://gen-
　　dainoriron.jp/vol.07/feature/f07.php）2021 年 9 月 13 日アクセス。
五神真（2018）「より良い社会を勝ち取るために——Society 5.0 の実現に向けて」『Panaso-
　　nic Technical Journal』64（2）：5-9。
小田切徳美（2019）「農村問題の理論と政策——再生への展望」田代洋一・田畑保編『食
　　料・農業・農村の政策課題』筑波書房。
小田切徳美・筒井一伸編著（2016）『田園回帰 過去・現在・未来』農文協。
熊沢誠（2018）『過労死・過労自殺の現代史』岩波書店。
経済産業省（2012）『通商白書 2012』経済産業省。
経済産業省（2017）『2017 年度ものづくり白書』経済産業省。
椎川忍・小田切徳美・平井太郎編（2015）『地域おこし協力隊 日本を元気にする 60 人の挑

44

戦』学芸出版社。

塩見直紀（2003）『半農半Xという生き方』ソニーマガジンズ。

塩見直紀（2014）『半農半Xという生き方（増補版）』ちくま文庫。

篠田武司・櫻井純理（2014）「新自由主義のもので変化する日本の労働市場」『立命館産業社会論集』50（1）：51-71。

鈴木裕人・三ツ谷翔太（2018）『フラグメント化する世界』日経BP。

ストレンジ，スーザン（1998）『国家の退場』岩波書店。

関根佳恵（2020）「持続可能な社会に資する農業経営体とその多面的価値」『農業経済研究』92（3）：238-252。

田中道昭（2019）『GAFA×BATH：米中メガテックの競争戦略』日本経済新聞出版社。

玉真之介（2006）『グローバリゼーションと日本農業の基層構造』筑波書房。

玉真之介（2018）『日本小農問題研究』筑波書房。

玉真之介（2019）「なぜ，いま小農なのか——脱グローバリズム，安全保障最優先の時代に再び」『季刊地域』38：72-75。

玉真之介（2020）「日本の兼業農業——その歴史的性格と今日的意義」『村落社会研究』53：13-24。

玉真之介（2022）『日本農業5.0——次の進化は始まっている』筑波書房。

玉真之介・木村崇之（2019）「『新基本法制定から20年，これからの20年』解題」『農業経済研究』91（2）：140-145。

玉真之介・木村崇之（2020）「『食料・農業・農村の多面的価値と市場経済——2040年を見据えたビジョンの構築』解題」『農業経済研究』92（3）：192-197。

冨山和彦（2014）『なぜローカル経済から日本は蘇るのか』PHP新書。

三菱総合研究所（2020）『ポストコロナの世界と日本——レジリエントで持続可能な社会に向けて』（https://www.mri.co.jp/knowledge/insight/ecooutlook/2020/20200714.html）2021年9月11日アクセス。

矢口克也（2013）「兼業農家等の動向と課題」『レファレンス』2013-3：29-53。

柳田国男（1993）「家永続の願い」『明治大正史世相篇』講談社学術文庫。

Moyo, Bambisa（2019）, Are Businesses Ready for Deglobalization? Harvard Business Review December 06（https://hbr.org/2019/12/are-businesses-ready-for-deglobalization）2021年9月13日アクセス。

＊本章は玉（2022）の第6章を編集して再録したものである。

第3章　農山村のフィールドワークから得られる学び

I　はじめに

　農山村の現状や歴史について詳しく知るための方法の一つとして，フィールドワークを通して現地で見聞きすることが挙げられる。フィールドワークと聞くと，あまり身近に感じないという人や，苦手意識を持つ人もいるかもしれない。しかし，フィールドワークは座学や日常生活で得た知識の理解をさらに深めるうえで役立つ。また，フィールドワークは必ずしも高度な技術を必要とするわけではなく，事前に準備を行い真摯に取り組めば初めて行う場合であっても一定の成果を得ることが可能である。そこで本章では農山村におけるフィールドワークの手法や事例について，筆者の教育・研究の経験を踏まえて述べる。農山村のフィールドワークに馴染みが無いという人が本章を通して少しでもフィールドワークを身近に感じ，大学での実習や日常生活においてフィールドワークに積極的に取り組めるようになることを目指す。[1]

　2000年代以降，特に農山村では集落の存続が社会的課題となっている。大野晃は山村集落の存続危機への警鐘を目的として「65歳以上の高齢者が集落人口の50%を超え，独居老人世帯が増加し，このため集落の共同活動の機能が低下し，社会的共同生活の維持が困難な状態にある集落」を限界集落と名付けた（大野2005：pp.22-23）。限界集落という用語は現在では日常的に用いられており，今日の農山村の一つの姿を表した概念といえる。

　特に山村集落の存続の危機については政策的な課題ともなっている。例えば『令和2年版森林・林業白書』では，過疎高齢化による山村における集落機能の低下や集落の消滅が懸念され，山村集落における資源管理や国土保全が困難

---

(1)　本章におけるフィールドワークとは，「社会科学分野における現地調査」とする。

になりつつあると述べられている（林野庁 2020）。また，『令和 2 年版食料・農業・農村白書』では，集落の存続が危惧される存続危惧集落が 2015 年の2,000 集落から 2045 年には 10,000 集落に増加し，うち 9 割が中山間地域の集落と予測されている（農林水産省 2020）。以上から，山村では集落の生活環境が十分に維持できなくなってきており，地域存続の問題に発展している。

　一方で，農山村においても集落を存続させようとする動きが見られるという指摘もある。例えば山下祐介は自身の調査経験を基に集落が消滅するという議論について疑問を呈し，実際には集落を存続させようとする作用が働いていると指摘している（山下 2020）。また，矢口芳生は地域活力という視点から自身の農山村調査の経験を基にして，地域活力を維持している地域には徹底的なコミュニケーション等の共通の要因が見られることを指摘している（矢口 2016）。山下と矢口の指摘のように，実際の農山村では地域課題に対して取り組む地域住民等の存在があり，必ずしもメディア等で一般的に伝えられている姿とは一致しない。

　以上のように農山村集落の存続については様々な指摘が行われている[2]。もちろん農山村の実情は地域によって異なるが，農山村への理解をより深めるための手段の一つとして現地を実際に訪れ見聞きすることが挙げられる。大学における教育や研究において，農山村を訪れ実際に見聞きする主な方法としてフィールドワークが挙げられる。

　今日では情報通信技術の進展や情報発信ツールの普及により，フィールドワークを実施しなくてもある程度の調査や情報の収集は可能である。また，現地を訪れる必要があるフィールドワークは新型コロナウイルスの影響により以前と比較して実施が難しくなっている。しかし，今日においても実際に現場を訪れ見聞きすることで得られる学びは多い。

　農山村でフィールドワークを実施することの教育効果は，都市部出身者と地方出身者の双方において期待される。都市出身の学生への教育効果について，例えば加藤基樹は自身が担当した早稲田大学におけるフィールドワーク学習の

---

(2)　農山村集落の存続に関する今日の具体的な事例については，例えば林田（2021）を参照。

事例を基に，想像していた世界とは大きく異なることを肌で実感すること，農山村を訪れる貴重な機会となること，の2点を挙げている（加藤 2011）。農山村に関心はあるが行く方法がわからないという学生が一定数存在し，そのような学生にとってフィールドワーク実習は農山村を訪れ実態を知るための貴重な機会となる。

　次に，地方出身の学生への教育効果について，例えば土居洋平は自身が担当した東北文教大学短期大学部におけるフィールドワーク実習を基に，多様な世代に関わる経験，地域社会の構造と組織を理解，卒業後に地元で働き地域で過ごす際の参考，地域活動を重視する人材の増加，の4点を挙げている（土居 2016）。都市出身者だけでなく地方出身者にとっても，フィールドワークは地域の実態を知るうえで貴重な機会となる。

　さらに，土居は大学でフィールドワーク現地実習を行うことによる地域への効果として，人手（労働力）の確保，地域課題の解決に貢献すること，地域活動に一定の緊張感をもたらすということの3点を挙げている。フィールドワークを行うことで，研究・教育効果という面だけでなく地域への還元にもつながり得る。

Ⅱ　フィールドワークの手法

　本節では筆者が教育・研究において主に実施しているフィールドワークの手法について説明する。本節では，聞き取り調査，参与観察（現場体験），資料収集について取り上げる。[3] いずれも社会科学の分野ではフィールドワークにおいて広く用いられる調査手法である。[4]

　聞き取り調査は，屋内外を問わず行われる手法である。また，調査対象も行政や農家等様々である。さらに，調査を行う場所も様々である。例えば，行政への聞き取り調査では庁舎の会議室で聞き取りを行うこともある。一方，農

---

(3)　聞き取り調査の項目については宮内・上田（2020），資料収集の項目については宮内・上田（2020）と山下（2020）をそれぞれ参考にして構成している。
(4)　本稿で取り上げた調査手法以外にアンケート調査等が挙げられるが，本稿では割愛する。

48

家への聞き取り調査では自宅や作業現場で聞き取りを行うこともある。

聞き取り調査を行う際に特に意識することとして，例えば宮内泰介は調査対象者への敬意と調査意図を伝えること，具体的に質問すること，調査対象者の言うことを受け入れること等を挙げている（宮内・上田 2020）。いかなるフィールドワークであっても，何らかの負担を調査対象者にかけているということを十分に意識することが必要となる。また，調査意図を明確に伝えていない場合，対象者はどのように回答すれば良いか困る可能性がある。事前に調査意図を説明している場合でも，聞き取り調査時に改めて調査意図を調査対象者に説明することが望ましい。さらに，質問に対して必ずしも想定していた回答が調査対象者からあるとは限らない。その際に，無理やり自分のペースで聞き取り調査を進めようとするのではなく調査対象者のペースに合わせることが必要となる。

聞き取り調査は1回当たり1〜2時間が一般的のようである。実際には，当初伝えていた時間より超過してしまうことも珍しくない。冒頭で聞き取りの時間を調査対象者に伝え，超過する場合はその都度承諾を得ることが望ましい。

聞き取り調査では原則として質問票を作成することが望ましい。これだけは絶対聞いておく項目から余裕があれば聞く項目まで，多様な質問項目を入れておくことが望ましい。事前に文献・資料で調べて分からなかったことも質問票に入れる。質問票は聞き取り時に適宜確認できるようにする。実際の聞き取り中は，必ずしも質問票を上から順に聞いていくことになるとは限らない。聞き取り中は常にどういう質問を次にすると良いかを考えながら質問をすることが必要となる。

フィールドワークの主な作業として，調査データの整理が挙げられる。調査データ整理の具体的な作業として，聞き取りした内容の文字起こしがある。文字起こしの方法として，一字一句起こす，整理して起こす，箇条書き，の3点が挙げられる。この3点は，適宜使い分けることが望ましい。また，聞き取り調査時にICレコーダーやメモ帳等の調査道具も使用することにより，調査データの整理をより円滑に進めることができる。

---

(5) フィールドワークによる調査対象者への負担として，例えば宮本常一は事実の歪曲や借用した資料の紛失等を挙げている（宮本 1986）。

　参与観察は，ある社会・集団の一員として実際に入り込み行動する中で調査対象について観察する手法である。研究分野によっては，1年以上の長期間にわたり調査対象者と生活を共にすることもある。参与観察は今日の大学教育において積極的に用いられている手法である[(6)]。例えば，現地を訪れ農作業や集落の道普請等に参加することが挙げられる。参与観察では，ただ単に地域住民と一緒に作業を行うだけでなく，作業中の会話や作業後に懇親会が行われる場合もある。参与観察は，現場の状況や作業の実態について体験を通して知ることができる。また，調査対象者と同じ空間で活動を行うことによりお互いの信頼関係を築きやすい。

　資料収集は，地図，書籍，広報紙，報告書，会議資料，日記等の収集が挙げられる。資料収集は資料の分析を主な目的とする研究はもちろんのこと，聞き取り調査等を行ううえでも有効な手法である。

　先述したように，フィールドワークを行う前にある程度の資料収集が可能である。事前に資料収集を行い調査対象地域について情報を収集しておくことで，実際のフィールドワークが円滑に進む可能性が高まる。フィールドワーク前の資料収集として，例えば地図の収集が挙げられる（山下 2020）。国土地理院ウェブサイトでは，各都道府県の現在の市町村名だけではなくそれ以前の市町村名も記載された地図が公開されている[(7)]。フィールドワークで詳細な情報を得るためには，現在の市町村名だけではなく場合によっては平成・昭和・明治の大合併前の市町村名を事前に把握しておくことが必要となる。

　書籍の収集については，例えば図書館を活用した文献検索が有効である。例えば，国立国会図書館のウェブサイトでは，これまでに日本で出版された大部分の書籍を検索することが可能であり，フィールドワークにおいて必要な書籍の把握・収集に役立つ。また，大学や自治体の図書館も活用することが望ましい。自身が利用する図書館に所蔵されていない書籍であっても，他の図書館に所蔵されていれば依頼して取り寄せることも可能である。図書館では非売

---

(6)　本稿では，現場での作業体験も参与観察に含む。

(7)　詳細は国土地理院ウェブサイト「全国都道府県別・市町村合併新旧一覧図（平成15年以降）」https://www.gsi.go.jp/KOKUJYOHO/gappei_index.htm を参照。2022年1月20日最終アクセス。

品の郷土資料等も所蔵されていることが珍しくなく，フィールドワークを円滑に
進めるうえで積極的に利用して行くことが望ましい。⁽⁸⁾

　もちろん，フィールドワーク時に書籍を収集することも必要となる。例えば，
聞き取り調査時に調査対象者が自費出版した書籍や市販されていない自治
体・企業の記念誌等を入手する機会がある。書籍を持ち出すことが難しい場
合は，その場で必要箇所を複写することもある。

　自治体等が公開している広報紙や報告書も，その地域の概要や動向を知る
うえで参考となる。例えば，多くの自治体のウェブサイトで広報紙が公開され
ている。もちろんウェブサイトで公開されていない広報や報告書もあるので，
フィールドワークの際に市町村役場等で可能なものは入手することが望ましい。
また，自治会等の住民自治組織の会議資料も地域の実態を知るうえで重要な
資料となる。例えば住民自治組織によっては一部会議資料をウェブサイトで公
開している場合がある。

　調査対象者がこれまでに作成した日記等の記録も貴重な資料となる。日記に
は当時の日々の出来事が記述されており，生活の状況や人間関係等を把握する
ことに役立つ。また，調査対象者が所有する手紙や写真や自分史等の記録も，
調査対象者や地域を知るうえで役立つ資料となり得る。さらに，フィールドワ
ーク時に自身で日記の作成や写真の撮影を行うことも，資料収集の一つとなる。

　他にも，調査対象地域の特産品や調査対象者が生産した物を入手すること
も，調査対象者や地域について詳細に理解するうえで役立つ資料となり得る。
あらゆる物が調査資料になるということを，日頃から意識しておく必要がある。

　調査対象者から資料収集を行う場合は，調査対象者になぜその資料を収集
する必要があるかについて詳細に説明したうえで承諾を得る必要がある。場合
によっては一度で希望する全ての資料を収集できず，何度か調査対象者を訪
れある程度の信頼関係を築いたうえで資料を入手することもある。また，資料
の入手後は個人情報の取扱い等には十分に気を付ける必要がある。

　先述したように，フィールドワークはいかなる手法であっても何らかの負担を

---

(8)　古書を収集する方法として，図書館の他に古本屋の利用がある。例えば，東京都古
　　書籍商業協同組合が運営しているウェブサイト「日本の古本屋」https://www.kosho.or.
　　jp/ では，検索から購入までを自宅等から行うことが可能である。

調査対象者にかけるのだということを十分に意識することが必要となる。また，地域への還元として報告書の作成や現地での成果報告会を行うことが望ましい。他に，協力先へ礼状を送付することもフィールドワーク後の重要な作業の一つである。協力者のおかげでフィールドワークが行えることに感謝して常に行動することが重要である。

Ⅲ　帝京大学経済学部地域経済学科におけるフィールドワークの事例

　本節では，筆者が関わった帝京大学経済学部地域経済学科におけるフィールドワークの事例として，栃木県那珂川町での聞き取り調査・地域還元活動ととちぎ夢大地応援団カレッジ活動での農作業体験活動について述べる。[9]

　当学科のカリキュラムにおいて，フィールドワークは特徴の一つといえる。[10] 実際に当学科では演習科目等でフィールドワークを実施しており，学生は1年次からフィールドワークに参加する可能性がある。そのため当学科には，農業・農山村や地域づくりに高い関心を持ちフィールドワークへの参加を希望して入学した学生が一定数存在する。

1　那珂川町での聞き取り調査・地域還元活動

　那珂川町は栃木県北東部に位置し，一級河川の那珂川が流れる。2005年10月，小川町と馬頭町の合併により発足した。人口15,286人，世帯数5,990である。[11] 人口に占める65歳以上の割合（高齢化率）は41.1%と栃木県で4番目の高さであり，栃木県平均の29.7%を大きく超えている。[12]

---

(9)　那珂川町でのフィールドワークの事例の詳細について，那珂川町に関しては林田（2019，2020a），とちぎ夢大地応援団カレッジ活動に関しては林田（2020b）を参照。

(10)　詳細は帝京大学ウェブサイト「地域経済学科のフィールドワーク」https://www.tei-kyo-u.ac.jp/faculties/economy_d/area_economy/fieldwork を参照。2022年1月20日最終アクセス。

(11)　2022年1月1日現在。那珂川町「住民基本台帳」http://www.town.tochigi-nak-agawa.lg.jp/25data/jinkou_setai.html 参照。2022年1月20日最終アクセス。

(12)　2021年10月1日現在。栃木県「年齢別人口調査結果（市町別年齢別人口）」https://www.pref.tochigi.lg.jp/c04/pref/toukei/toukei/popu2.html を参照。2022年1月20日最終アクセス。

　那珂川町と当学科は，2013 年 11 月に「地域振興の調査研究に関する相互協定」を締結し，地域振興の活動を連携して行ってきた[13]。那珂川町と当学科の相互協定に関わる活動の事例として，例えば 2014 年度から 2017 年度にかけて那珂川町の地域振興に関する活動を撮影し，動画サイトに投稿する活動を行った[14]。筆者が担当する演習科目において，2018 年度と 2019 年度に那珂川町との相互協定に関わる活動として，生活に関する実態調査と地域還元活動を実施した。以下において，その活動について述べる。

　筆者が担当するゼミでは，農山村から物事の考え方を学ぶことをテーマとして活動を行った。多くの学生は農山村の生活について関心を持つ一方で，実際に農山村でフィールドワークを行った経験はなかった。そこで，農林漁業や農山村での生活に関する実態や地域課題の把握と，地域還元活動の実践を目指し，那珂川町でフィールドワークを行った。

　2018 年度・2019 年度ともに主に小砂地区でフィールドワークを実施した。小砂地区は那珂川町北部に位置し，人口 603 人，世帯数 233 である[15]。小砂地区を地域範囲とした住民組織として，小砂区・小砂 village 協議会・小砂地区コミュニティ推進協議会等がある。小砂区は行政区で，8 班からなる。小砂village 協議会は 2013 年に小砂地区が加盟した「日本一美しい村」連合に関する事業の事務局である。小砂地区では小砂 village 協議会が中心となって芸術祭やトレイルランといったイベントの開催，農家民宿，棚田オーナー制度等の地域振興に関する事業を積極的に行っている。2019 年度にはその活動が評価され，小砂 village 協議会が「農林水産祭」(農林水産省と公益財団法人日本農林漁業振興会の共催) の一部門である「豊かなむらづくり全国表彰事業」

---

(13)　本事例以外に学科が締結している相互協定として，宇都宮市オリオン通り商店街振興組合及びオリオン通り曲師町商業協同組合との「中心市街地活性化の調査研究に関する相互協力協定」，NPO 法人とちぎユースサポーターズネットワークとの「大学生の地域活性化意欲向上の調査研究に関する相互協力協定」がある。

(14)　詳細は金子 (2018) を参照。本活動で作成した動画は，YouTube の「栃木県那須郡那珂川町チャンネル」(https://www.youtube.com/channel/UCigNThRglnVL82X5a2cDw-w/videos) から視聴可能である。2022 年 1 月 20 日最終アクセス。

(15)　2022 年 1 月 1 日現在。那珂川町「住民基本台帳」http://www.town.tochigi-nakagawa.lg.jp/25data/jinkou_setai.html を参照。2022 年 1 月 20 日最終アクセス。

の農林水産大臣賞を受賞している。

　2018年度は小砂地区の住民組織の運営について，小砂区や小砂village協議会の役員等から聞き取り調査を行った。聞き取り調査後，学生からは「那珂川町では自然豊かな景観は都市在住者にとって非常に魅力的である」という意見が出た。一方で，小砂地区の地域活動の中心となるのが60代以上であることから「5年後・10年後には高齢化の影響で地域活動の後継者がいなくなるのではないか」という意見が出た。

　ゼミでは「自分たちが那珂川町に関する地域還元活動を行うことは可能か」について話し合った。学生からは「自分たちが地域に対して貢献できることはほとんどないのではないか」という意見も出た。そのような中で，当ゼミで可能な地域貢献活動の案として，人手として那珂川町の地域活動に参加することと，那珂川町に関する情報発信活動を行うことが挙がった。

　人手としての那珂川町の地域活動への参加については，那珂川町主催のイベント等に，スタッフとして学生が参加した。那珂川町に関する情報発信活動としては，那珂川町への訪問者向けに手書きのガイドブックを製作した。このガイドブックでは，各ページにフィールドワークで撮影した写真を使用して，那珂川町や小砂地区の地域資源・場所を紹介している。ガイドブックの製作にあたっては，和綴じ製本業を営む専門家の指導を受けた。完成したガイドブックは，那珂川町内の観光案内所等に設置された（次頁写真1）。また，那珂川町主催の「「なかがわ学」発表会」で学生がフィールドワークの成果を報告した。

　2019年度は前年度の調査成果を踏まえて，若い世代に対しても聞き取り調査を行うことにした。そこで，前年度にも実施した小砂地区の住民組織の運営に関する聞き取り調査に加え，20〜40代の小砂地区在住の農家・陶芸家に対して地域課題に関する聞き取り調査を行った。

　フィールドワーク後，学生が特に高い関心を持った小砂地区・那珂川町の地域課題として，情報の発信力・拡散力の弱さが挙げられた。聞き取り調査時に，「インターネットに疎い人が多いため情報を発信・拡散する力が弱い」という声があり，若い世代からも「インターネットを利用することが得意でない」という声があった。調査対象者の中には，自身が生産した農産物や陶器の情報をホームページやSNSによって発信している人もいたが，学生が閲覧すると1

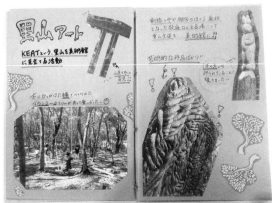

写真1　手作りガイドブック

年以上更新されていないこともあった。ホームページや SNS の更新頻度が少ない理由として，聞き取り調査では「ホームページの更新が大変」「SNS やホームページを更新する時間がない」という声があった。また，複数の調査対象者から「自分たちの代わりに那珂川町の魅力や特産品をインターネット等で情報発信してもらえると助かる」という声があった。

　聞き取り調査で明らかになった地域課題を踏まえて，学生は地域還元活動として SNS のアカウントとホームページをそれぞれ開設し，フィールドワークを通して自分たちが感じた那珂川町の魅力を発信することになった。SNS による情報発信については，Twitter と Instagram を使用し，施設の写真を掲載した。ホームページによる情報発信については，SNS を閲覧して那珂川町を訪れたいと思った人を対象として，那珂川町の施設や団体の場所等について詳細を掲載した。SNS・ホームページによる情報発信にあたっては，いずれも学生自身が日常生活や授業で得た知識を活用して行った。また，小砂地区で地域住民に向けての成果報告会をゼミで企画し，学生はフィールドワークの成果報告や地域住民との意見交換を行った。

2　とちぎ夢大地応援団カレッジ活動での農作業体験活動

　先述したように，農業や農山村に高い関心を持ちフィールドワークを希望し

て入学した学生が一定数いる。その一方で，当学科の学生が農作業体験や農山村での環境保全活動を行う機会は限られているとの声を学生から聞く。その理由として，授業や学内の部活・サークルにおいて農作業体験・環境保全活動を実施する機会は演習科目に限られること，フィールドワークの受け入れ先を見つけることが容易ではなくかつ日程・作業内容の調整が難しいこと，農山村と個人的につながりを持つ手段をほとんどの学生が有していないこと，等が挙げられる。

　以上のような状況下において，栃木県から地域経済学科に対して2019年度とちぎ夢大地応援団カレッジ活動への参加の打診があった。とちぎ夢大地応援団カレッジ活動は，栃木県内の農山村での農作業体験を通じて農村環境の維持・保全や地域住民と若者との交流を目的とした，栃木県が主催の事業である。2011年度から毎年度栃木県内の大学・専門学校・高校が参加しており，帝京大学は2019年度が初めての参加であった。活動への参加は農作業体験・環境保全活動を希望する学生にとって貴重な参与観察の機会になることから，当学科として参加することになった。

　2019年度のとちぎ夢大地応援団カレッジ活動は全3回で，第1回に茂木町内の農場でいちご苗の定植作業，第2回に大田原市内の農場でいちご株の抜き取り作業，第3回に佐野市内の和紙製造体験施設で和紙の原料となるコウゾの加工作業をそれぞれ行った（次頁写真2）。昼食は受け入れ先により提供され，地域の食材を使用した料理がふるまわれた。農作業の他にも交流会の時間があり，学生は受け入れ先の方々から農作業や地域での生活について聞き取りを行った。

　参加者は各回約10名で，当学科の1〜3年生が参加した。各回で参加者は異なり，第2回と第3回の参加者は全員が1年生であった。参加者のうち半数以上にとって，本活動が大学入学後初めてのフィールドワークであった。

　とちぎ夢大地応援団カレッジ活動での農作業体験活動では，主に以下の教育効果があったと考えられる。1点目は，農業の生産過程に関わる作業体験を行うことで，生産者の立場から農業・農産物に対する理解を深めることができたということである。作業内容は生産過程の一部であるが，農作業の経験がほとんどない学生にとって農業の生産過程を具体的に理解するうえで貴重な機

写真2
2018年度第3回佐野
市でのとちぎ夢大地
応援団カレッジ活動
　上：コウゾの加工作業
　下：交流会

会となった。また，農作業の体験に加えて生産に携わる方々と話をする中で，
より生産過程への理解を深めることができたと思われる。さらに，将来的に
農業従事を考えている学生や農作業の経験がある学生にとっても，農業には
様々な作業があることを実感する機会となった。
　2点目に，普段は接することができない世代・職業・生活環境の方々と交流
することで，今後学生自身が地域社会で活躍するための学びを得たということ
である。農作業後に受け入れ先の方々からの「作業を手伝ってもらえて助かっ
た」という声は，学生が今後地域社会で活動を行う上での自信につながること
が期待される。

3　フィールドワークを通して学生が得た学び

　以上のフィールドワークを実施後，学生からは主に以下の意見があった。1点目は，「フィールドワーク実施の前は不安や面倒いう気持ちもあったが，実際に参加してみたら楽しく良い経験になった」という意見である。農山村でのフィールドワークに対して，普段とは異なる授業内容への不安や学外活動の時間が削られることへの負担を感じる学生もいる。そのような場合でも，学生は実際に農山村を訪れることで普段の授業や生活とは異なる学びを得ることができたといえる。フィールドワーク後，自主的に追加調査やイベントでのボランティア活動に参加する学生もいた。フィールドワークは学生が自ら農山村を訪れ活動を行う契機となり得る。

　2点目は，「農山村では想像以上に若者の人手が不足していると感じた」という意見である。限界集落や農山村の過疎高齢化といった地域課題については授業やニュースで見聞きしていても，必ずしも学生が具体的に理解できているとは限らない。実際に現地を訪れ聞き取り調査や参与観察を行うことで，学生は農山村の地域課題を具体的に理解し当事者意識を持つことができたといえる。

　3点目は，「思っていたよりも自分たちが地域に対して還元できることは少ない」という意見である。地域貢献を志して当学科に入学する学生も少なくない。しかし，自分たちが考えた案は地域住民が既に考えていることや実施されていることも少なくない。また，学生の能力や時間上の制約もある。場合によっては，フィールドワークを行うことが地域住民にとって大きな負担になることもある。フィールドワークを通して現実を知ったうえで，自分たちができることや特有の視点は何かを学生が考えることは，大学における地域貢献という点と学生への教育効果という点の両面から重要になる。

　4点目は，「就職活動で長所としてアピールできた」「農作業体験を契機として，農業関連の職業を就職の候補として考えるようになった」という意見である。就職活動の選考において，学生時代に力を入れたことは定番の質問の一つである。フィールドワークを通して農山村の実態を知り，自分たちができる地域貢献を考え実行に移した経験は，学生にとって就職活動においても強みとなり得る。また，農業等の第一次産業に普段関わりが無い学生にとって，農山村でのフィールドワークは就職の選択肢を広げる機会となり得る。

Ⅳ　おわりに

　フィールドワークを行うことにより，大学や地域社会で必要な基礎や応用力が修得可能である。フィールドワークを実際に行うことで，座学や文献で学んだことの理解を深めることができる。もしも調査成果がフィールドワーク前に得ていた情報と同じであったとしても，自分で実際に確認するということは学びにおいて重要な作業であり，また新たな発見にもつながる。同じ地域で複数回フィールドワークを行った場合でも，その度に何らかの新たな発見があるはずである。フィールドワークへの参加を躊躇する人がいるかもしれないが，迷ったら現地を訪れる姿勢が重要となる。

　フィールドワークを行うのは大学等の教育・研究機関だけではない。[16]フィールドワークを今すぐ行うことも可能である。まずは自分と関係のある地域を調べ，現地を訪れ歩き回り関係者から話を聞くことをお勧めする。

（林田　朋幸）

〈参考文献〉

大野晃（2005）『山村環境社会学序説──現代山村の限界集落化と流域共同管理』農山漁村文化協会。

加藤基樹（2011）「伝統技術の継承と交流型授業をつなぐ【棚田の里＝新潟県松代】」堀口健治・加藤基樹編『書を持って農村へ行こう──早稲田発・農山村体験実習のすすめ』早稲田大学出版部，pp.11-43。

金子弘道（2018）「那珂川町，まちづくりの課題」『帝京大学地域活性化研究センター年報』第2巻，pp.12-15。

林田朋幸・林田ゼミナール（2019）「那珂川町における地域活動の調査」『帝京大学地域活性化研究センター年報』第3巻，pp.112-115。

林田朋幸・林田ゼミナール（2020a）「那珂川町における現地調査と地域還元活動」『帝京大学地域活性化研究センター年報』第4巻，pp.149-153。

林田朋幸（2020b）「地域経済学科における2019年度とちぎ夢大地応援団カレッジ活動」『帝京大学地域活性化研究センター年報』第4巻，pp. 116-119。

林田朋幸（2021）「山村集落における生活環境の維持──三重県松阪市飯高町波瀬地区における相互扶助を事例に」『共生社会システム研究』第15巻1号，pp.83-96。

---

(16)　地域住民による現地調査の一例として，地元学が挙げられる。地元学の詳細については，結城（2009）や吉本（2008）を参照。

宮内泰介・上田昌史（2020）『実践　自分で調べる技術』岩波書店。

宮本常一（1986）【1972】「調査地被害」『宮本常一著作集31　旅にまなぶ』未来社，pp. 109-131。

矢口芳生（2016）「総論　共生社会への道」尾関周二・矢口芳生監修，古沢広祐・津谷好人・岡野一郎編『共生社会Ⅱ──共生社会をつくる』農林統計出版，pp.1-30。

山下祐介（2020）『地域学をはじめよう』岩波書店。

結城登美雄（2009）『地元学からの出発──この土地を生きた人びとの声に耳を傾ける』農山漁村文化協会。

吉本哲郎（2008）『地元学をはじめよう』岩波書店。

林野庁（2020）『令和元年度　森林・林業白書』https://www.rinya.maff.go.jp/j/kikaku/hakusyo/r1hakusyo/。

第4章　社会関係資本と地域経済政策*

I　地域経済政策と「社会」への視点

　社会なぞこの世に存在しない。男がいて，女がいる。あるのは男と女が作る家族だけだ——こう宣言したのは，英国の首相を務めていたマーガレット・サッチャーであった[(1)]。数多くの人々が集まり共に暮らしているこの世界を「社会」と呼ぶのは，洋の東西を問わず，一般に広まっている常識だといってよい[(2)]。サッチャーはあえてそれを否定してみせたのである。

　いわゆる新自由主義の旗手であったサッチャーには，「社会」という概念そのものが，英国を蝕む諸悪の根源に見えたのであろう。サッチャー以前の英国は，福祉国家の道を歩んだことで，社会保障・社会政策の肥大化による反作用に苦しめられていた。このようななかで，「社会」的なるものは非効率で非合理なものの象徴と捉えられた。彼女にとって，社会保障や社会政策の土台をなす概念である「社会」，あるいは「社会」的なものを排除することは，英国病から回復するための処方箋なのであった。

　サッチャー政治の評価はさておくとして，今日では，新自由主義的な政治経

---

* 本章は帝京大学地域経済学科山川充夫編（2017）『地域経済政策学入門』八朔社「第4章　社会関係資本と地域経済政策」を再掲載したものである。
(1)　この発言は1987年に雑誌 *Woman's Own* のために行われたインタビューにおけるものである（Thatcher 1987）。社会問題の解決に政府が責任を持つべきだとする主張に対する反論のなかでの発言であった。
(2)　もちろんこの世の中を「社会」と呼ぶことが唯一の正解であるかどうかは議論の余地がある。そもそも「社会」"society" "société" という言葉は新しい。英語の "society"やフランス語の "société" は，16世紀に使われはじめ18世紀になって一般化したものである。日本語の「社会」は，福地桜痴が1875（明治8）年に使用したのが初出とされる翻訳語で，世間に広まったのは明治中期以降のようである。それ以前の社会は「社会」という言葉を必要としていなかったことは注意しておきたい。

済のあり方やそれを是とする考え方が，英国に限らず，さまざまな形で世界に広まり影響力を強めつつあるように思われる。国や政府が人々の生活や人生に介入すること，政治が積極的に「社会」的なものを育んでいこうとすることを好まない風潮は，さまざまな局面に広範に根を下ろしているように思われる[3]。あらゆるものをグローバルな市場に画一的に編入し，さまざまなものを無理に同じ土俵に乗せて競わせようとする大きな潮流が，我々の日々の暮らしや，その舞台である地域・地元にまで届きつつあるようにも思われる。

　このような状況にある今だからこそ，地域経済政策について，あるいは地域について考えようとするにあたって，改めて「社会」に注目することには大きな意義があるといえるのではないだろうか。ひとつひとつの地域には，それぞれの個性がある。固有の事情や背景があり，解決すべき問題があり，目指すべき理想がある。地域の個性をよく理解し尊重することと，社会的背景にも十分な注意を払い地域を「社会」として捉えようとすることは，イコールではないにしても，深い次元からの親和性がある[4]。

　本章では，とくに「社会関係資本」をキーワードとしながら，地域を理解するための社会学的視点がどのようなものであるかを概説していくことにしたい。社会学的視点とは，あえてひとことで言うと，人と人の関係性のあり方が社会全体の仕組みやさまざまな事象に大きな影響を及ぼすと考えることである。そしてその人と人の関係性が，どのような構造からなっていて，どのような働きをしているかを調査し分析することが，社会学的研究の基本的なアプローチとな

---

(3)　フランスの社会学者 R・カステルは，「社会喪失（désaffiliation）」という概念を用いて，多くの人々が今日の「社会」から締め出されているありさまを詳細に描き出している（Castel 2009）。

(4)　ただし「社会」への視点といっても多様なものがある。それらを大別するならば，いわゆる社会問題そのものに注目する視点と，諸事象の背景ないし基盤となる社会構造に注目する視点がある。前者は，生じている問題状況をよりよく理解することと，そうした問題状況が社会的なものだと位置づけた上で問題の解決へ至る道を探ることが中心となる。この視点は，社会政策や福祉政策といった領域や，生活者視点の政策づくりなどといった主題につながっていく。後者は，具体的な問題状況というよりも，政治や経済をはじめとする社会の諸部門の背景で，社会構造がインフォーマルに影響していると見なし，そのメカニズムを理解しようとすることが中心となる。本章での議論は，主に後者を念頭に置いて進めていく。

っている。まず社会構造の考え方から説明を進めていき、こうした視点をとることでどのような展望が開けるかを述べてみたい。

Ⅱ 社会構造と社会関係資本

1 社会の構造をとらえる

社会構造とは、社会の構成要素の間にある相互連関の規則正しいパターンのことである（濱島ほか編 1997）。ここでいう構成要素とは、厳密にいえば多元的なものが含まれてはくるが、さしあたり個人個人として良い。つまり簡単にいえば、社会構造とは人間関係の規則的なパターンのことだといえる。

　言うまでもなく現実の人間関係のあり方は極めて多様であり、軽々しい一般化を許すものではない。しかしそれでもなお、社会のさまざまな局面を広く観察し抽象化を重ねることで、社会構造、つまり、一定の社会に内在する基本原理を見出すことができる。中根千枝（1967）は次のように述べる。「この基本原理はつねに個人と個人、個人と集団、また個人からなる集団と集団の関係を基盤として求められる。この関係というものは、社会（あるいは文化）を構成する諸要素の中で最も変わりにくい部分であり、また経験的にもそうしたことが立証される」。

　ひとつの社会は基本的にひとつの社会構造を基礎として構成されている。そして、社会が異なれば社会構造も異なってくる。歴史や文化やその他の諸条件が違った社会では、社会構造も大きく異なるものとなりやすい。その逆もまた真である。

　人と人が関係を持つとき、まったくのゼロからお互いにどう関わりあうべきかを探り合うことは稀である。それぞれが自分と相手の地位や役割に照らし合わせて、または過去の経験に照らし合わせて、あるいはいわゆる「常識」に則ることで、自分がどのように振る舞うべきかを容易に判断することができる。また、相手がどのように振る舞うであろうかを、ある程度の確信をもって予想することもできる。私たちがコンビニのレジで何かを買おうとする時、店員とどうコミュニケーションをすべきか、いちいち悩む必要はない。私も店員もお互いにどう振る舞うべきなのかを意識せずとも熟知しているからである。同じように、

上司と話す時，同僚と話す時，顧客と話す時で，それぞれ異なる振る舞い方
を巧みに使い分けているであろう。組織同士の関係もこれらと変わらない。さ
まざまな関係性は高度に様式化されている。それが社会構造である。こうした
様式を共有しあう範囲が，ひとつの社会ということができる。

　たとえば多くの日本人にとって，年長者に敬語を使うことは，自然で当たり
前のことであろう。敬語を使い使われることは人間関係のあり方に深く関係す
る。人々に共有される敬語表現のルールがあることで，異なる年齢の人同士が
円滑に会話できる。つまり人と人が結びつきやすくなるという効果がもたらされ
ているのである。そこには年齢の大小を社会的地位の上下とみなす社会構造が
あり，敬語はこうした構造を明瞭にする装置として機能している。他方，日本
語のような敬語の体系を持たない言語がある。それを使用する社会は無礼者
の社会なのかといえば，もちろん否であるだろう。日本社会は年齢の大小を基
準にした安定的な人間関係のパターンがあり，他の社会はまた違った人間関係
のパターンがあるに過ぎない[5]。

　グローバル化が進む今日では，少なくとも先進諸国は表面的には非常によく
似た社会になっているようにも見える。しかし，社会構造は非常に深い次元に
あって変化しづらいため，さまざまな地域でそれぞれに培われた歴史や文化に
根ざしたその多様性が，今日でもなお生き続けている面もある。それは，たや
すくグローバル化の波に飲まれて画一化することなく，国ごとに，社会ごとに，
あるいは地域ごとに根付いている多様性の基盤にもなっている。

　日常においては，社会構造それ自体が意識されるような機会はないに等しい。
しかしそれは，あらゆる場面において潜在的な働きをしている。たとえば経済
活動にしても，完全に合理的な個人が完全な市場で常に最適な取引をしてい
るわけではない。商慣行であるとか，企業の組織風土であるとか，人と人の
信用や情といった要素が多分に関わってくる。ほかのさまざまな分野でも同じ

---

(5)　ここでは日本語の敬語表現を例に挙げたが，日本語のなかにもさまざまな方言があり，
　　それぞれに多様で豊かな表現の機微がある。また，TPOに応じて実際に使用される敬
　　語表現のあり方は異なっており，人は自在に場面によって使い分けることができる。いう
　　までもないことであろうが，ひとつの国や文化圏すべてが常に均質な社会構造からなっ
　　ているというわけではないのである。

である。世の中は人間関係のネットワークの上で動いている。つまり社会構造という土台の影響が及んでくるのである。

2　社会的ネットワーク

　人々は人間関係というつながりが作るネットワークの網の目の中に生きているが，その網の目にはさまざまな形態のものがある。人によって異なる形態のネットワークに取り囲まれている。また，一人の人間は同時に複数のネットワークに属しており，それらはいくつもの層をなして複雑に重なりあっている。[6]

　数多くのつながりに取り囲まれている人がいれば，そうでない人もいる。少数ではあっても強いつながりを持っている人もいれば，弱いつながりを多量に取り結んでいる人もいる。もっぱら受け取る側となる関係性もあれば，逆に与える側となる関係性もあり，また，等しく与え合う関係性もある。このように，社会的ネットワークの構成要素である人のつながりには，量，強さ，方向性などを見出すことができる。

　こうしたつながりが集積して社会的ネットワークができていくが，それには形がある。関係する人々すべてが相互に知り合いであるような密度が高いネットワーク。逆に密度が低く拡散したネットワーク。全体のなかに小さなかたまり（たとえば派閥のような小集団）が含まれているネットワーク。明確な中心を持つネットワークと，そうではなく分散したネットワークなど。ネットワークの形態を分析することで，社会構造の特徴を把握することができる。[7]

　社会的ネットワークは主に4つの面で人々の活動の基盤となる（Lin 2001）。その第1は，情報が流れるルートとしてである。情報は誰にでも等しくアクセスできるようには存在していない。とくに価値のある情報に接するためには，その入手につながる機会や選択肢をもたらしてくれるような有力者とのつながり

---

(6)　こうしたネットワークを記述し，その性質や働きを解明する研究方法がある。社会的ネットワーク分析である。グラフ理論などに依拠して数理的に分析することが特徴である。本稿ではふみ込まないが，社会関係資本研究の基礎として重要な位置を占めている。社会的ネットワーク分析の概略を大づかみに知るには安田（1997）を参照するとよい。

(7)　本稿では日常語を利用して関係性やネットワークの特性について述べたが，それらはより厳密に定義された専門用語に置き換えることができる。実際の研究で使われる具体的な概念や分析手法について知りたい場合は，安田（2001）がよい入門となるであろう。

を持つ者が有利になる。つまりある種の社会的ネットワークは情報の流れを促進し，また別の類の社会的ネットワークは逆に情報の流れを阻害するように働くのである。第2は，意思決定に対する影響力としてである。人は何らかの意思決定をする際に，自分が利用できるさまざまな社会的ネットワークを活用する。情報や助けを得たり，時には妨害されることもあるだろう。人はこのような環境を所与の条件として自分なりに最善の判断を下そうと試みていく。ネットワークの構造が意思決定を左右するのである。第3は，個人の信用証明としてである。私たちは良く知らない他者を評価しなければならないとき，その人が誰とつながっているのかを参考にして判断をする。どのような仲間がいるのか，どのような組織に属しているか，そしてどのような家柄なのかなど。社会的な信用を左右するのは，その人個人の能力や人柄や実績よりも，むしろその人を支える社会的ネットワークであるといっても過言ではない。第4は，サポート源としてである。情緒的なサポートから，物質的な面でのサポートまで，人は助けが必要なときに，周囲の社会的ネットワークにそれを求めることができる。

　このように，社会的ネットワークは人々にとっての資源となる。しかし，そうした資源として有効な働きをするネットワークもあれば，そうでないネットワークもある。その違いを生むものとして，ネットワークの形態と構造や，ネットワーク内での個人の位置の差異を挙げることができる。不正確を承知であえて単純にいえば，強いつながりで結ばれること，多くのつながりを持つこと，複数のネットワークの橋渡しをする役割を果たすことは，そこからより価値のあるものを得ることにつながると期待できる。[8]

---

(8)　本文中でも述べたとおり，この記述は過度に単純化しており不正確なものであることに注意されたい。たとえばつながりの強さについては，むしろ「弱い紐帯」が強みを発揮する局面があることも良く知られている。また，単純につながりの量が多ければ良いのではなく，場合によってはつながりの不在という「構造的間隙」が積極的な力を生み出すことも知られている。このような社会的ネットワーク分析の知見を理解するためには，重要論文の選集である野沢編（2006）などに目を通すことをお勧めしたい。

3　社会関係資本

　人はいつでも常に社会的ネットワークという資源を利用しているわけではない。何らかのサポートを必要とするような状況が生じた時に，ネットワークを動員しようとするのである。つまり，いざという時に利用できるネットワークを普段からいかに構築できているかが大事になってくる。

　さまざまな他者と良好なつながりを構築・維持し，信頼関係を積み上げていくことは，回りまわって自分にとっての資源になりうる。こうした資源からサポートを得られる受益者は自分だけではない。自分も他者にサポートを提供する役割を果たすことができる。また，自分がサポート提供側になる用意ができているようなつながり方であれば，その相手との関係性はより深まるだろう。社会的ネットワークは相互依存関係でもある。この互いに利する関係性が「信頼」や「規範」となって定着していくことで，より強い力が発揮される可能性が高まるのである。

　さまざまな社会的サポートを提供してくれる人々やそのネットワークのことを，社会関係資本（social capital）と呼ぶ[9]。ここで資本という言葉を使うのは，元来の経済学的な意味からはやや外れる比喩的なものではあるが，蓄積することができること，累積的に自己強化されていくこと，それを元手にしてさまざまな活動を展開していけることなどにおいて，資本と表現するにふさわしいものだといえる。

　では，良好な社会関係資本があることで，どのような効果が期待できるのだろうか。いくつか例を挙げてみると，組織や経済活動の効率の向上（Burt 1992），QOLや健康の向上（近藤編 2007），地域のコミュニティづくり（今村ほか 2010），災害や危機に対するレジリエンスの向上（Aldrich 2012）などがある。要するに，社会関係資本が十分に蓄積されているような社会においては，経済

---

(9)　ソーシャル・キャピタル，社会的関係資本，社会資本などと日本語での表記には揺らぎがあるが，ここでは社会関係資本としておく。社会関係資本については数多くの研究が行われており，さまざまな視点から論じられている。たとえばリン（Lin 2001）は個人単位で概念化し資本の循環や経済資本との連接を問題にする。パットナム（Putnam 2000）は地域や集団単位で概念化し市民社会のインフラストラクチャーの問題として議論をしている。簡便な入門書として稲葉（2011）を挙げておく。

活動から人々の健康，地域づくりまでに至る幅広い領域で，より高いパフォーマンスが発揮されやすいのである。

Ⅲ　社会関係資本の所在と地域社会

1　ふたつの社会空間

　社会構造や社会関係資本に着目することは，地域社会の姿を記述しその特徴を理解するために役立つだけでなく，より良い地域社会のあり方を考えていくためにも意味がある。一般的にいって，ある地域社会において良好な社会関係資本を蓄積していくことができれば，その地域にとって望ましいさまざまな効果が持続的に得られると期待できる。こうした関心からも，社会関係資本はどこに，どのように所在しているのかを理解しておくことは重要である。

　ここで社会空間という視点を導入したい。[10]すでに論じたように，社会構造は複雑かつ重層的なものであるが，浜（2007）にならって大別すると，以下のように「公共空間」と「親密空間」のふたつの社会空間に整序することができる。

　公共空間とは，一定の条件を満たせば誰でも自由に入れる空間のことである。結果として，お互いに見知らぬ人同士が一緒に居合わせる空間となる。親密空間とは，そこに入るための資格が厳しく制限されている空間のことである。結果として，お互いによく知っている人たちしかそこに入れない空間となる。公共空間の例を挙げると，道路，広場，公園，図書館，駅，電車の車内，ショッピングモール，カフェ，居酒屋などがあり，そこで展開される人々の活動やつながり自体も公共空間という概念で捉えることができる。[11]親密空間の例となる

---

[10]　ここでいう空間とは，物理的な空間であることを前提としないものであり，社会活動の行われるコンテクストを観念的に概念化したものである。ただし，物理的な空間と完全に無関係なわけでもないことにも注意されたい。

[11]　カフェや電車はほとんどの場合は有料であるし，営業時間も限られている。完全に「誰でも自由に入れる」というわけではない。しかし，営業時間内に，相対的に僅かで合理的な金額の代金や運賃を支払うという「一定の条件」さえ満たせば，知り合いであろうとなかろうと，老若男女誰であろうと，そこに入ることが許されるのが自明視されている。課せられる条件がこの程度であれば，公共空間とみなすことができる。

のは，家や家族，親族，ある種の組織や集団，親しい知人や友人の輪などがある。

　公共空間と親密空間は重なり合い浸透しあう部分も少なからずあるが，それぞれ異なる原理からなる人々の関係性が構築される場となっている。両者は相対的に独立した異なる社会構造上の層を形成している。

　公共空間と親密空間の組み合わさり方は，社会の個性ないし特徴を作り出す。親密空間が優勢であり，何事も親密空間内のネットワークを介することで円滑に進めることができるような社会もある。公共空間が優勢であり，不特定多数の人々が自由に参入できる公平で開かれた場が求められるような社会もある。大雑把な一般論をいえば，前者は伝統的な社会に，後者は近代的な社会に特徴的であるといえるだろう。

　ここで問いを提起したい。社会関係資本がより良く蓄積されるのは公共空間だろうか，それとも親密空間だろうか。あるいはいずれも違いはないだろうか。

2　親密空間における社会関係資本

　まず言えるのは，今日までの歴史を振り返ってみるならば，典型的な社会関係資本が所在してきたのは，もっぱら親密空間においてであった。

　一般的にいって，家族のつながりはとくに強力なサポート源となってきた。日常生活での細々とした相互協力はもちろん，育児や介護や看病のようなケアについては，家族間でのサポートによってなされることが多かった。また，親族や近隣や友人関係も，家族と同じように情緒面でのサポートを与え合うこともでき，また，手助けのような実用面でのサポートや，情報提供のように社会的ネットワークの輪を広げていくサポートなどに，大きな力を発揮してきた。

　家族，親族，近隣，友人といったインフォーマルな関係からのサポートは，社会保障や福利厚生に代表される制度的なサポートとはまた別の，重要な役割を果たしてきた。また，とくに近代国家の形成以前においては，それは実質的に，社会保障の機能を一手に引き受ける存在でもあった。近代化以前の日本社会を大まかに特徴づけると，イエを中心としたムラ社会と捉えることができるが，それはイエやムラに社会関係資本が蓄積された社会だということもできる。

　前近代に限らず，家族，親族，近隣，友人関係などは，良い社会関係資本

の形成へとつながりやすいものであった。これらはみな親密空間に属する関係性である。親密空間の特性，つまり，そこに入るためには厳しく資格が制限され，そのためお互いよく知る者だけからなる空間であることは，人々を情緒のレベルから強く結びつけ，相互にサポーティブな関係性を促進することができる。親密空間のクローズドな特性が，社会関係資本の形成に貢献するのである。

　しかし今日では，われわれの社会における親密な関係性のあり方は大きく変容し，それに伴って親密空間の構造変容も進んでいる⁽¹²⁾。たとえば，世帯の規模が小さくなっていく明瞭な傾向が見られるように⁽¹³⁾，家族親族の関係性の広がりは，少なくとも規模の面では縮小しているように思われる。また，隣人の顔も名前も知らないことが珍しくなくなっている今では，近隣関係は自明の存在とはいえなくなっている。友人関係のネットワークは，SNS の普及などもあって範囲や規模は拡大していく面もあるとはいえ，逆に，濃密に結ばれた深い付き合いは稀になっているように思われる（森 2014）。とくに先進諸国における都市型社会では，これらの変化，つまり親密空間の規模の縮小は，止めることの難しい趨勢となっているといえるだろう。

　親密空間の変容は，社会関係資本のゆくえとも大きく関わってくる。親密空間におけるサポーティブな関係性は，その強さも広がりも減じていく傾向にならざるを得ない。近隣同士での相互扶助などは，もはや追憶の対象にしかならないのではないかと感じられなくもない。

　こうした状況にあって，親密空間における社会的サポートの再強化を目指した試みも重ねられている。たとえば，1970 年代に勃興したいわゆるコミュニテ

---

(12)　現代における親密な関係性の変容をセクシュアリティに注目して論じたギデンズは，感情秩序の変化，とりわけその自由の増大を指摘している（Giddens 1992）。彼の議論は社会的サポートや社会関係資本の変化を考えるにも示唆的であるように思われる。伝統的社会においては，たとえば家族間でのケアや近隣関係での相互扶助は義務であったが，今日のわれわれはそうした秩序からの自由を獲得し，それと表裏一体をなして社会関係資本の弱化が同時に進行しているのだといえる。

(13)　国勢調査（2010 年）によると，1 世帯あたりの人数は 2.42 人である。都道府県別にみると，最多は山形県で 2.94 人，最小は東京都で 2.04 人である。世帯あたり人員の時系列推移をみると，第 1 回国勢調査が行われた 1920 年以降，ほぼ一貫して減少している。とくに 1960 年代以降の変化は急速である。1960 年に 4.14 であったのが，1970 年に 3.41，1980 年に 3.22，1990 年に 2.99 と減少している。

ィ政策は，そのひとつの例と位置づけることができる[14]。旧自治省が先頭に立ち全国の多くの自治体で試みられたコミュニティ政策は，とくに都市部における地域社会の変容と弱体化を背景として，伝統的地域社会のあり方にとらわれない新しいコミュニティの構築をうたうものであった。しかし実際には，旧来の町内会や自治会の振興に力を入れるなど，伝統的な近隣関係の維持に焦点を絞った施策に傾いており，相互扶助的な隣保関係への郷愁が見え隠れしていた（広原 2011）。

　過去の親密空間が持っていた社会的サポート力の回復を求めることにも，一定の意味はあるだろう。しかし現在では，基盤となる社会構造レベルの問題として，親密空間そのものに揺らぎが生じている。未来に向けて社会関係資本を育むための十分に強固な土台がそこにあるかというと，懐疑的にならざるを得ない。

　それでは，現代における社会関係資本の基盤はどこにあるだろうか。また，どのようなアプローチで社会関係資本を活性化させていくべきだろうか。これまで論じてきたことからいえるのは，親密空間だけに頼らない社会関係資本の開発や活用が大事になるということであろう。

3　公共空間における社会関係資本

　ここで注目すべきは，親密空間と対になるもう一つの社会空間，つまり公共空間である。公共空間とは，誰でも自由に入ることができ，お互いに見知らぬ者同士が居合せる場のことであった。前述したように広場や路上，電車，カフェや居酒屋などがその例として挙げられるが，それらを物理的な空間としてのみ捉えるのではなく，そこで展開される人間関係や社会のあり方について考えてみよう。

　現代社会においては，公共空間に属する領域が，複雑さを増しながら拡大している。なかでも顕著なのは，インターネットやスマートフォンをはじめとする情報技術，情報機器の発達と普及によって新たに勃興したネット社会である。相互に匿名性を保ちつつ密なコミュニケーションをとることを可能にしたネット

---

(14)　コミュニティ政策の概要については山崎（2014）を参照。

社会では，空間的な隔たりや，年齢や立場や地位などの社会的隔たりを容易
に乗り越えることができる。さまざまな境界を超えて，関心を共有するもの同
士が「関心のコミュニティ」を形成することも難しくない。このような環境の変
化のなかで，「コミュニティ」という語で含意されるものが，旧来の捉え方であ
る地縁を核とした結合から，ネット上のつながりなどへと重点が急速に推移し
ている。

　単にネット上のみに限らず，公共空間においては一般に極めて高い匿名性が
ある。顔も名前も知らぬ者が偶然に居合わせているにすぎないため，たくさん
の人がいようともそこに顕在的な人間関係は成立しないことが普通である。あ
るとしても，特定少数の相手と継続的に親密性を育むのとは逆に，不特定多
数の人々をやり過ごすような無難な交わり方を志向したものになりやすい。[15] 公
共空間での人間関係は，どうしても希薄で表面的なものとなることが多いであ
ろう。そもそも，人間関係と呼べるほどのつながりが存在すること自体，あま
り期待できないことであろう。

　しかしこうした公共空間にも，社会関係資本が蓄積できるような契機を見出
すことは不可能ではない。むしろ，公共空間であることが関係形成にポジティ
ブに働くこともありうる。というのも，地縁や血縁のような「選べない縁」とは
違い，公共空間で形成されるつながりは「選べる縁」である。伝統的な親密
空間での社会的ネットワークは，個人では選びようのない余儀ないつながりで
もあった。所与のものを受け入れるのではなく，自分のことは自分で選びたい
という価値観は，今日の社会一般に広くみられるようになった風潮である。ネ
ットに代表されるように公共空間に属する領域が拡大し，公共空間で他者と何
らかの形で出会うチャンスが激増していることは大きい。その中での割合とし
てはごく僅かにとどまろうとも，自らが良好な関係性を選びとり，それを発展さ
せていくことは十分に可能となっている。

---

(15)　ゴフマン（Goffman 1963）は，一見何の関係も成立していないように見える公共空
　　間の中に，暗黙のルールのような一定の秩序があることを発見している。ゴフマンが説
　　くところによると，人々は表面的には無関心であるように振る舞いつつ，適切な距離感
　　を保つ意思があることをお互いにそれとなく伝え合っている。こうした公共空間におけ
　　る関係性を「儀礼的無関心」と呼ぶ。

　公共空間を主な舞台にした人間関係のひろがりは，親密空間の優勢に隠れてはいたが，これまでの社会においても確かに存在してきた。

　古くは，20世紀初期の社会学者であるマッキーヴァーが，基礎的な社会集団であるコミュニティに対するものとして，選択的で目的志向的な中間集団であるアソシエーションに注目している（MacIver 1917）。アソシエーションという概念は，公共空間ならではのつながり方の積極的な意味を認めようとするものであった。

　職住分離が進んだ現代においては，職場と住居という両極のあいだに，高い匿名性を保ちながらも顔なじみの社会が形成されるような場所ができる。磯村英一（1968）は盛り場や居酒屋を念頭にそれを「第三空間」と呼び，オルデンバーグ（Oldenburg 1989）はカフェやパブやストリートを念頭にそれを「サードプレイス」と呼んだ。オルデンバーグが述べるように，公共空間におけるつながりは，「関係のない人どうしが関わりあう『もう一つのわが家』」となり，「地域社会のなかにあるかもしれない楽しい集いの場」となるのである。こうしたつながりに，公共空間にも社会関係資本が形成される可能性を見出したい。

　以上のように考えてみると，現代の地域社会政策のひとつの課題として，良好な公共空間づくりを促していくことを挙げることができるだろう。なぜならそれは，良好な社会関係資本の蓄積の土台となるものであり，良好な社会関係資本は地域社会の全体的なパフォーマンスを高めることができるからである。親密空間が重要であることはもちろんであるが，さらに公共空間での交流や関わり合いもより活発にポジティブにできるような社会が構築されることを期待したい。

　良い公共空間をつくることを目指す場合，どのような具体的施策があるだろうか。これまでにもさまざまな取組みが行われてきているが，なかでもプレイスメイキングと呼ばれる一連の動きは特段の注目に価する。プレイスメイキングとは，米国の団体であるプロジェクト・フォー・パブリック・スペース（PPS）が提唱し，世界に広まりつつある試みである。街路や公園や広場をはじめとする公共空間を，都市計画や建築，造園，コミュニティ・デザインなどの手法も活用して，より人々にとって利用しやすい場所に生まれ変わらせようとするものであ

る。単に個人個人が利用しやすいだけでなく，そこで自然と人々の交流が生まれ，ストリート・ライフが活性化することを目指している。公共空間の今後を占う重要なプロジェクトであるといえる。

Ⅳ　関わりあう社会の力

　これまで社会関係資本に焦点を絞って，人々の関係性やそれが織りなす社会的ネットワークの働きを概観してきた。人が関わりあうことができるような状況において，社会関係資本をより良く蓄積できる可能性は高まっていく。社会関係資本は，経済や健康や地域づくりといったさまざまな方面で力を発揮することができる。人々の関わりあいは，もちろんそれ自体に意味や価値を認めることができるものではあるが，それだけでなく，社会関係資本を形成することを通じて，社会全体のパフォーマンスの向上にもつながることが期待できる。

　とはいえ，今日のとくに都市化が進んだ社会においては，伝統的に人々の関わりあいの土台を提供してきた親密空間が形を変えており，家族や親族や近隣などのつながりは過去と同じようには機能できなくなっている。それらは生活上での課題についてのサポート源としての力を減らしつつある。

　親密空間でのインフォーマルなサポート力の低下を受けて，それを国家や行政レベルでの社会福祉・社会保障という制度的な仕組みが代替していくというのが，近代以降の基本的な展開であった。しかし近年になって，本章の冒頭で触れたように，新自由主義的な考え方の台頭とともに，生活上の課題については個人がそれぞれの自助で行うべきだとする主張もしばしば見られるようになっている。

　社会保障と自助という両者の考え方は，相互に排他する二者択一の選択肢のように思われるかもしれない。しかし，社会関係資本の重要性を認める立場からいえば，このような単純な二択の問題として位置づけるべきではなく，そ

---

(16)　プレイスメイキングの最近の展開については渡・三友（2015）を，その基本的な発想と技法については Project for Public Space（2000）を参照されたい。また，PPS のウェブサイト（http://www.pps.org）には，現在世界各地で進行しているプロジェクトの紹介や，さまざまなリソースが掲載されている。

れらとは異なる方向性があることにも眼を向けるべきなのである。つまり，親密空間だけでなく（あるいは親密空間に代わって），公共空間において社会関係資本を育て，蓄積していくことを目指すべきなのではないだろうか。

　現状においては，公共空間での社会的ネットワークは，サポーティブな関係性にまで発展し得ないようなものが比較的多いのは確かであろう。しかしそれは，必ずしも実現不可能なものだとはいえない。たとえば，21 世紀になって急速に広まり定着したボランティア活動は，まさに公共空間でのサポーティブな関係性の実例である。公共空間におけるサポーティブな社会的ネットワークが形成される萌芽は，他にもさまざまな場面に見ることができる。こうした関係性がより多く，活発に，持続的に広がっていくことができれば，文字通りに社会を根幹から活性化することになるだろう。

　人々のつながり方が大きく変容している現在，むしろ公共空間をより良いものへと育てていくチャンスにある。そうした関係性や社会的ネットワークの形成を促進するためにも，魅力ある交流の場となるような開かれた公共空間をつくることは，きわめて重要な政策課題のひとつとなっているのである。

（松尾　浩一郎）

〈参考文献〉

Aldrich, D. P. (2012) *Building Resilience: Social Capital in Post-Disaster Recovery*, University of Chicago Press. （アルドリッチ著，石田祐・藤澤由和訳『災害復興におけるソーシャル・キャピタルの役割とは何か──地域再建とレジリエンスの構築』ミネルヴァ書房，2015 年）

Burt, R. S. (1992) *Structural Holes: Social Structure of Competition*, Harvard University Press. （バート著，安田雪訳『競争の社会的構造──構造的空隙の理論』新曜社，2006 年）

Castel, R. (2009) *La montée des incertitudes: Travail, protections, statut de l' individu*, Seuil. （カステル著，北垣徹訳『社会喪失の時代──プレカリテの社会学』明石書店，2015 年）

Giddens, A. (1992) *The Transformation of Intimacy: Sexuality, Love and Eroticism*, Polity Press. （ギデンズ著，松尾精文・松川昭子訳『親密性の変容──近代社会のけるセクシュアリティ，愛情，エロティシズム』而立書房，1995 年）

Goffman, E. (1963) *Behavior in Public Places: Notes on the Social Organization of Gatherings*, Free Press. （ゴッフマン著，丸木恵祐・本名信行訳『集まりの構造──新しい日常行動論を求めて』誠信書房，1980 年）

浜日出夫（2007）「親密性と公共性」長谷川公一ほか編『社会学』有斐閣，17-46頁。

濱島朗・竹内郁郎・石川晃弘編（1997）『新版 社会学小辞典』有斐閣。

広原盛明（2011）『日本型コミュニティ政策――東京・横浜・武蔵野の経験』晃洋書房。

今村晴彦・園田紫乃・金子郁容（2010）『コミュニティのちから――"遠慮がちな" ソーシャル・キャピタルの発見』慶應義塾大学出版会。

稲葉陽二（2011）『ソーシャル・キャピタル入門――孤立から絆へ』中央公論新社。

磯村英一（1968）『人間にとって都市とは何か』日本放送出版協会。

近藤克則編（2007）『検証「健康格差社会」――介護予防に向けた社会疫学的大規模調査』医学書院。

Lin, N. (2001) *Social Capital: A Theory of Social Structure and Action*, Cambridge University Press.（リン著，筒井淳也ほか訳『ソーシャル・キャピタル――社会構造と行為の理論』ミネルヴァ書房，2008 年）

MacIver, R. M. (1917) *Community: A Sociological Study*, Macmillan.（中久郎・松本通晴監訳『コミュニティ――社会学的研究：社会生活の性質と基本法則に関する一試論』ミネルヴァ書房，1975 年）

森真一（2014）『友だちは永遠じゃない――社会学でつながりを考える』筑摩書房。

中根千枝（1967）『タテ社会の人間関係――単一社会の理論』講談社。

野沢慎司編（2006）『リーディングス ネットワーク論――家族・コミュニティ・社会関係資本』勁草書房。

Oldenburg, R. (1989) *The Great Good Place: Cafés, Coffee Shops, Bookstores, Bars, Hair Salons, and Other Hangouts at the Heart of a Community*, Da Capo Press.（オルデンバーグ著，忠平美幸訳『サードプレイス――コミュニティの核になる「とびきり居心地よい場所」』みすず書房，2013 年）

Project for Public Space (2000) *How to Turn a Place Around: A Handbook for Creating Successful Public Spaces*.

Putnam, R. D. (2000) *Bowling Alone: The Collapse and Revival of American Community*, Simon and Schuster.（パットナム著，柴内康文訳『孤独なボウリング――米国コミュニティの崩壊と再生』柏書房，2006 年）

Thatcher, Margaret (1987) 'Interview for Woman's Own,' Margaret Thatcher Foundation, *Speeches, Interviews and Other Statements* (http://www.margaretthatcher.org/document/106689).

渡和由・三友奈々（2015）「プレイスメイキングによる街中の居場所づくり――米国のサードプレイス事例」『都市計画』64（5）：64-7。

山崎仁朗（2014）『日本コミュニティ政策の検証――自治体内分権と地域自治へ向けて』東信堂。

安田雪（1997）『ネットワーク分析――何が行為を決定するか』新曜社。

安田雪（2001）『実践ネットワーク分析――関係を解く理論と技法』新曜社。

第5章　フランスにおける地域経済政策の誕生*
―「単一にして不可分な共和国」における「国家」と「地域」の関係―

Ⅰ　はじめに

　本章の課題は，フランスを事例として取り上げ，同国において地域経済政策が構想・実施される上で，国家と地域の関係がどのように認識されていたかを明らかにすることである。

　ここでフランスを取り上げる理由は，フランスは元来，多様な自然条件と地域文化を有する国でありながら，歴史的に中央集権的な傾向が強く，特にフランス革命以降，「単一にして不可分な共和国」という国是の下，地域の独自性を否定するような政策を実施してきた国だからである。古くはルイ14世，二人のナポレオン，そしてド・ゴールに代表されるフランスのカリスマ的なリーダーたちは，その政体の違いに関わらず，いずれもフランス国民としてのアイデンティティ，すなわち「ナショナリズム」の強化に努めてきた。しかし，それは言い換えれば，フランス人が生来的に持っていた，人種・民族・宗教・気候風土などに起因するアイデンティティを，国家が人工的に作り上げた「国民」としてのアイデンティティに従属させるよう彼らに要求することでもあったため，「地域」に起因するアイデンティティもまた，国家による抑圧の対象とされてきたのである。

　本章では，そのような「国民国家」フランスにおいて，しだいに「地域」の重要性が認識され，それが20世紀初頭に「地域経済政策」に発展するまでの過程を，国家と地域が住民（より具体的には経済活動に関わるステークホルダ

＊　本章は帝京大学地域経済学科山川充夫編（2017）『地域経済政策学入門』八朔社「第2章　フランスにおける地域経済政策の誕生――「単一にして不可分な共和国」における「国家」と「地域」の関係」を再掲載したものである。

一）の間に確立しようとした「アイデンティティ」の対立と和解（もしくは妥協）の過程として描写することを目指す。

　したがってここでは，歴史的事実の説明だけでなく，それを分析するための方法論が重要となる。そこで本論に入る前に，本章における「地域」概念の定義と，「国家」と「地域」の関係を分析・記述するための視角を提示したい。そして引き続き，絶対王政期（17世紀）から戦間期（1930年代）に至る時期における「国家」と「地域」の関係に着目しつつ，フランスに地域経済政策が誕生するまでの過程を明らかにする。

II　本章における「地域」概念とその成立要件

1　「地域」概念の特質——多義性，重層性，恣意性

　「地域」とは何か。この質問に答えるのは難しい。なぜなら，この言葉は非常に多くの意味を持っているからである。

　「地域」という言葉は，例えば『広辞苑』では「区切られた土地。土地の区域」としか説明されていない。我々はこの言葉を，漠然とした空間を表現するために用いるほか，より具体的には，一国の中に存在する大小さまざまな地方自治体（都道府県，市町村）を示すものとして，そして複数の都道府県を束ねた領域（「〜地方」）を示すものとして，さらには複数の国家を包含する領域（アジア，ヨーロッパ，アフリカ，EU，ASEAN，etc.）を示すものとして用いている。慣用的に，「国家」だけは「地域」と区別して使用されることが多いが，『広辞苑』のシンプルな定義にしたがえば，これもまた「地域」の一種ということになる。したがって，我々は同一の地域を，「国民国家（nation state）」の名称のほか，一国の内部に存在する地域すなわち「サブネーション（subnation）」の名称，周辺国と合わせた地域すなわち「スープラネーション（supranation）」の名称で表現することが可能であり，また，その場所が，クルドやバスクなど，複数の国家にまたがって位置する地域，すなわち「トランスネーション（transnation）」の場合もあるだろう。このように，「地域」という概念は多義的かつ重層的であるため，少なくとも学術的な議論をする際には，自らが認識する「地域」の定義を明らかにする必要がある。定松文は「地域」を「研究者が諸要

素の関係や活動によって統一体を見出した社会的空間」[1]と定義しているが，これは，「地域」の概念が多義的かつ重層的であるだけでなく，それを定義する者——これは研究者だけに限らず，その地域を支配・統治する者にも当てはまる——の恣意性に依存していることを含意したものである。

　したがって本章においても「地域」を「恣意的に」定義しておく必要があるが，その際に考慮しなければならないのが「地域」の成立要件である。

2　「地域」の成立要件

　「地域」の成立要件とは，「地域」は何から構成され，誰がそれを作るのかということであるが，これについては，「地域」の一種としての「国民国家」の成立要件を確認することである程度明らかになるだろう。

　国民国家の定義に関しては，19世紀ドイツの法学者イェリネック（Georg Jellinek）による「国家の三要素」が有名である。彼によれば，国家は「領域」「主権」「国民」の3つの要素から構成されている。これに対し，木畑洋一は国民国家を，①国境線に区切られた一定の「領域」からなる，②「主権」を備えた国家で，③その中に住む「人々」が「国民的アイデンティティ」を共有している国家と定義している[2]。したがってここでは，イェリネックが「国民」とした部分と木畑が「国民的アイデンティティ」とした部分を同一のものと考えたうえで，国家も地域の一種と考えれば，地域の成立要件を「領域」「主権」「アイデンティティ」の3つと考えることが可能である。

　他方，伊藤武は国民国家の成立要件を「領域性」という概念を用いて説明している。伊藤は国家の「領域性」を，①領域の範囲を示す「境界」，②その範囲に及ぶ「権威」，③そこに帰属する国民の「アイデンティティ」の「三位一

---

(1)　定松文（2007）「グローバル化する社会における主体としての「地域」」宮島喬・若松邦弘・小森宏美編『地域のヨーロッパ——多層化・再編・再生』人文書院，30頁。同様の指摘は，伊藤定良・割田聖史（2008）「国民国家と地域を見る視角」伊藤定良・平田雅博編著『近代ヨーロッパを読み解く——帝国・国民国家・地域』ミネルヴァ書房，10頁にも見られる。
(2)　木畑洋一（1994）「世界史の構造と国民国家」歴史学研究会編『国民国家を問う』青木書店，5頁，および，伊藤定良・割田聖史（2008）3頁。

体」であると定義している。ここでは、「境界」は他国からの独立を表明する
ために引かれるそれを意味するだけでなく、国家（もしくは主権者としての国王）
が国内の様々な地域や公的私的主体（領主、貴族、職業団体など）に対し自律
的権力を付与するための「対内的」なそれをも意味する。そして「権威」とは
国家が領域内の様々な主体に対して、法的・行政的権力を行使するための「根
拠」を意味する。最後の「アイデンティティ」は、実際には多様な背景を持つ
人々が、一つの国民として自己同一化する（もしくはされる）ことを意味するもの
であり、国民国家であればそれは「ナショナリズム」ということになる。

　以上の議論を踏まえ、本章では、「地域」の成立要件を以下の通り定義する。
すなわち、

　　　「地域」とは、その独立性を示す「境界」によって区切られた領域内の
　　　住民に法的・行政的な効力を及ぼすことができる「権威」と、住民を自己
　　　同一化することが可能な「アイデンティティ」を要件として成立する社会的
　　　空間である。

　ここで示された「境界」「権威」「アイデンティティ」という成立要件は、国
家を含むあらゆるレベルの地域、すなわちサブネーション、スープラネーション、
トランスネーションにも適用可能である。実際、現在のヨーロッパで具体例を
示すならば、サブネーションのレベルでは、イギリスにおけるスコットランド、
フランスにおけるコルシカ、イタリアにおけるシチリアなどの地域では住民の間
にナショナリズムよりも強力な地域アイデンティティが確立されており、スープ
ラネーションのレベルでは、欧州連合（EU）が加盟国のナショナリズムを超え
た「EU市民」アイデンティティに基づいて複数の国民国家を含む地域を構成
し、トランスネーションのレベルでは、北アイルランド、バスク、アルザスなど、
国境によって分断された地域が同一のアイデンティティを強固に保持し、それ

---

(3)　伊藤武（2007）「「領域性」概念の再検討——近代国民国家の変容と連邦主義的改革
　　の中で」宮島喬・若松邦弘・小森宏美編『地域のヨーロッパ　多層化・再編・再生』人
　　文書院、47-48頁。
(4)　(3)に同じ。

がしばしば国民国家との間に緊張関係を引き起こすこととなる。

上記の例から明らかな通り，国家に限らず，その内外どちらのレベルの領域においても，「境界」「権威」「アイデンティティ」の３つがそろえば「地域」を構成できることになり，さらに同一の領域に複数の「地域」が重層的に成立することも——それらが共存できているかどうかは別として——可能である[5]。

3　地域アイデンティティの形成概念——「行政的地域」と「文化的地域」

次に検討しなければならないのは，「境界」「権威」「アイデンティティ」からなる地域の成立要件が，どのような行為主体によって，そしてどのような方法によって形成されるのかという問題である。

ここではその問題を，「行政的地域」と「文化的地域」という，同一の社会的空間に存在しながら，それぞれ異なる「境界」「権威」「アイデンティティ」を有する二つの概念上の「地域」を用いて検討するが，ここでは紙幅の関係上，主に「アイデンティティ」に関わる部分を中心に検討する。

地域のアイデンティティを形成する要素として最初に挙げられるのは，国家，地方自治体などの行政組織である（厳密には立法・司法機関も含む）。行政組織は，国民国家であれサブネーションであれ，その「地域」を表す固有の名称を持つがゆえに，住民のアイデンティティ形成に大きな影響を及ぼす。さらに，行政組織は住民の財産と安全を保障するためにさまざまな政策（社会福祉，教育，外交，軍事，etc.）を実施することが使命であるため，それが成功していれば，その行政組織が住民のアイデンティティ形成に大きな役割を果たすことになる。そして，住民の間にアイデンティティを形成させることに成功した行政組

---

(5)　地域の重層性に着目して地域経済問題を論じた研究として，本書で引用したものも含め，以下の文献を挙げておく。宮島喬・若松邦弘・小森宏美編（2007）『地域のヨーロッパ　多層化・再編・再生』人文書院。伊藤定良・平田雅博編著（2008）『近代ヨーロッパを読み解く——帝国・国民国家・地域』ミネルヴァ書房。若森章孝・八木紀一郎・清水耕一・長尾伸一編著（2007）『EU 経済統合の地域的次元——クロスボーダー・コーペレーションの最前線』ミネルヴァ書房。小林浩二・大関泰宏編著（2012）『拡大 EU とニューリージョン』原書房。朝倉弘教・内田日出海著（2003）『ヨーロッパ経済　過去からの照射』（改訂版）勁草書房。フーベルト・キーゼヴェター著，高橋秀行・桜井健吾訳（2006）『ドイツ産業革命——成長原動力としての地域』晃洋書房。篠塚信義・石坂昭雄・高橋秀行編著（2003）『地域工業化の比較史的研究』北海道大学図書刊行会。

織の首長は「権威」を持つことができ，その行政組織の「境界」は正当化され，「地域」が成立することになる。本章では，このように行政組織を通じて形成される概念上の地域を「行政的地域」と定義する。

　その一方で，地域のアイデンティティを形成する要素は他にも存在する。それは，言語，宗教，民族，地形，経済活動など，住民の日常生活に密接に関わりながら，長い時間をかけてその住民を同質化してきた種々の要素，すなわち「文化」である。人類は何世代にも亘って同じ場所に住み，同じ言葉を話し，同じ神を信仰し，同じ自然条件の下で働き，同じ食料を口にすることで共通の生活様式や価値観，すなわちアイデンティティを形成してきた。このアイデンティティを「文化」と呼ぶのであれば，文化は地域アイデンティティそのものということになるだろう。本章では，このように文化を通じて形成された概念上の地域を「文化的地域」と定義する。[6]

4　同一地域におけるアイデンティティの重層性と対立——3つの構図

　したがって，「地域」は「行政的地域」と「文化的地域」という，それぞれ異なる「アイデンティティ」（および「境界」と「権威」）を有する2種類の概念上の地域によって重層的に構成されていると理解されるが，問題は，「行政的地域」と「文化的地域」のそれぞれが，さらに複数の「アイデンティティ」を有する行為主体によって構成され，それら全てが対立と調和（もしくは妥協）を繰り返すことで，「地域」の独自性が形成されているということである。

　ここでは，次節以降の議論の理解を深めるため，同一地域に存在する複数のアイデンティティがどのような構図で対立（もしくは共存）するのかを確認しておきたい。

　①「行政的地域」アイデンティティの対立：国家と地方自治体

　まず，「行政的地域」においては，これまで度々指摘してきたとおり，同一の空間に，サブネーション（地方自治体），国民国家，スープラネーション（超国家組織）が重層的に存在し，それぞれが住民の「アイデンティティ」を獲得し

---

(6)　「行政的地域」，「文化的地域」の定義については，定松文（2007）30-36頁から大きな示唆を得た。なお，本章における「行政的地域」「文化的地域」は同論文では「行政区画としての地域」「異議申し立てをする地域」という言葉で表現されている。

ようと様々な活動を行っている。これらの行政組織は基本的に排他的ではなく，調和的に共存することが前提とされるが，しばしば個別の政策レベル，例えば，日本でいえば米軍基地問題や原発をめぐる問題などにおいては，国家のアイデンティティと地方自治体のアイデンティティのどちらを優先すべきかという対立が生じる可能性がある。そしてこれらの重層的な行政組織の中に合法・非合法のトランスネーション組織（政党，「亡命政府」，テロ組織，etc.）が加わると，地域のアイデンティティをめぐる「行政的地域」間の対立はより混沌としたものになる。

　②「文化的地域」アイデンティティの対立：異文化の衝突

　他方，「文化」におけるアイデンティティもまた，必ずしも排他的ではないが，すべてが調和的に共存できるわけでもない。例えば，宗教におけるアイデンティティは，いくつかの宗教（例えばキリスト教やイスラム教）においては排他的なものであり，それがしばしば戦争やテロを含む深刻な事態を引き起こす。また，言語に関しては，とりわけアジア・アフリカなど植民地化を経験した地域においては，宗主国の言語の公用語化が宗主国と植民地の間に深刻なアイデンティティの対立を生み出す一方で，それまで異なる地域言語を使用していたために分断されていた複数の地域が公用語の存在によって共通の文化アイデンティティを形成するに至った事例も存在する（例えばインドやアフリカ諸国など）。さらに，経済活動を文化の一つと捉えるならば，グローバリゼーションへの対応の違いもアイデンティティの対立と理解することが可能である。なぜなら，農業にせよ，工業にせよ，グローバリゼーションの受容は，それまで長い時間をかけて形成してきた様々な職業慣行という文化的アイデンティティを放棄し，「グローバル・スタンダード」という新しいアイデンティティを受け入れることに他ならないからである。

　③「行政的地域」アイデンティティと「文化的地域」アイデンティティの対立

　そして第三の構図が，「行政的地域」と「文化的地域」のアイデンティティ上の対立である。上記2種類の対立が理論や思想，言論上の対立に留まる可能性があるのに対し，この構図は，法的措置や実力行使など物理的な行為をしばしば伴うものであり，具体的には，上記2種類の対立の延長線上もしくは結果として発生することが多い。例えば，沖縄における米軍基地建設をめぐる政府

と沖縄県の対立は，第一には「行政的地域」間のアイデンティティの対立であ
るが，その延長線上に，基地建設とそのための土地収用という「行政的地域」
による行為がもたらす，環境破壊や地域コミュニティ解体などの「文化的地域」
に対する抑圧，そしてそれに対する地域住民とその支持者たち，すなわち「文
化的地域」アイデンティティ側からの抗議運動，という第二の対立の構図が見
られ，むしろ後者のほうが深刻な問題として認識されることになるのである。

　これら3つの対立の構図を意識しつつ，次節以降においてフランスにおける
地域経済政策をめぐる国家と地域の関係を明らかにする。

Ⅲ　「単一にして不可分の共和国」の形成と
地域アイデンティティの抑圧（19世紀前半以前）

1　旧体制における国家と地域の関係

　前節で論じた「行政的地域」と「文化的地域」による種々の対立は，フラン
スでは「国民国家」とサブネーションとしての諸地域——ここには「行政的地
域」と「文化的地域」の両方が含まれる——との対立関係として描くことがで
きるが，その対立の起源は，「国民国家」の理念が憲法によって確立する契機
となったフランス革命よりもさらに古く，17世紀の絶対王政期にまでさかのぼる。

　現在のフランスを構成する領土は，10世紀以降パリを本拠地とした歴代王
朝が，武力制圧や姻戚関係によって周辺の封建領主たちを支配下に置くことで，
17世紀の絶対王政期に確立したものである[7]。したがって，フランスは1789
年の大革命によって国民国家が成立するはるか前から，様々な地形，気候，
宗教，言語などに彩られた複数の「文化的地域」を単一の「行政的地域」が
支配する構造を備えることになったのである。

　17世紀フランスの「行政的地域」，すなわちルイ14世治下の絶対王政は，
国王＝中央の「権威」をその「境界」内に徹底させるため，国内を複数の「州

---

(7)　伊藤るり（1993）「単一国家の「地域問題」」原輝史・宮島喬編『フランスの社会——
　　変革を問われる文化の伝統』早稲田大学出版部，56頁。

(province)」に分割し──旧体制末期で 36 州[8]──，それぞれに知事 (inten-
dant) を配置し，「国王の信任官」として行政を担当させた。この制度により，
フランスは国民国家アイデンティティがサブネーションのそれに優越する社会の
建設を目指すことになったが，当時の州は，中世以来の自律的な封建領主の
「境界」を基準として定められていたため[9]，「文化的地域」が作り出す地域ア
イデンティティは破壊を免れることとなった。その結果フランスでは，中央集
権化が進行する一方で，各地域の文化的多様性，すなわち「地域性」が言語
も含め比較的維持されることとなったが，それは同時に，その地域に伝統的
に形成されてきた様々な「封建的特権」を享受する人々や団体（貴族，地主，
聖職者，ギルド，特許貿易会社，王立マニュファクチュール，etc.）と，それに由来
する社会的・経済的不平等をも温存させることを意味した。そしてこの「地域
性」こそが，フランス社会に不満を蓄積させ，フランス革命を引き起こす原因
となったのである。

2 フランス革命による国民国家アイデンティティの確立と「文化的地域」の解体

　1789 年 7 月 14 日，パリ市民によるバスティーユ監獄襲撃に国内各地の農民
が呼応する形でフランス革命が開始すると，国民議会は直ちに「封建的特権の
廃止」と「人権宣言」を発表し，旧体制下で「封建的特権」を享受してきた
人々や組織・制度を一掃した。そのうえで政府は，人種・民族・宗教による区
別のない，抽象的かつ均質な「フランス国民 (nation français)」から構成され
る「単一にして不可分な共和国 (une république indivisible)」の建設を目指す
ことになった。
　この目的の下，様々な法律・制度が急速に策定されることとなったが，これ
はまさしく，革命によって誕生した国民国家という新たな「行政的地域」が，
サブネーションの「境界」を再構成し，そこに新たな「権威」と「アイデンティ

---

(8)　遠藤輝明 (1992)「フランス・レジョナリズムの歴史的位相──人と地域と国家をめぐ
　　る相関の変遷」遠藤輝明編『地域と国家──フランス・レジョナリズムの研究』日本経済
　　評論社，6頁。
(9)　(8) に同じ，17頁。

ティ」を確立することによって，彼らが旧体制下の残滓であるとみなした「文化的地域」，すなわち地域アイデンティティの解体を目指す試みであった。

　まず，政府は1790年，旧体制の「行政的地域」であった「州」を廃止し，新たに83の「県（département）」を設置した。国民議会の選挙区としての意味も持つことになる，この新たな「行政的地域」は，市民の平等と国民国家への帰属を強調する意図から，国土をほぼ等面積に分割することで「境界」が定められたものであり，そこでは旧体制下の州が有していた「文化的地域」としての特性は排除され，県から選出される議員も，地域のアイデンティティではなく，フランス国民全体のそれを代表すべきものとされた。後に「領土革命（révolution territoriale）」と呼ばれることになるこの制度の起草者トゥレ（Jacques-Guillaume Thouret）の言葉を借りれば，県の制定は「国民を団結させるための分割」を意味し，その目指すところは，「プロヴァンス人，ノルマンディー人……などではなく，フランス人だけがいるフランス」の創造であった[10]。

　その後，1800年，ナポレオン1世（Napoléon 1er）によって「県知事（préfet）」制度が導入され，国家によって任命された知事が配属されるようになると，県は州が有していた「行政的地域」としての自律性も喪失し，国家の政策を住民に周知させ，地域を国家の「一般利益（intérêts généraux）」に調和させるための出先機関となった。すると，創設当初は議会や政府の要人の中から任命され，大ナポレオンが「小型の皇帝たち（empereurs au petit pied）」と呼んだ——つまりある程度の裁量権が容認された——知事たちは，次第にグランゼコール出身のエリート官僚の中から国務省内での研修を経て選ばれるようになり[11]，国民国家アイデンティティを地域へ伝達する「手段」としての機能が強化されたのである。

　他方，経済面に関しては，旧体制下の封建的特権を一掃するというフランス革命の理念を実現するために，1791年，ギルドの廃止と営業の自由を定めたアラルド法（Décret d'Allarde），団結（特に労働組合結成）と労働争議の禁止を定めたル・シャプリエ法（Loi Le Chapelier）がそれぞれ制定された。これらの

（10）　遠藤輝明（1992）17-19頁。
（11）　（10）に同じ，25-26頁。

法律は一義的には，経営者であれ被雇用者であれ，経済活動に関わる者が等しく「個人」の立場で自由な市場競争に参加することを可能にする（もしくは強制する）ものであったが，前述の通り，ここで廃止ないし禁止された様々な団体や制度が旧体制下において「地域」を地盤として形成されたものであることを想起すれば，この二つの法律の制定が，フランス各地の「地域」アイデンティティの破壊を経済面から推し進めることを意味したと考えることが可能である。

　さらに革命後の歴代フランス政府は，政体の目まぐるしい変化にも関わらず，一貫してフランス語を唯一の公用語とし，その普及を図る言語政策を進めると共に，旧体制下で地域公用語として通用していた地域言語（オイユ語，オック語，バスク語，アルザス語など）の排除を進めた。この言語政策は教育政策によって強化されることとなり，1793 年，共和国全域において学校教育をフランス語だけで行うとする法律が成立し，フランス語が通用しない地域の学校にもフランス語教師が配属されると，フランス語が「革命思想」と「文明」という国民国家アイデンティティを伝える言語となる一方，各地の地域言語は「反革命」と「野蛮」の象徴とされ，生徒が教室で使用すると懲罰の対象となったのである。言語は文化やアイデンティティの根幹をなすものである以上，この強権的なフランス語化政策は，国内における既存の「文化的地域」アイデンティティを解体し，住民を国民国家が準備した新たな「文化的地域」のアイデンティティ（民主主義，政教分離，フランス語）へ統合する役割を担ったのである。

Ⅳ　産業革命の進展と地域間格差の拡大 (19 世紀後半)

1　19 世紀フランス経済の発展と「文化的地域」

　このように，行政・経済・文化において国民国家アイデンティティが強制され，地域アイデンティティが抑圧される状況の中，フランスの地域経済はどのようにその実態を変化させたのであろうか。

---

(12)　アラルド法，ル・シャプリエ法についての詳細は，原輝史 (1986)『フランス資本主義──成立と展開』日本経済評論社，11-13頁参照。
(13)　伊藤るり (1993) 58-61頁。
(14)　(13) に同じ。

　革命期に制定された反独占・反団結法，すなわちアラルド法とル・シャプリエ法は，ナポレオン期に制定された民法や商法と併せて，あらゆるフランス国民が自由市場経済での競争に参加できる機会をもたらしたが，それにも関わらず19世紀のフランス経済は総じて「農民的性格」，「中小企業主体」，「緩慢性」などのネガティブな言葉で表現される状態にあった。しかしながら，これらフランス経済の後進性を示す特徴とされるものは，あくまでも「国民経済」を基準にして考えた場合の評価であり，「地域経済」に着目するならば別の評価が可能となるだろう。すなわちそれは，19世紀前半，国内各地の商工業者たちが地域特有の需要に応じ，周辺地域で調達可能な資源（資本，原材料，労働力）を利用して生産・販売活動に従事することにより，自律的かつ多様性に富んだ地域経済がフランス各地に形成されようとしていた，というポジティブな評価である。

　フランスにおいては，チーズやワインに代表される食品産業が地域独自の地理的条件や食習慣など「文化的地域」のアイデンティティを構成する要素に大きく依存することは容易に想像できるが，同じ傾向はその他の産業にも見られた。例えば，繊維産業においては，都市部の大規模捺染業者が設立した大工場で高級綿布を生産したアルザス地方と，農村部の職人が中心となって大衆向け綿布を生産するノルマンディー地方が共存する時期が長く続いたほか，[15]南部のラングドックでは，近隣で生産される羊毛のほか，スペインからも羊毛を輸入して毛織物が生産され，マルセイユを経由してレヴァント（近東）諸国まで輸出されていた。[16]製鉄業においては，豊富な石炭資源を利用した最新技術を用いて大規模生産を可能にする製鉄業者が東部地域に出現する一方で，その他の地域では，需要の状況（石材建築が主流だった当時，鉄の需要は釘や鉄板，道具・機械の原材料などに限定されていた）や，原料調達の状況（石炭が産出されない地域では木炭を利用せざるを得なかった）を考慮し，小規模経営を維持する製鉄業者も広く残存した。[17]そして，これらの地域では，都市部よりも農村

---

(15)　原輝史（1993）「フランス経済の生成と発展」原輝史編『フランスの経済——転機に立つ混合経済体制』早稲田大学出版部，15-16頁。

(16)　石原照敏（2001）『地域政策と観光開発——フランスとEUの事例研究』大明堂，87-88頁。

(17)　原輝史（1986）39-44頁。

部で人口が増加したり，いわゆる「地元の名士」の中心が地主から商工業者に移るなど[18]，経済活動およびそれに従事する人々が，「文化的地域」のアイデンティティ形成に大きな役割を果たす状況が見られた。したがって，19世紀前半，すなわち産業革命の初期においては，フランス経済は「行政的地域」ではなく「文化的地域」を拠り所として成立し，発展していたと言うべきなのである。

2　産業革命の加速と地域間格差の拡大

　しかし，この「文化的地域」を拠り所として進行したフランス産業革命は，19世紀後半，第二帝政の成立と共に大きく様変わりすることになる。すなわちそれは，ナポレオン3世（Napoléon III）を頂点とする中央集権的な行政組織が主導した政策の結果生じた経済圏の拡大と，それに伴う地域間経済格差の顕在化である。

　1852年にクーデターを実施した後，国民投票による信任を経て皇帝に即位したナポレオン3世は，中央行政において議会を無力化し，地方行政において国家の「出先機関」としての県知事の権限をさらに拡大させることで独裁体制を確立する一方で，国民の支持を維持するための政策を実施し続けた。青年期にサン＝シモン主義の影響を受け，産業の発展による国力の増強と国民生活の向上を目指した彼は，同じくサン＝シモン主義の影響を受けた学者や実業家たちをブレーンとして招集し，数々のインフラ整備や産業振興策を実施した。その中でも代表的なものが，パリから放射状に全国に伸びる鉄道網の整備，「パリ改造」と呼ばれる大規模再開発による首都の近代化，そして万国博覧会の開催によるフランス産業（とりわけ奢侈品産業）の世界的アピールなどであり，これらの政策が呼び水となってフランスにおける産業革命を大きく進展させることになったのである[19]。

　しかし，第二帝政下の経済成長は，国内の各地域のヒト・モノ・カネ・情報をパリに引き寄せることで実現したものであったことから，これ以降のフランス

---

(18)　遠藤輝明（1992）29-31頁。

(19)　第二帝政，フランス産業革命，そしてサン＝シモン主義の三者の関係については，鹿島茂（1992）『絶景，パリ万国博覧会——サン・シモンの鉄の夢』河出書房新社，に詳しい。

では，「中央」に位置し，種々の商工業が複合的に発展したパリと[20]，「周辺」
である地方の間に政治・経済・社会・文化その他あらゆる面において存在して
いた格差が顕在化し，さらにそれが拡大する契機ともなったのである。

　とりわけ，鉄道業の発展は，それまで県の枠内に収まり，自律的だったフラ
ンス国内の地域経済構造に大きな変化をもたらすことになった。第二帝政成立
以前，1840年代に建設された鉄道網は，これら自律的な経済圏の中心地を
結ぶことを目的に形成されたものに過ぎなかったが，第二帝政成立後，これら
の地域をパリに結び付ける路線が発達すると，各地域の経済がパリを介して
連結され，統一的な国内市場もしくは複数の県にまたがる経済圏が形成される
こととなった。これにより，各地域の商工業者や金融業者がサブネーションの
枠組みを超えて市場競争に参加することを可能にする一方で，ナポレオン3世
の意向により国家の「出先機関」としての権限を拡大した県知事たちが[21]，各
地域の利害や実態よりも国民国家の利益を優先する政策を実施するようになり，
中央と地方の間，そして地域間の経済格差が住民たちに自覚されることになっ
たのである。具体的に言えば，相対的に緻密な鉄道網が形成された北部・東
部で経済成長が加速する一方，スペイン国境に近い南西部（とりわけバスク地
方）や北西部にあたるブルターニュ地方は工業化から取り残された地域となっ
た。また，工業化が進んだ地域においても，全国規模の競争にさらされるこ
とによって伝統的な生産手段に頼ってきた職人たちが淘汰され，都市部では
大規模工場の賃労働者が増加し，農村部では職人の「脱工業化」すなわち農
業や漁業への復帰が見られるようになったのである[22]。

　このような第二帝政期の状況を，「行政的地域」と「文化的地域」の間，も
しくはそれぞれの地域の行為主体の間にアイデンティティ獲得の争いとして分
析するならば，それは，クーデターと国民投票によって全権を掌握したナポレ
オン3世という「行政的地域」と，フランス産業革命の象徴である鉄道網の
整備，パリ改造，万国博覧会によって「19世紀の首都」(ベンヤミン)となった
パリが放つ「文化的地域」としての圧倒的なアイデンティティが，それ以外の

---

(20)　石原照敏（2001）95頁。
(21)　遠藤輝明（1992）25-26頁。
(22)　(21)に同じ，32-33頁。

サブネーション地域から行政面と文化面の双方で地域アイデンティティを，「単一にして不可分なフランス」という国民国家アイデンティティに従属させたことを意味する。しかしその際，より重大な問題として認識されたのは，国家と地域の従属関係よりも，地域間の経済格差であった。そしてその格差を是正しようとする意識が，サブネーションの側からの国家に対する新たな異議申し立てを準備することとなったのである。

V　フランスにおける「地域主義」の興隆と
「地域経済政策」の誕生（19世紀末〜20世紀前半）

1　フランスにおける「地域主義」の興隆

　19世紀半ば，「単一にして不可分な共和国」の確立を目指す国民国家によって伝統的な「文化的地域」アイデンティティを喪失したフランス国内の地域住民たち，とりわけ知識人たちは，国内外で流行していたロマン主義と，その政治的表現である中東欧の民族主義に刺激され，地方自治の拡充，地域経済の発展，そして地域文化の復権の必要性を強く意識し，様々な立場から具体的な行動を起こすことになった。これらはフランスにおいて「地域主義 (régiona-lisme)」と総称されるようになる。

　19世紀フランスの地域主義を代表する運動としてよく知られるのは，言語に代表される地域文化の復権を目指すそれである。その嚆矢となったのが，1854年，南仏プロヴァンスで活動していたミストラル（Frédéric Mistral）ら7人の詩人が中心メンバーとなって結成した文芸団体「フェリブリージュ (Le Fé-librige)」である。この団体は，南仏の地域言語であるオック語圏の文化・風俗と言語の保護を目的とし，地域言語による文学作品の創作・出版，文法書や辞典の編纂などを通じて地域文化全体の蘇生とその社会的承認を目指した。そしてこの運動の影響はブルターニュやバスクなど国民国家アイデンティティとの軋轢が大きい地域にも波及し，1870年には地域言語の公的承認を求める嘆願文が国民議会に提出されるに至った。[23]「フェリブリージュ」自体は政治的

---

(23)　伊藤るり（1993）60-61頁。

活動を嫌ったとされているが,[24] 第三共和政期に入ると地域主義は単なる文化・文芸運動の枠組みを超え,フランスにおけるサブネーション側から国家に対する異議申し立ての有力な手段となっていくのである。

　他方,地方自治に関する地域主義の嚆矢は,1865年に発表された「ナンシー綱領 (Programme de Nancy)」である。この綱領を作成した「ナンシー委員会 (Comité de Nancy)」はフランス北東部ムルト県の地方名望家,産業家,法律家,元県知事など19名から構成され,その基本的な主張は,①議会の自主運営をはじめとするコミューン (commune) の権限強化,②実際の生活範囲に合わせるための郡 (arrondissement) の廃止と小郡 (canton) の設置,③広域経済圏形成のための県連合の形成,の3つに要約された。これらの主張はいずれも,フランスにおける最小単位の地方自治体であるコミューン (市町村) の自律性を高め,そこに居住する人々の生活実態に即した地域社会の再編を目指すという意味において,国民国家アイデンティティに依拠した中央集権制度に対し是正を要求するものであった。したがってナンシー綱領の内容は直ちに中央政界を巻き込んで大いに議論されることとなったが,1870年の第二帝政崩壊から翌年のパリ・コミューン成立,そして第三共和政成立に至る政治的変動を契機として地方自治の重要性が理解されるようになると,ナンシー綱領で示された要求は1884年の「コミューン組織法」として立法化されることとなった。[25] 同法の成立は,フランスにおける地域政策の出発点の一つとして評価できる一方で,同法の下においても県知事が国民国家アイデンティティの立場から地方行政に介入するというフランス革命以来の原則は維持され,また,「フェリブリージュ」運動から広がった言語や文化に根差した地域主義に対する配慮もなされていなかったため,[26] より包括的な地域主義の実現を目指す提言が期待されることとなったのである。

---

(24)　福留邦浩 (2009)「「フェリブリージュ」運動の形成とその理念──地域言語復興活動に内在する政治理念〈フェデラリスム〉をめぐって」『立命館国際研究』22巻2号,立命館大学国際関係学会,249頁。

(25)　遠藤輝明 (1992) 37-39頁。

(26)　むしろ第三共和政は言語・習慣を異にする「地方」をフランス国家に統合する文化政策を徹底化し,1920年代にはフランスの地域言語は生活言語としての活力を失うことになる。伊藤るり (1993) 61-62頁,参照。

2　地域主義の深化・統合と地域経済政策の誕生

　「コミューン組織法」が成立した1884年以降のフランスにおける地域主義を本章における「地域」概念を用いて説明するならば，そこには「フェリブリージュ」運動によって興隆した地域文化の再評価を通じて，国民国家アイデンティティによって抑圧された「文化的地域」アイデンティティの再興を目指す潮流と，「ナンシー綱領」が目指した地方自治の強化を通じ，国民国家が規定した「行政的地域」すなわち県とは異なる，住民の地域アイデンティティに即した「行政的地域」の再編を目指す潮流の2つが存在していた。そして，この2つの潮流は，1900年，「フランス地域主義連盟（Fédération Régionaliste Française：FRF）」の結成により，新たな「行政的地域」としての「地域圏（région）」の制定という共通目標に統合することとなるが，その背景にあるのは，産業革命によって顕在化した地域間の経済的格差を是正すべきであるという意識であった。

　前述の通り，フランス革命以降の歴代政府は「不可分にして単一の共和国」の理念の下，旧体制下の「州」に替えて「県」を設置し，そこに派遣された知事を通じて地域行政と地域経済を監督してきた。この新たに設置された県の内部では，地方自治と地方文化に関しては早くから「行政的地域」と「文化的地域」の間にアイデンティティの離齬が見られたものの，経済に関しては，フランス経済の後進性ゆえに県レベルで農・工・商業のバランスが取れた自律的経済圏を形成することができたため，偶然にも「行政的地域」と「文化的地域」のアイデンティティが一致した状態がしばらく続くこととなった。しかし，第二帝政期，国家主導による高度経済成長が実現した結果，それまで県内に収まっていた経済圏の規模が拡大し，全国規模もしくは複数の県を含む規模に至った結果，経済に関する諸問題（地域間格差の拡大，農村部から都市部への人口移動，労使間対立，etc.）を県のレベルでは解決できない状況が生じ，ここに「行政的地域」と「文化的地域」の離齬が生じることとなったのである。なお，このような，経済発展に伴って経済圏が行政上の地域と一致しなくなる現象は，20世紀初頭，フランスを代表する地理学者ド・ラ・ブラーシュ（Vidal de la Blache）によって「経済地域」という概念で説明されることになる。[27]

　他方，社会学者コント（Auguste Comte）によって発達した実証的研究手法によって，経済や社会の実態を様々な数量的データやインタビューに基づく証言などによって説明できるようになると，現行の県制度が経済・社会問題の解決には不適切であり，より広域な行政単位の設置を求める意見が説得力を持って主張されるようになった。

　とりわけ，社会改革運動家として著名なル・プレー（Frédéric Le Play）は，1864年に出版した『フランスの社会改革 La réforme sociale en France』において，県制度の画一性と硬直性を批判したうえで，県の下位に属するコミューン（市町村）を都市と農村に分け，都市部のコミューンに対しては県の管理から切り離し，大幅な自由と権限を認めてその自律性を促進させる一方，農村部のコミューンに対しては，現在与えられている権限を小郡に移譲し，その管理下に入れることで，単独のコミューンでは解決困難な問題を広域的かつ集合的に解決できるようにしようと考えた。そして彼は，このように多様化した行政組織（ここには県も含まれる）を束ねる上位組織として13の「州」を設置し，それらにこれまで国家が掌握してきた司法，高等教育，警察，課税，公共事業に関する権限を与え，「県と国家の間に一つの境界を作り出す感情と利害の共同体」を作り出そうと考えたのである。[28]

　ル・プレー自身は，ここで示した「州」は決して旧制度のそれ（18州）の単なる復活ではなく，現状におけるフランスの諸地域の同質性を考慮したうえで構成したものであると記しているが，[29]本章の「地域」概念に基づいて解釈するならば，彼が目指した「行政的地域」は，「利害」すなわち地域の政治権力と経済的利益だけでなく，「感情」すなわち地域の文化・思想を重視した共同体である以上，「文化的地域」アイデンティティへの接近を意味していることは

(27)　廣田功（1992）「第一次大戦間期フランスのレジョナリズム——クレマンテルと経済地域」遠藤輝明編『地域と国家——フランス・レジョナリズムの研究』日本経済評論社，234頁。
(28)　廣田明（1992）「フランス・レジョナリズムの成立——ル・プレェ学派における家族，労働，地域」遠藤輝明編『地域と国家——フランス・レジョナリズムの研究』日本経済評論社，65-67頁。
(29)　(28)に同じ，67-68頁。

間違いないであろう。したがってそこでは経済上の地域性だけでなく言語や宗教，風俗の地域性への配慮がなされることとなり，この点に，先行していた文化・文芸運動としての地域主義が呼応・同調する余地が生まれたのである。

このようなル・プレーの提言に続いて，多くの論者たちが19世紀半ばの時点で80余り設置されていた県を15〜30程度の「州」もしくは「経済圏」に再編するという，いわば「第二次領土革命」ともいうべき構想を発表し，その是非が盛んに議論されることとなった。そしてそのような状況の下，1900年に「フランス地域主義連盟」(FRF) が結成され，「地域圏」構想の推進母体となると，その書記長であるシャルル＝ブラン (Jean Charles-Brun) は「地域圏」を地域の創意性が政治・経済・文化の諸領域において発揮される場と位置づけ[30]，複数の県を包含する「地域」に着目した農村振興と国土開発を主要な柱とする経済政策を提唱した。そこではまず，人口流出が進む農村における「大地への復帰」，すなわち帰農を促進するために小土地所有保護，農業組合の発展，農村工業の保護などが提案される一方，第二帝政期の鉄道網整備に象徴される中央集権型の国土開発とは異なる，地域経済を振興し，地域間の経済格差を是正する手段としての国土開発が重視され，植林，観光業の発展，インフラ整備，地方銀行の発展などの政策が提案された[31]。

また，同じくFRFのメンバーであったエネシー (Jean Hennessy) は，「地域圏」構想に職業代表制を組み合わせた制度の確立を主張した。彼によれば，19世紀末以来のヨーロッパ諸国間の経済競争にフランスが勝ち残るためには，国内諸地域の物的・人的資源の開発を基盤とした国力の増強が必要であり，そのために地域住民自身が地域開発の意思決定をできるようにするための「経済的地域議会」と，地域の資本を地域主導で活用するための地域金融機関の発展が必要であるとされた[32]。

このような「地域圏」の制定を前提とした経済政策の提案をもって，文化・文芸運動として開始した地域主義は，政治活動を必要とする「経済的地域主義」へと発展し，その可否を行政組織，すなわち「行政的地域」が検討すべ

---

(30)　遠藤輝明 (1992) 44頁。
(31)　廣田功 (1992) 235-236頁。
(32)　(31) に同じ，237-238頁。

き領域へと到達したことになる。しかしながら，経済政策を伴う「地域圏」構想は，19世紀末から20世紀初頭にかけてFRFに所属する何人かの代議士によって法制化が目指されたものの[33]，いずれも実現には至らなかった。なぜなら，フランスでは20世紀に入ってもなお，フランス革命が掲げた「単一にして不可分な共和国」の理想が根強いため，地域アイデンティティ基づく政策は「分離主義 (particularisme)」，すなわち国民国家アイデンティティを破壊するものとみなされ，排除され続けていたからである。

3　地域経済政策の実現──クレマンテルの「経済地域」構想

　しかし，これほどまでに「不可分性」を信奉してきたフランスの国民国家アイデンティティも，第一次世界大戦を境に変化し，地域の重要性を認識する兆しが訪れることになる。

　1914年に勃発した第一次世界大戦は，4年間の長きに亘って兵士が前線に送り込まれ，様々な新兵器（戦車，機関銃，毒ガス，潜水艦，etc.）による大量破壊が繰り返された結果，ヨーロッパ各国に深刻な労働力不足を迫ることとなり，それが経済の合理化と組織化を促進することとなった[34]。

　とりわけ戦場となったフランスにおいては，北部および東部の工業地域がドイツ軍に占領され，もう一つの重要な工業地域である首都パリも占領の可能性が取りざたされるという異常事態の中で，工業化が十分進んでいなかった地域の生産力拡大，すなわち工業地域の分散化と，地域内部で自律的かつ合理的に物資の調達・配分を行うための仕組み作りが急務となった結果，それまで構想や提言の段階にとどまっていた「地域経済政策」が現実味をもって議論されるようになったのである。実際，エネシーが提案した「地域経済議会」構想は，その意図を忠実に反映したとは言えないものの，1915年，陸軍省の管轄下に「経済活動諮問委員会 (Comité consultatif d'action économique)」が設立され，軍需生産の合理的な配分による地域経済の発展を目指すという形で現実のも

---

(33)　遠藤輝明 (1992) 42頁。
(34)　第一次世界大戦がフランス経済に与えた影響については，玉田美治 (2006)『フランス資本主義──戦間期の研究』桜井書店，161-169頁を参照。

のとなった。[35]

　このような状況の下，フランスにおける地域経済政策を大幅に進展させたのが，FRF のメンバーであり，20 世紀初頭から戦間期にかけて大臣職を歴任し，主に経済分野の政治・行政改革に手腕を発揮した政治家，クレマンテル（Étienne Clémentel）であった。第一次大戦中に商務大臣を務め，戦時経済への対応の中でフランス経済の「相対的遅れ」を痛感した彼は，軍需生産という急務に応えるだけでなく，戦後復興とその後の経済発展，さらには国際経済への対応を見据えた経済政策構想の実現を目指すこととなる。

　商務大臣就任以来，フランス経済の実態を把握するために大規模な調査を実施したクレマンテルは，フランス経済の遅れの原因が，経営者の個人的体質，経済関連省庁の連携不足，そして国家と産業の関係の未発達，の 3 点にあると考え，行政と経済界の双方を組織化し，両者の連携の下，両者の信頼と同意を前提とした国家による経済介入を実施することこそが，フランスの遅れを克服し，大戦後も継続することが予測される周辺諸国との「経済戦争」への備えになると考えたのである。[36]

　クレマンテルと彼の協力者たち，すなわちクレマンテル派の経済組織化構想は以下の 3 つの柱から構成されていた。すなわち，第一の柱は，これまで副次的な役割しか与えられてこなかった商務省を「国民経済省（Ministère de l'Économie Nationale：MEN）」に改組し，国民経済の調査・分析，経済政策の策定，経済関連省庁の調整機関としての役割を与えることである。[37]第二の柱は，これまで個人主義的傾向が強く，国家に対する反発も強かった経営者を「フランス生産総同盟（Confédération Générale de la Production Française：CGPF）」の下に全国的に組織化し，経営者の意見の集約化と，国家との意見交換の促進を可能にすることである。[38]そして第三の柱が，このような国家と経済界の組織化を実現する具体的な「舞台」としての，新たな行政組

（35）　廣田功（1992）238-239頁。

（36）　廣田功（1994）『現代フランスの史的形成――両大戦間期の経済と社会』東京大学出版会，45-46, 89頁。

（37）　（36）に同じ，88-90頁。

（38）　（36）に同じ，97-108頁。

織である「経済地域（régions économiques）」の創設である。

　FRFに所属し，19世紀末以降の地域主義に関する議論の変容，すなわち地域経済政策に対する関心の高まりを目撃してきたクレマンテルは，大戦の勃発によって急務となった工業部門の地方分散と地域経済の自律化という突発的な課題の実現を，FRFが中心となって議論してきた恒久的な地域経済政策の実施に結び付ける契機であると認識し，地域経済の組織化を目指すこととなった。1917年，商務省内に特別委員会を設置したクレマンテルは，すでに19世紀後半，ル・プレーらによって「地域圏」として提唱され，ド・ラ・ブラーシュが「経済地域」と命名した新たな地域概念を現実の行政組織として制定することを目指したが，その際，即座に実施可能な現実的方法として，すでにフランス各地に設立されていた商業会議所（Chambre de Commerce：CC）を県の枠組みを超えて統合・組織化することで「経済地域」を形成し，国家による経済政策を，この「経済地域」を単位として組織化された商業会議所を通じて経営者に周知・実行させることを目指した。このような方法でフランス全土を16の「経済地域」に再編成する原案を策定したクレマンテルは，1917年8月，全国149の商業会議所にその賛否を求めたところ，明白に反対を表明したのはパリやボルドーなど4会議所にとどまったため，賛成多数と判断し，1918年3月のナンシー地域制定を皮切りに，順次「経済地域」の制定を進め，終戦後の1919年4月までに，当初の予定より一つ多い17地域を制定した[39]。この瞬間をもって，ル・プレー以来，地域主義に関わる多くの論者が提唱してきた「地域圏」構想は現実のものとなったのである。

　このようにして「経済地域」構想を実現させたクレマンテルにとって，国民国家と地域の関係はどのように位置づけられていたのだろうか。この点について本章における地域概念を用いて確認していきたい。

　まず，クレマンテルが，「経済地域」の行為主体を，県や市町村などの行政組織ではなく，民間団体である商業会議所の組織化に求めたことから，彼が「文化的地域」の行為主体である民間企業や経営者たちの活力に期待していたことは確かである。実際，クレマンテルは，自身の政策を構想している段階で

(39)　(36)に同じ，90-92頁。

すでに，マルセイユ商業会議所などいくつかの会議所が，単なる地域間格差是正ではなく，生産を最大化することを目的とした会議所の組織化を提言・実行していた事実を知り[40]，自身の政策に自信を持つことになった。

　しかし，その一方で，クレマンテルがこのような地域の自発的な活力，すなわち地域アイデンティティが国民国家アイデンティティよりも優れていると認識していたわけではない。なぜなら，彼の「経済地域」政策は，確かに各地域の商業会議所をその行為主体としているものの，政策そのものを決定するのはあくまでも国民国家の行政機構であり，商業会議所は国家に対して経済の実態を伝達し，その情報に基づいて国家が決定した方針や政策を経営者たちに伝達・実行させる機関として位置づけられているにすぎないからである[41]。中央政界に長く関わり，いくつもの大臣職を歴任したクレマンテルにとって，フランス企業の活力は利用可能なものではあるが国家にとって代われるほど完璧なものではなく，国家による指導や調整なしには，フランス経済を第二帝政以前の停滞した状態に逆戻りさせる危険を孕むものですらあった。

　このようなクレマンテルの認識を踏まえると，彼の「経済地域」構想は，地域主義を標榜しながら，国家を頂点とする中央集権体制，すなわち国家主義（étatisme）を実現しようとするものだったのであろうか。その答えは否である。なぜなら，前述の通り，クレマンテルがここで想定している「国家」は，地域主義者たちが批判した旧来の国家組織ではなく，彼が自身の経済組織化構想の中で示した「国民経済省」に代表される，綿密な調査と分析に基づいて実態を把握し，それを政策に反映させることができる新しい国家組織だからである。したがって，クレマンテルは国家の機能や権威を無条件に盲信する国家万能主義者では決してなく，むしろ，地域と民間企業の活力を最大化できるような国家組織の在り方を追究し，政策提言を行うという意味での地域主義者であったと理解すべきである。

　以上の考察を踏まえ，クレマンテルの「経済地域」構想における国民国家アイデンティティと地域アイデンティティの関係は次のように説明することができ

---

(40)　（36）に同じ，91-92頁。
(41)　（36）に同じ，94頁。

るだろう。すなわち，クレマンテルは，「経済地域」という「行政的地域」と
「文化的地域」が一致した社会的空間の中で，経済政策という形で示される国
民国家のアイデンティティと，それを実施する商業会議所の地域アイデンティ
ティを相互補完的な上下関係として統合し，最終的に地域経済と国民経済の双
方を発展させることができるような経済・社会システムを作ろうとしたのである。

Ⅵ　おわりに代えて

1　「経済地域」構想の結末と教訓

　このようにして，国家と地域の新しい関係を示したクレマンテルの「経済地
域」構想は，一部の地域では交通網の整備，信用機関の発展，地場産業の
振興などの形で成果を残したものの，フランス全体としては十分な成果を残す
ことはできなかった。その主たる理由は，この制度が国家による経済介入につ
ながり，自由な経済活動を阻害されることを恐れた商業会議所側の消極的な
対応にあったと考えられているが，このような結末が示唆することを本章の地
域概念を用いて説明することで，本章の課題に対する結論としたい。[42]

　まず指摘できるのが，フランス革命以降の歴代政府がその確立に腐心した
国民国家アイデンティティはフランス国民に確実に浸透しており，地域主義の
興隆をもってしても地域アイデンティティをフランス人に根付かせることはでき
なかったということである。もっともこの様な状況は，第一次大戦という特殊
な状況が平時以上に国民のナショナリズムを高揚させたことに影響された結果
かもしれず，また，すでに革命前から中央集権的な国家行政組織が完成して
いたフランスにおいて，国民国家アイデンティティもまた，既にひとつの「文
化」としてフランス人に受け入れられていたと言うべきかもしれない。もしそう
であるならば，フランスにおける国家と地域の関係は「文化」の領域——具体
的には思想・哲学の領域——で語られるべきものであり，フランスの地域主義
が20世紀初頭の段階で文化・文芸運動から経済政策提言に主軸を移したの
は時期尚早であった。

---

(42)　(36) に同じ，95頁。

　そしてもう一つ指摘すべきことは，フランス人にとって，国民国家アイデンティティを信奉することと実在する国家組織を支持することは同一ではない，ということである。クレマンテルの「経済地域」構想が各地域の商業会議所に受け入れられなかった背景にあったのは，クレマンテルの構想そのもの，すなわち国民国家アイデンティティに基づいた地域経済政策に対する商業会議所の不信感というよりもむしろ，現行の国家組織，すなわち「行政的地域」の行為主体に対する不信感であった。前述の通り，クレマンテルの「経済地域」構想は，商務省を「国民経済省」に改組するという構想と併せて実施されるべきものであったが，この国家組織改革が実行に移されることはなかったため，クレマンテルの真意が商業会議所側に知られることは恐らくなかっただろう。したがって，クレマンテル構想が提示した国民国家アイデンティティと地域アイデンティティの相互補完関係も理解されることはなかったのである。

2　クレマンテル後のフランスにおける地域経済政策の展開

　クレマンテルが第一次大戦後に「経済地域」構想で示した国民国家と地域の相互補完関係の意義がフランス国民に理解され，実際の政策に反映することになるのは，第二次世界大戦後のことである。クレマンテルが示した国家と地域，もしくは行政と民間企業の相互補完的な関係は，第二次大戦後，国家とその他の種々のステークホルダーによる調整を重視する経済思想である「ディリジスム（dirigisme）」として結実することになり，地域経済政策も国民経済発展のための調整手段という観点から策定されることとなった。そして，19世紀後半以来多くの地域主義者が提案し，戦間期にクレマンテルの下で実現された「地域圏」構想は，1955年に改めて行政上の地域区分として認定され，1972年には地方自治体としての地位が付与されることとなったのである。

　しかし，1970年代以降，EU統合が進展し，国民国家の重要性が相対的

---

(43)　（36）に同じ，90頁。

(44)　戦後フランスにおける地域圏制定の概要については，石原照敏（2001）161-182頁を参照。なお，フランスの経済圏は，行財政改革の一環として，2016年に22から13まで大幅に統廃合された。この点に関しては，在日フランス大使館のHP（http://www. ambafrance-jp.org/-Japonais-）に最新情報が掲載されている。

に後退すると，それまで国家アイデンティティに従属する形で策定されてきたフランスの地域経済政策もまた，EUの重要な理念である「補完性原理」に従い，地域アイデンティティを前面に押し出す形で策定されるようになり，「単一にして不可分の共和国」という国民国家アイデンティティと地域実態との乖離が顕在化するようになった。

　この乖離を解消するため，1982年，地方分権を大幅に認める法改正が実施され，フランスの地域経済政策は各自治体の自律的な判断によって実施することが可能となった。さらに2003年，地方自治体の地位を保証するための憲法改正が実施され，フランスの単一性を規定した憲法第1条の末尾に新たな一文が挿入されることとなった。[45]

　　　「フランスは単一にして不可分の，非宗教的で，民主的で，社会的な共
　　　和国である。フランスは，出自，人種，宗教の区別なく，すべての市民の
　　　法の下の平等を保障する。フランスはすべての信条を尊重する。フランス
　　　の組織は地方分権的である」。

　かくして，19世紀後半に地域主義が主張した地域アイデンティティは，憲法を通じて国民国家アイデンティティの一部に組み込まれ，相互補完関係を確立するに至ったのである。

　　　　　　　　　　　　　　　　　　　　　　　　　　　　　（乗川　聡）

〈参考文献〉
石原照敏（2001）『地域政策と観光開発——フランスとEUの事例研究』大明堂。
伊藤定良・割田聖史（2008）「国民国家と地域を見る視角」伊藤定良・平田雅博編著『近代
　　ヨーロッパを読み解く——帝国・国民国家・地域』ミネルヴァ書房，1-24頁。
伊藤武（2007）「「領域性」概念の再検討——近代国民国家の変容と連邦主義的改革の中
　　で」宮島喬・若松邦弘・小森宏美編『地域のヨーロッパ——多層化・再編・再生』人文
　　書院，44-66頁。

(45)　2003年の憲法改正に至るまでの地方自治に関する問題は，中野裕二（2007）「フラ
　　ンス社会の変容——地方分権改革，地域民主主義・近隣民主主義立法の意味するも
　　の」宮島喬・若松邦弘・小森宏美編『地域のヨーロッパ——多層化・再編・再生』人文
　　書院，69-92頁を参照。

伊藤るり（1993）「単一国家の「地域問題」」原輝史・宮島喬編『フランスの社会——変革を問われる文化の伝統』早稲田大学出版部，55-76頁。

遠藤輝明（1992）「フランス・レジョナリスムの歴史的位相——人と地域と国家をめぐる相関の変遷」遠藤輝明編『地域と国家——フランス・レジョナリスムの研究』日本経済評論社，1-48頁。

鹿島茂（1992）『絶景，パリ万国博覧会——サン・シモンの鉄の夢』河出書房新社。

定松文（2007）「グローバル化する社会における主体としての「地域」」宮島喬・若松邦弘，小森宏美編『地域のヨーロッパ——多層化・再編・再生』人文書院，25-43頁。

玉田美治（2006）『フランス資本主義——戦間期の研究』桜井書店。

中野裕二（2007）「フランス社会の変容——地方分権改革，地域民主主義・近隣民主主義立法の意味するもの」宮島喬・若松邦弘・小森宏美編『地域のヨーロッパ　多層化・再編・再生』人文書院，69-92頁。

原輝史（1986）『フランス資本主義——成立と展開』日本経済評論社。

原輝史（1993）「フランス経済の生成と発展」原輝史編『フランスの経済　転機に立つ混合経済体制』早稲田大学出版部，13-18頁。

廣田明（1992）「フランス・レジョナリスムの成立——ル・プレェ学派における家族，労働，地域」遠藤輝明編『地域と国家——フランス・レジョナリスムの研究』日本経済評論社，49-102頁。

廣田功（1992）「第一次大戦間期フランスのレジョナリスム——クレマンテルと経済地域」遠藤輝明編『地域と国家——フランス・レジョナリスムの研究』日本経済評論社，229-272頁。

廣田功（1994）『現代フランスの史的形成——両大戦間期の経済と社会』東京大学出版会。

福留邦浩（2009）「「フェリブリージュ」運動の形成とその理念——地域言語復興活動に内在する政治理念〈フェデラリスム〉をめぐって」『立命館国際研究』22巻2号，立命館大学国際関係学会，243-276頁。

第6章　GISと地域経済政策*

Ⅰ　はじめに

　目的：地域経済政策づくりには欠かすことができない地理情報システムの基礎を紹介する。さらなる学習用に，日本語の書籍や論文を提示する。

　地理情報システムまたはGISという言葉を聞いたことがあるだろうか？地理情報システム（Geographical Information System，以下GIS）は，地理的な位置に関する情報（以下，地理情報）[1]を扱い，地理情報を総合的に管理したり，加工したり，視覚的に表示したり，高度な分析や迅速な判断を行える。

　いまや，地理情報を活用した政策形成は当たり前の如く認知されるようになってきた。政府レベルでの地理情報の本格的な活用は，1995年の阪神・淡路大震災時に種々の情報を効果的に活用できなかった反省に端を発する。地理情報の活用に関する基盤整備は国土地理院や国土交通省など中央省庁が主導してきた。2007年に地理空間情報活用推進基本法[2]が定められたことで，地理情報の活用が加速化している。それに伴い，地方公共団体においても，国と連携した地理情報の運用事例が出てきた。例えば，栃木県と国土地理院は2015年10月21日に，双方の地図データや航空写真データなどを情報共有し，相互活用・災害対応協力・技術支援を進める協定を締結している（国土地理院

＊　本章は帝京大学地域経済学科山川充夫編（2017）『地域経済政策学入門』八朔社「第14章　地理情報と地域経済政策」を改訂したものである。

（1）　地理情報（Geographical Information）のほかに，空間情報（Geo-Spatial Information）など表現の仕方は多様である。詳細は浅見ほか（2015）を参照のこと。また，国は地理空間情報（G空間情報）という表現を用いてもいる。

（2）　この法律は，地理空間情報を高度に活用することで豊かな経済社会を構築しようとするものである。

2015)。

　地域経済に関連する分野においても，地理情報の活用が進んでおり，経済学における GIS 分析の論文数が 2000 年代半ばから増加傾向にある（河端 2014）。地域政策の形成においても，公共施設の適正配置について GIS を用いて分析した新潟市の事例や地域情報や行政情報を可視化した「横須賀データマップ」の事例が報告されている（esri ジャパン 2010, 2015）。

　以上の現況を踏まえ，本章では，地域経済政策づくりには欠かすことができないオープンデータとしての地理情報をどのように活用すべきか，理解を深めるために，GIS とはどのようなものなのか（I 節），オープンデータの普及が地理情報にどう関わっているのか（II 節），地域経済政策に地理情報がどう活かせるのか（III 節），さらに GIS リテラシーの必要性（IV 節），と GIS の可能性を紹介する。

II　GIS

1　GIS とは何か？

　まず，GIS の特徴を簡単に解説する。なお，ここで示す GIS の特徴は，紙面の関係上，その全体の一部に留まる。GIS についてより深く，または全体像を理解されたい方は節末に示す参考文献を参照していただきたい。

　GIS の最大の特徴は，レイヤー構造を持つことである。これにより，一枚の地図に複数の情報を重ね合わせて表現，分析ができる（次頁図 1）。複数の情報が重なり合うのは，それぞれのデータに位置情報が付されており，これを基にレイヤー構造が構築されているためだ。

　ここで，1 つの例を出そう。地方公共団体が自然災害の発生に備え，災害時要支援者の人数や場所を調べたいとする。その場合，例えば独居高齢者の分布を示すレイヤー，避難所の位置を示すレイヤー，災害発生時の被害想定範囲を示すレイヤーを重ね合わせることで，避難所へのアクセスが不便な人，すなわち災害時要支援者の人数やその場所を洗い出すことができる。加えて，住宅の情報（構造や築年数など）や周辺の道路情報（幅員）を重ね合わせれば，より正確な災害時要支援者の全体像を把握できるようになる。レイヤー構造に

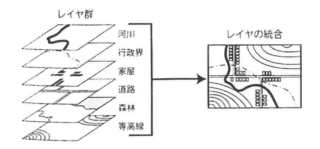

図1　地理情報のレイヤー構造の概念
出所：橋本（2019）。

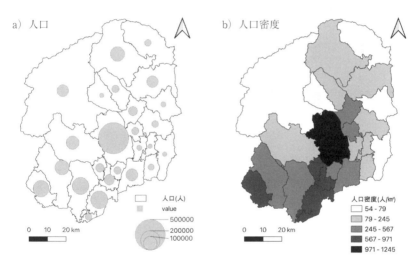

図2　栃木県における市町別人口分布図（2020年）
出所：国土数値情報および国勢調査により作成。

よって表現しようとする地図の多くは，特定の主題を強調して表現することを目的としている。これは主題図と呼ばれるもので，その代表的なものに都市計画図や土壌図，人口分布図が挙げられる（図2）。

なお，GISで取り扱うレイヤーは扱う地理情報のデータ形式で分類できる。衛星画像や航空写真といったラスター形式のデータと，ポイントとライン，ポリゴンといったベクター形式のデータ，である。前者はセル数によって解像度が決

106

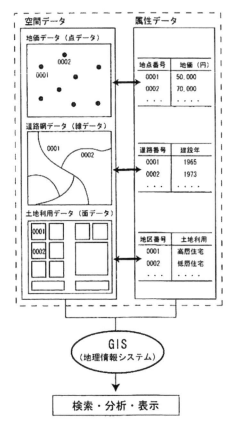

図3　ベクター形式の地理情報の構造
出所：橋本 (2019)。

まり，セルの大きさよりも小さな空間スケールでの分析は難しい[3]が，写真測量やリモート・センシング（Remote Sensing）に用いられる。後者はポイントやライン，ポリゴンといったベクター形式の図形データとそれぞれに関連する属性データがデータベース（Database）形式で格納されており（図3），密度解析，ネットワーク解析，クラスター分析などが代表的な分析手法である。

　GISについてさらに理解を深めたい場合には，まず入門書として矢野 (2021) や若林 (2018) を読んでみてもらいたい。さらにGISに関する理論的な背景を深く理解したい場合には，浅見ほか (2015) や村山・柴崎 (2008)，杉浦 (2003) を勧める。GISソフトウェアの活用についての参考書は後述する。

2　GISを用いた様々なサービス

　我々は日常生活の中で，GISを用いた様々なサービス，位置情報サービス（Location Based Service，以下LBS）を利用している。LBSの身近な例として，

---

(3)　身近なラスター形式に，テレビ画面やPCモニターの解像度が挙げられる。例えば，4Kの解像度を持つ液晶画面は 3,840 × 2,160 のセルで構成されている。デジタルカメラなどでは，センサーが記録するセルの総数を総ピクセル数として示されているものもみられ，先ほどの4Kであれば 829万4,400 ピクセルとなる。

Google Map [4] やカーナビゲーションシステムなどを挙げることができる。LBS は，利用者の現在位置を全地球測位システム（Global Positioning System，以下 GPS）などで測位し，その位置情報を元に各種の情報を提供するサービスである。

　衛星を用いた測位といえば，GPS が最も有名である。GPS は，元々アメリカ軍の測地衛星として打ち上げられ，1996 年に民生利用に転換され，世界中で利用されるようになった。現在はアメリカ合衆国以外の国や地域も測位衛星を運用しているため，全地球測位衛星システム（Global Navigation Satellite System，以下 GNSS）とよばれている。日本は，準天頂衛星システム（Quasi-Zenith Satellite System，以下 QZSS）を導入している。QZSS は「みちびき」の愛称で知られ，2021 年 1 月現在，3 機の準天頂衛星と 1 機の静止軌道衛星で運用されている。みちびきにより，GPS では測位の難しい高層ビルの建ち並ぶ日本の大都市でもセンチメートル級の誤差で測位を行うことができる。高精度な測位を要求する自動運転技術に活用されることで，無人のトラクターが活躍するスマート農業や自動で飛行するドローンが活躍する物流など，新たなサービスが生まれている。

　さらに，高精度な 3D マップをリアルタイムに作成するレーザー測位システム（Light Detection and Ranging，以下 LiDAR）の活用も進んでいる。LiDAR はレーザー光を全方位に照射し，その反射光をセンサーで捉えて距離を測定するシステムで，iPhone 12 Pro や iPad Pro などに搭載されるなど，我々の生活にも関わっている。研究でも衆目を集めており，LiDAR を用いて 3 次元点群データを取得し GIS でデータを管理しながらインフラ構造物の維持管理を進める研究や，3 次元点群データを基に建物モデルの自動構築を行う研究などが進められている（山下ほか 2019，天野・吉川 2012）。

　また，スマートフォンなどのモバイル端末によって測位された人の位置情報には高い関心が払われている。人の位置情報に関するデータは地域経済の観点に限定したとしても，買い物行動の把握や商店街の通行量の把握など，現実の商圏の判定や買い物難民の実態把握に資するものである。すでに東京大

---

(4)　Google Map が我々の日常に与えている影響については，松岡（2016）やキルディ（2018）を参照していただきたい。

学「人の流れプロジェクト」では「大規模人流データを用いた商業地域来訪者の特性分析」や「人の流れデータを用いた駅勢圏の詳細推計および駅勢圏内の特性分類に関する研究」などが取り組まれ始めている。新型コロナウイルス感染症の感染拡大に際して，位置情報を基にした人流の増減などを可視化する試みも始まった（内閣府地方創生推進室ビッグデータチーム 2021）。ただし，人の位置情報は個人情報を含むため，その活用に当たってはプライバシーの保護が充分に確保される必要がある。2013 年には鉄道の乗降履歴データの販売について議論が起こった（日本経済新聞 2013）。経済産業省は，プライバシー保護の範囲が技術革新に伴い変化することを念頭に，パーソナルデータの利用におけるプライバシー保護のガイドブックを公表している（経済産業省 2021）。

Ⅲ　オープンデータの普及と地理情報の活用

1　オープンデータの普及

「官民データ活用推進基本法」（2016 年施行，2021 年改正）が施行されて以降，オープンデータ（Open Data）の普及が加速してきている。2021 年 7 月 14 日時点で 47 の都道府県，1,137 の市区町村がオープンデータに取り組んでいる（内閣官房 IT 総合戦略室 2021）[5]。自治体オープンデータ（2021）によると，オープンデータとは「機械判読に適したデータ形式で，二次利用が可能な利用ルールで公開されたデータ」であり「人手を多くかけずにデータの二次利用を可能とするもの」である。これにより，行政の透明性・信頼性の向上，国民参加・官民連携の推進，経済の活性化・行政の効率化が三位一体で進むと期待されている。また，このような二次利用を可能とするオープンデータの推進に，クリエイティブ・コモンズ（Creative Commons）[6]による著作権管理が普及してきた

---

(5)　IT 総合戦略室は 2021 年 9 月 1 日，デジタル庁に統合された。
(6)　クリエイティブ・コモンズ・ジャパンによると，クリエイティブ・コモンズは，クリエイティブ・コモンズ・ライセンスを提供している国際的非営利組織とそのプロジェクトの総称である。クリエイティブ・コモンズ・ライセンスはインターネット時代のための新しい著作権ルールで，作品を公開する作者が「この条件を守れば私の作品を自由に使って構いません。」という意思表示をするためのツールと位置づけられている。

ことも重要な点である。

　なお，行政がオープンデータとして公開する公共データの中には，避難所の一覧やAED設置箇所の一覧など，その位置情報が大変重要となる公共データがある一方で，例えば栃木県が公開するトラフィックカウンターや青森県が公開する映像資料のように地理情報とは関連しない公共データも含まれる。オープンデータの全てがGISで活用できるとは限らない。そこで国では，オープンデータに関する基本的ルールや公開データの二次利用に関するルールが定められている（高度情報通信ネットワーク社会推進戦略本部・官民データ活用推進戦略会議 2021）。

　地理情報に関連したオープンデータ化の動きを整理しておこう。オープンデータの機運が高まるはるか以前から，地理情報に関するデータの整備・公開は国レベルで進められてきた。国土交通省国土政策局国土情報課が管轄する「国土数値情報ダウンロードサイト」は，全国総合開発計画等の策定の基礎となるよう 1974 年から整備されてきたデータを一般に無償提供するため，2001年に開設された。当サイトでは，河川や土地利用，行政区域，公共施設，道路，鉄道など様々な地理情報のデータが用意されている[7]。

　また，総務省統計局は「地図で見る統計（統計GIS）」にて，国勢調査や経済センサス，農林業センサス，人口動態調査などの統計情報を関連づけた地理情報を公開している[8]。当サイトでは，WebGIS を用いて様々な統計データを背景地図と重ね合わせて表示することができるほか，統計データと地理情報のデータをダウンロードすることもできる。

　オープンデータと地理情報についての資料はそれほど多くの蓄積がないが，興味のある方は関本・瀬戸（2013）から読み始めるのを勧めたい。

---

(7)　最近では，国が整備する地理情報以外にも民間によるデータ整備が非常に進んでおり，経路探索など様々なインターネット上の GIS のサービスが生まれている。なお，道路や河川，緑地などの地理情報そのものを，誰もが使用でき，また誰もが編集できるオープンデータ，OSM（Open Street Map）の整備が世界で広まっている。

(8)　Web ブラウザ上で動く GIS を指す。利用者は GIS ソフトウェアをインストールする必要がない。

2　オープンソース化する GIS

地理情報がオープンデータ化する動きとともに，地理情報を管理・表示・分析する GIS ソフトウェアそのものもオープン化する動きがみられている。従来，ArcGIS や MapInfo，PostGIS など有償ソフトウェアを用いなければ，地理情報の可視化もできず，ましてや空間解析もできなかった。非常に高価なソフトウェアであるため，社会一般にはあまり浸透してこなかったといえる。最も普及している ArcGIS については橋本 (2019)，河端 (2018a, 2018b) など解説書が豊富にある。無償ソフトウェアの代表的なものが QGIS で，自治体でも導入した事例が報告されている (植村・丸田 2010)。日本語による QGIS の解説書も充実してきた (例えば，中島 2021，金 2020，橋本 2015，今木・岡安 2015)。

わが国では幸運にも，研究者の手によって無償ソフトウェアの MANDARA が開発されており，一般的にも広く認知されている。MANDARA については，谷 (2018a, 2018b) を参照していただきたい。また，表計算ソフトである Microsoft Office の Excel や無償の統計解析ソフトである R でも，種々のデータを地図化できるようになり，GIS ソフトウェアを知らなくても GIS を利活用できる状況にある。さらに，ソフトウェアを必要としない WebGIS の開発も進められてきた。総務省統計局では，以前から「地図でみる統計」として提供していたが，2015 年に「地図でみる統計」の進化版ともいえる「jSTAT MAP」を公開した。「jSTAT MAP」は，「地図で見る統計」以上の高度な GIS 分析機能を有しており，簡易なネットワーク解析や任意のエリアにおける統計情報の集計を得ることができる。また同年，内閣官房まち・ひと・しごと創生本部も地域経済分析システム (Regional Economy (and) Society Analyzing System，以下 RESAS) を公開している[9]。RESAS の目的は地域経済の可視化であり，背景地図と重ねて表示できるため，WebGIS と位置づけられる。

このように，ICT 技術の進歩に伴い，地理情報の活用の可能性はますます広がっている。GIS 技術もまた進化を続けており，様々な分野で GIS の活用が進んで行くと考えられる。無論，地域経済政策の立案に対する GIS の活用が

---

(9)　2020 年には，地域経済に対する新型コロナウイルス感染症の影響を可視化するための V-RESAS も公開された。

当たり前となる時代は目の前にあろう。以上を踏まえ続くⅢ節では，オープン
データを用いた地域経済政策の立案について紹介する。

Ⅳ　地域経済政策に関わる地理情報
──オープンデータの利用と地域経済政策

　ここでは，RESASを用いた地域経済政策の可能性を検討する。RESASは，
「いわゆる『ビッグデータを活用した地域経済の見える化システム』を，経済分
野に限らず様々なデータを搭載することで，地方自治体が『地方版総合戦略』[10]
の立案等をする際に役立て」るシステムである（内閣官房まち・ひと・しごと創生
本部 2015）。
　ここでは，丹羽（2016）を参考に，産業マップの「稼ぐ力分析」と「特許分布
図」を用いて栃木県と宇都宮市のものづくり政策に関わる課題を検討してみる。
　次頁図4には，「稼ぐ力分析」から2015年における栃木県全体の産業別雇
用者シェア（横軸）と1人あたり現金給与総額（縦軸）を示した。栃木県では
「学術研究，専門・技術サービス業」で最も給与水準が高いが，産業の規模
（横軸の雇用社シェアと縦軸の1人あたり現金給与額の積）では「製造業」が最も
大きく，栃木県にとって重要な産業であることがわかる。
　次に，栃木県内の詳細を確認しよう。栃木県周辺の経済構造を市町村別に
比較した地図が次々頁図5である。付加価値額を基にした製造業の特化係数[11]
の分布を示す図5-aをみると，栃木県内では大田原市で最も高い数値を示し
ていることがわかる。特化係数は相対化された値であるため，宇都宮市のよう
に製造業以外の産業も活発な場所では特化係数は突出して高くはならない。
そこで，製造業の競争力の源泉にあたる特許の分布を示す図5-bもみておく。
この図からは，大田原市のほか，宇都宮市や小山市でも高い水準にあること

---

(10)　政府は，2014年11月28日に「まち・ひと・しごと創生法」を制定し，全国版の「人
　　口ビジョン」および「創生総合戦略」を策定するとともに，地方公共団体にも「地方版人
　　口ビジョン」および「地方版創生総合戦略」を策定することを義務づけた。
(11)　特化係数とは，標準化の手法の1つである。ここでは，市町村ごとに産業全体の付
　　加価値額に占める製造業の比率を，全国の比率で除した数値である。

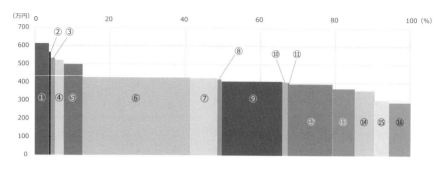

産業大分類名	雇用者シェア（%）	一人当たり雇用者報酬（万円）
①学術研究，専門・技術サービス業	3.8	618.20
②電気・ガス・熱供給・水道業	0.4	569.94
③情報通信業	1.1	536.63
④金融業，保険業	2.2	526.21
⑤教育，学習支援業	5.0	503.63
⑥製造業	28.6	432.52
⑦建設業	7.0	429.10
⑧複合サービス事業	1.1	422.77
⑨卸売業，小売業	16.2	411.61
⑩不動産業，物品賃貸業	1.4	407.57
⑪鉱業，採石業，砂利採取業	0.1	404.61
⑫医療，福祉	12.6	396.29
⑬運輸業，郵便業	5.8	370.84
⑭サービス業(他に分類されないもの)	5.2	359.61
⑮生活関連サービス業，娯楽業	3.8	307.47
⑯宿泊業，飲食サービス業	5.7	294.54

図4　栃木県における産業別雇用者シェアと1人あたり現金給与額（2015年）
出所：RESASにより作成。

がわかる。

　さらに，研究開発機能についてみてみよう。「特許分布図」を用いて，2020年における宇都宮市，栃木県，全国それぞれの特許件数を業種別の割合として示したものが次々頁図6である。全国的な傾向に比べ，栃木県と宇都宮市の特許はともに「生活必需品」の分野に極めて高い集中をみせていることがわ

 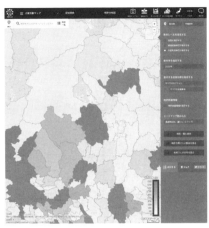

a) 製造業の特化係数（付加価値額, 2016年）　　　　b) 特許件数（2020年）

図5　栃木県周辺における市町村別経済活動
出所：RESASにより作成。

かる。「生活必需品」分野をさらに細かくみると，栃木県は「健康・人命救助・娯楽」の分野に特許が集中しており，他方で宇都宮市は「食料品・たばこ」の分野に集中している（次々頁図7）。「特許分布図」では任意の自治体における特許の一覧も簡単に閲覧できる。「食料品・たばこ」分野に該当する宇都宮市内の特許件数は2020年, 232件であった。このうち196件の特許を特定の1社が有している。　この点は，宇都宮市内に「食料品・たばこ」分野で強い競争力を有する企業が存在することを示している一方で，宇都宮市内に当該分野の開発能力のある企業が限定されることも意味している。他方，栃木県の特許一覧からは，県内で「健康・人命救助・娯楽」分野の特許が医療関連に集中していることがわかる。医療関連産業は現在，国でも栃木県でも宇都宮市でも優先的な振興が図られており，重要な産業に位置づけられる。ただし，栃木県全体で医療関連産業の競争力が高まっているとは一概にいえない。宇都宮市の状況と同じく，県内の医療関連の特許も特定の企業に集中しているためである。

　いずれにせよ，栃木県でも宇都宮市でも産業の競争力の源泉である特許は

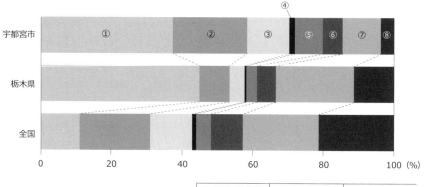

	宇都宮市（%）	栃木県（%）	全国（%）
①生活必需品	37.4	44.9	11.0
②処理操作；運輸	21.0	8.6	20.0
③化学；冶金	12.0	4.3	11.9
④繊維；紙	1.6	0.5	1.1
⑤固定構造物	7.9	3.1	4.3
⑥機械工学；照明；加熱；武器；爆破	5.5	5.3	9.0
⑦物理学	10.9	22.0	21.5
⑧電気	3.8	11.4	21.3

図6　技術分野別特許分布図（2020年）
出所：RESASにより作成。

　特定の企業に集中している。地域経済政策としては，こうした競争力のある企業をいかに増やしていくのか，イノベーションや地域産業連関に関連づけて産業振興を図ることが必要だといえる。

V　GISリテラシーの必要性

　最後に，地理情報と地域経済政策の今後の展開を支えるためのGISリテラシーの必要性についてまとめておきたい。

　LBSの拡大や関連する技術の向上など，近年のGISの発展は著しい。また，WebGISが浸透する中，専門的知識のない人でも主題図の作成が簡単にできるようになった。さらに，2022年度に高等学校で「地理総合」が必修化さ

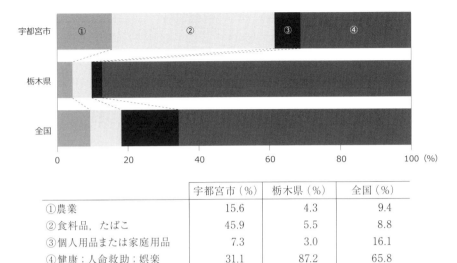

	宇都宮市（%）	栃木県（%）	全国（%）
①農業	15.6	4.3	9.4
②食料品，たばこ	45.9	5.5	8.8
③個人用品または家庭用品	7.3	3.0	16.1
④健康；人命救助；娯楽	31.1	87.2	65.8

図7　生活必需分野における特許分布図（2020 年）

出所：RESAS により作成。

れ，GIS に関する教育機会が拡大していくと目される。だれもが GIS に触れる時代も近い。こうした中，GIS に関連する種々の基礎知識，すなわち GIS リテラシーがますます重要になっている。[12]

羽田（2021：Kindle の位置 No.209-213）は，「インターネット上のウェブサービスを利用して，誰でも主題図が手軽に作製できるようにもなりました。このことは地図の認知度を高める上で大変喜ばしいことですが，中には作り手が不適切な地図を提供することもあります。一方で，利用者はそれが不適切であることに気づくことができません。普通，利用者は地図が間違っているとは思いませんので，不適切な地図であっても，それを正しいものとして受け取ります」と述べる。主題図の作り手と読み手の双方で，GIS リテラシーの向上が求めら

(12)　「地理的情報を使う知識やスキル，地図や表などを作成し解釈する能力」（Oxford English Dictionary 2021）を意味するグラフィカシー（graphicacy）という言葉が存在するが，志村（2006）は地理教育だけでなく理科教育でもグラフィカシーが用いられていることを紹介しており，ここでは，GIS に関連する基礎知識に限定すべく，GIS リテラシーと表現する。

116

れている。

　主題図の作成において，注意を要するものの1つに，地図の表現方法がある。図2-aは，市町別の人口を記号の面積で示しているため，各市町の広さは関係なく，適切に比較できる。各市町を塗り分ける図（コロプレス図という）で表現したいならば，図2-bのように各市町の広さが影響しない指標を用いる必要がある。また，コロプレス図作成の際には，投影座標系（projected coordinates）にも気をつけなければならない。投影座標系は，3次元空間である地表面を，2次元空間の地図に変換する図法のことである。両者は次元が異なるため，100％の情報を維持したまま地図化することができない。面積，距離，方位，方角のうちどれを正確に示すべきか，数多くの投影座標系のうちから，作図者が適切な図法を選択できなければならない。(13) 先ほどのコロプレス図であれば，正積図法を用いて地図化することが求められる。なお，地図で示したい範囲がある程度狭ければ，誤差の小さい，限りなく正確な地図を作成することも可能となる。

　多少専門的な話になるが，たとえ位置情報として緯度経度が与えられているGISデータを利用したとしても，測地系（Geodetic Datum）を正しく理解していないと，誤った主題図を作成してしまうこともある。ここでは測地系の概念を説明する紙面がないため，先に示したGISの参考図書を参照していただきたい。

　本稿で議論してきた点を踏まえ，GISリテラシーを高めるために求められる視点を整理する。そもそも地域経済に関する分析はGIS上で完結することは稀であり，基本的な表計算ソフトの操作が大前提となる。その上でのGISリテラシーということになろうが，基本的なGISの操作に，そこまで多くの知識，技能は求められない。ただし，自ら地理情報を収集したり主題図を作成するようになれば，測地系や投影座標系など地理学の専門的知識が必要となってくる。また大規模なデータベースを運用したり効率的な分析を遂行したりするならば，ITに関する知識が必要となってくる。なお，ArcGISやQGISではプログラミング言語「Python」が使用できるため，IT能力に磨きをかければ高度にGISを使いこなせるだろう。

---

(13)　典型的な失敗例は羽田（2021）に紹介されている。

Ⅵ　おわりに

　以上，地理情報とオープンデータの最近の状況，また地理情報を活用した地域経済政策の可能性について紹介してきた。GISは，位置情報によって一枚の地図に集約化された様々な地理情報を総合的に管理，加工したり，また視覚的に表示したり，さらには高度な分析や迅速な判断を行えるものである。GISの有する機能，特に高度な地域分析や政策形成の判断支援はこれから先も重要な役割を果たしていくだろう。そのような中，できるだけ多くの人がGISに関する基礎的な知識および技能，すなわちGISリテラシーを有するかどうかが，地域経済政策を成功させる鍵となる。

　情報の高度化により現代社会の環境はめまぐるしく変化している。地域経済政策が今後も発展していくためには，地域や位置など地理情報に関連する様々な事象を，経験や勘，思い込みによってではなく，客観的な情報や知識によって判断していくことが肝要となる。すなわち，"Evidence Based Policy Making" を目指すことが大切である。そのため，これからの地域経済政策には地理情報を活用する必要があり，その基盤としてGISリテラシーが必要である。

（丹羽　孝仁）

〈参考文献〉
浅見泰司・矢野圭司・貞広幸雄・湯田ミノリ編 (2015)『地理情報科学——GISスタンダード』古今書院。
天野貴文・吉川眞 (2012)「レーザ計測による地理空間データを用いたディジタルシティの構築」『GIS——理論と応用』（地理情報システム学会），第20巻第2号，pp.23-33。
今木洋大・岡安利治 (2015)『QGIS入門』古今書院。
植村哲士・丸田哲也 (2010)「フリーオープンソースGISソフトウェア（FOSS4G）の地方自治体への導入可能性と課題」『NRIパブリックマネジメントレビュー』（野村総合研究所），2010年3月号，pp.7-14。
河端瑞貴 (2014)「経済学におけるGIS活用の現状と課題」『GIS——理論と応用』（地理情報システム学会），第22巻第1号，pp.47-52。
河端瑞貴 (2018a)『経済・政策分析のためのGIS入門1：基礎』古今書院。
河端瑞貴 (2018b)『経済・政策分析のためのGIS入門2：空間統計ツールと応用』古今書院。
金徳謙 (2020)『これで使えるQGIS入門：地図データの入手から編集・印刷まで』ナカニ

シヤ出版。

キルデイ, B. 著，大熊希美訳 (2018)『NEVER LOST AGAIN——グーグルマップ誕生』TAC 株式会社出版事業部。

経済産業省 (2021)「プライバシーガバナンス」(https://www.meti.go.jp/policy/it_policy/privacy/privacy.html) 2021 年 9 月 30 日最終アクセス。

高度情報通信ネットワーク社会推進戦略本部・官民データ活用推進戦略会議 (2021 年 6 月 15 日)「オープンデータ基本指針」(https://cio.go.jp/sites/default/files/uploads/documents/data_shishin.pdf) 2021 年 9 月 30 日最終アクセス。

国土地理院 (2015 年 10 月 19 日)「栃木県との地理空間情報活用促進のための協力に関する協定を締結」(http://www.gsi.go.jp/chizujoho/chizujoho60001.html) 2021 年 9 月 30 日最終アクセス。

自治体オープンデータ (2021)「オープンデータとは?——このサイトの目的」(https://www.open-governmentdata.org/about/) 2021 年 9 月 30 日最終アクセス。

志村喬 (2006)「英国地理教育におけるグラフィカシー概念の書誌学的検討」『地図』(日本地図学会)，第 44 巻第 2 号, pp.1-12。

杉浦芳夫編 (2003)『地理空間分析』朝倉書店。

関本義秀・瀬戸寿一 (2013)「地理空間情報におけるオープンデータの動向」『情報処理』(情報処理学会)，第 54 巻第 12 号, pp.1221-1225。

谷謙二 (2018a)『フリー GIS ソフト MANDARA10 パーフェクトマスター』古今書院。

谷謙二 (2018b)『フリー GIS ソフト MANDARA10 入門——かんたん!オリジナル地図を作ろう』古今書院。

内閣官房 IT 総合戦略室 (2021 年 7 月 14 日)「地方公共団体におけるオープンデータの取組状況」(https://cio.go.jp/sites/default/files/uploads/documents/opendata_lg_rate_20210714.pptx) 2021 年 9 月 30 日最終アクセス。

内閣官房まち・ひと・しごと創生本部 (2015)「RESAS (地域経済分析システム) とは」(https://www.kantei.go.jp/jp/singi/sousei/resas/pdf/outline.pdf) 2016 年 8 月 31 日最終アクセス。

内閣府地方創生推進室ビッグデータチーム (2021)「V-RESAS」(https://v-resas.go.jp) 2021 年 9 月 30 日最終アクセス。

中島円 (2021)『その問題、デジタル地図が解決します——はじめての GIS』ベレ出版。

日本経済新聞 (2013 年 9 月 21 日)「『スイカ』履歴の外販再開, JR 東，当面は見送り。」(朝刊)。

丹羽孝仁 (2016)「地域経済分析システム (RESAS) の活用と政策形成」『市政研究うつのみや』(うつのみや市政研究センター)，第 12 号, pp.69-78。

橋本雄一編 (2019)『GIS と地理空間情報——ArcGIS 10.7 と ArcGIS Pro2.3 の活用』5 訂版，古今書院。

橋本雄一編 (2015)『QGIS の基本と防災活用』古今書院。

羽田康祐 (2021)『地図リテラシー入門——地図の正しい読み方・描き方がわかる』Kindle 版，ベレ出版。

松岡慧祐 (2016)『グーグルマップの社会学——ググられる地図の正体』光文社。

村山祐司・柴崎亮介 (2008)『GIS の理論』朝倉書店。

矢野桂司 (2021)『GIS : 地理情報システム』創元社。

山下淳子・木村沙智・川村日成 (2019)「3 次元点群データを活用したインフラ構造物の維持管理」『精密工学会誌』(精密工学会)，第 85 巻第 3 号, pp.228-231。

若林芳樹 (2018)『地図の進化論 : 地理空間情報と人間の未来』創元社。

esri ジャパン (2010 年 1 月 1 日)「人口減少社会が新潟市へ与える影響とアセットマネジメント」(http://www.esrij.com/industries/case-studies/48962/) 2021 年 9 月 30 日最終アクセス。

esri ジャパン (2015 年 6 月 17 日)「GIS を用いた行政情報の『見える化』」(http://www.esrij.com/industries/case-studies/69556/) 2021 年 9 月 30 日最終アクセス。

Oxford English Dictionary (2021)‘Graphicacy’(https://www.oed.com/view/Entry/243220) 2021 年 10 月 7 日最終アクセス。

第7章　公共政策と地域経済政策*
―法的枠組みを中心として―

Ⅰ　はじめに

　地域経済政策の展開には市民の共同と連帯を欠かすことはできない。ところ
で，地域経済政策をその政策作成主体から見たときには，いわゆる公共政策
となる。本章においては，このような公共政策に関して，基本法・推進法など
その法的枠組みを中心として説明し，併せて予算に関しても言及する。

Ⅱ　「公共政策」の定義

　ところで，「公共政策」という言葉は，しばしば一般に用いられており，そ
の内容も確定しているように思われるが，実際には現在までのところ，実定法
令においては「公共政策」という用例は見当たらない。したがって，「公共政
策」の定義も見当たらない。
　「公共政策」に類似する用語としては，以下のような例が見られる。

1　「国及び地方公共団体の政策」
　国と地方の協議の場に関する法律（平成23年法律第38号）においては，「国
及び地方公共団体の政策」という言葉が使われている（同法第1条）。
　ここに言われる「国及び地方公共団体の政策」をさらに言い換えれば，「国
の政策及び地方公共団体の政策」となる。

---

* 本章は帝京大学地域経済学科山川充夫編（2017）『地域経済政策学入門』八朔社「第5
　章　公共政策と地域経済政策」を再掲載したものである。

　要するに，公共政策とは，その策定主体から見ると，「国の政策」と「地方公共団体の政策」の総称と整理して良いであろう[(1)]。

2　「政策」の定義

　そうすると，さらに問題となるのは，「政策」という言葉の意味となる。

　「政策」という言葉に関しては，実定法上においては，行政機関が行う政策の評価に関する法律（平成 13 年法律第 86 号。以下「政策評価法」という。）において，以下のような定義が置かれている。

　　　　「この法律において「政策」とは，行政機関が，その任務又は所掌事務の範囲内において，一定の行政目的を実現するために企画及び立案をする行政上の一連の行為についての方針，方策その他これらに類するものをいう。」（同法第 2 条第 2 項）

　この定義においては，もちろん「この法律において」という限定が付されており，「政策」の定義も，同法の範囲内に限定されて用いられているが，同法は，内閣の統轄の下における国の行政組織が行う政策の評価に関する基本[(2)]的事項を定めるものであるから，同法における「政策」の定義も，国の行政活動全般に通ずる定義であると言える。

　ただ，この定義においては，政策とは，行政機関が，一定の行政目的を実現するために企画及び立案をする行政上の一連の行為についての「方針，方策その他これらに類するもの」とされており，その範囲は必ずしも明確ではない。これらの言葉の意味の違いをあえて言えば，「方針」は基本的な方向，「方策」は施策や手段と言い換えることができるし，「これらに類するもの」の例としては対策を挙げることができよう。しかし，これらの言葉の相違は，多分に相対的なものである。

---

(1)　ただし，実際には，国の政策と地方公共団体の政策とは，相互に密接に関連していることが多い。ここでは，政策の策定主体という観点から，「国の政策」と「地方公共団体の政策」を対置させている。

(2)　政策評価法においては，政策評価を実施する「行政機関」として，内閣府，内閣府の外局たる委員会及び庁，各省などが定められている（同法第 2 条第 1 項）。

122

　なお，講学上又は行政実務上においては，政策（広義）を，政策（狭義），施策，事務事業の３段階に区分して考えることが多いが，政策評価法の定義における「政策」は，政策（広義）であり，さらに，「方針」は政策（狭義）に，「方策」は施策にそれぞれ相当し，「これらに類するもの」には事務事業も含まれていると整理することも可能であろう。[3]

　同法における「政策」の定義がこのような広範な文言になっているのは，同法による政策評価の対象となる個々の政策は，各行政機関が基本計画において定めることとされているので（同法第6条），「政策」の定義としては，「方針」，「方策」に「その他これらに類するもの」を加えた包括的な文言としておいて，政策の評価の具体的な運用は，各行政機関に委ねようとする趣旨であろう。

　しかし，考え方としては，この定義に示されているように，政策という概念の要点は，行政活動についての方針・方策のことであると言えよう。すなわち，先ず政策として行政活動についての方針・方策があり，次にそれを具体化する行政活動がある，という位置付けになるのであろう。

3　実定法上の「公共政策」の定義

　したがって，現在における実定法上の概念としては，「公共政策」とは，おおむね「国又は地方公共団体の活動についての方針・方策」のことであると整理して良いと思われる。

Ⅲ　公共政策の形式と規律

1　公共政策を定める形式

　公共政策を定める形式としては，国においては，法律，予算，閣議決定，[4]

---

(3)　「（中略）政策評価法は，我が国で初めて，「政策」を定義している。（中略）ここでは，「政策（狭義）」，「施策」，「事務事業」のすべてが包含されている。」（宇賀克也『政策評価の法制度』有斐閣，2002年，p.18.）。

(4)　合議体である内閣の意思決定の方式。平成25年度以降においては，毎年6月に「経済財政運営と改革の基本方針」が閣議決定されており，これが現在のところ国の政策全体の基本方針となっている。「経済財政運営と改革の基本方針」は，一般に「骨太の方針」などと呼ばれている。

各府省の決定などがある。地方公共団体においては，条例，予算，長の決定
による基本計画[(5)]などとなる。

　これらのうち，法律に関しては，最近においては，個別の政策自体を定める
ことを目的とする法律として，「基本法」や「推進法」という名称の法律が急
増しているので，Ⅳ及びⅤにおいて説明する。

2　公共政策に対する規律

　ところで，現在の多数の公共政策を横断的に規律しようとする取組みとして
は，Ⅰの2において引用した政策評価法による政策の評価の取り組みがある。
　また，Ⅳ及びⅤにおいて述べるように，基本法や推進法が多数制定されて
いる現在の状況においては，これらを横断的に規律する「公共政策基本法[(6)]」
が必要とされても良いのかもしれない。いわば各個別基本法の上位にある基
本法が公共政策基本法となる。公共政策基本法においては，各個別の公共政
策に共通の理念，目標，政策策定手続などを定めることが考えられよう。その
ような基本法は，本来は憲法の役割となるが，憲法は，人権や統治機構を定
めているものの，公共政策の策定という観点からは構成されていない[(7)]。
　現在においては，公共政策基本法を制定するなどして，各公共政策を横断
的に捉えて，それぞれに共通する理念や手続きを定めることも意味のあること
と思われる。もっとも，これは公共政策全般にかかわる事柄でもあり，実現に
は難しいところがあることも想像に難くない。

---

(5)　各地方自治体においては，長の決定により，基本計画が策定される例が多い。ただ，
　条例により基本条例も制定されることもあるので，その場合には，基本計画と基本条例
　との整合性を考慮する必要が生じる。
(6)　公共サービス基本法（平成21年法律第40号）においては，「公共サービスに関する
　施策」という言葉を用いて，公共政策全般を横断的に規律しようとする試みを行おうとし
　たと見られているが，最終的に成立した同法においては，基本的施策として，国民の意
　見の反映等（第9条）など当たり障りのない規定が置かれているのみとなっていて，公
　共政策全般を規律する基本法としての体裁は整えられていない。
(7)　日本国憲法第25条第2項「国は，すべての生活部面について，社会福祉，社会保障
　及び公衆衛生の向上及び増進に努めなければならない。」という規定は，公共政策を定
　める規定であると言えるが，同様の規定は，現在の日本国憲法においては見当たらない。

124

Ⅳ　公共政策を定める法律——基本法

1　基本法と政策

　現在においては，主要な個別問題ごとに各個別の基本法[8]が制定され，これによりそれぞれの分野ごとに，基本理念，国等の責務，計画の策定，基本的施策などが規定されている。

　前述したように，実定法上の概念としては，「公共政策」とは，おおむね「国又は地方公共団体の活動についての方針・方策」のことであると整理して良いと思われるが，基本法は，このような「公共政策」を定めるものと言える。

　また，基本法において定められる内容は，行政活動についての理念，目標，基本的な方向，基本的な施策などに関する事項が中心となっており[9]，具体的な政策実現手段は，別途，各個別実体法において規定されることが予定されていることがその特色となっている。

　さらに，法律を誠実に執行することは，内閣の事務とされていることから（憲法第73条第1号），法律に定められた公共政策を実行することは政府の責務になるので，基本法は，基本法を制定した国会から政府に対する「指示書」という性質を持っていると言えよう[10]。

2　基本法と法律

　ところで，このような行政活動についての理念，目標，基本的な方向，基本的な施策などを定める基本法に関しては，旧来の法律に関する考え方からは，若干の批判が見られた。

　すなわち，伝統的な考え方においては，法律とは，国民の権利を制限したり，

---

(8)　基本法に関する考察として，塩野宏（2008）「基本法について」『日本学士院紀要』第63巻第1号，pp.1-33.
(9)　なお，災害対策基本法（昭和36年法律第223号）は，災害時の具体的な対策まで定めており，基本法の規定例としては，例外となっている。
(10)　これらの点は，Ⅴに述べる推進法においても同様である。

国民に義務を課すことをその内容とするものであり，単に理念や目標などを定め
るだけであれば，法律としてふさわしくないのではないか，という批判が見られた。

　しかし，このような批判に対しては，法律により，行政活動についての理念，
目標，基本的な方向，基本的な施策などを定めることは，行政の活動に変化
を促す効果があるので，これらの事項のみを法律（基本法）として定めることも
全く問題がないとされるに至っている。

　実際，本稿執筆時点の 2022 年 1 月 1 日現在においては，章末「表 1　基
本法一覧」に掲げるように，52 本の基本法という名称が付された法律が存在
している状況にある。後述するように，すべての公共政策に関して基本法が
定められているわけではないが，この基本法一覧により，現在における公共

---

(11)　これらの事項を特に「法律事項」と呼ぶことがある。

(12)　基本法についての政府答弁としては，以下の答弁がある。

　○国務大臣（宮澤喜一君）「一般に法律というものが，狭い意味では，権利義務を規定す
　　る，そうして中に強制規定があって，罰則を伴うといったようなのが昔の法律の狭い観
　　念であったと思いますけれども，このような基本法になりますと，ものの考え方を述べて
　　いるというのがその趣旨であると思うのであります。ですから，昔の権利義務の法律の
　　観念でいきますと，これには何も書いてないじゃないかというような批評が起こりやすい
　　のでございます。実際はそうではなくて，ものの考え方を法律で書いていただきますと，
　　それによって行政の姿勢も拘束されますし，それから現存する法律あるいは法令と申し
　　ますか，法令がこれによって再検討されなければならない，そういうことになってまいり
　　ますので，実は罰則を伴った一つ一つの強制規定を置くよりは，もっと広い範囲で，意
　　識の変化を導き出す，そうならざるを得ないのでありますし，実際また，行政というもの
　　がそういうものとして非常に高く評価をいたしますし，おそらく今後具体的な行政の姿勢
　　の変化，あるいはその基本になる法令の変化になってあらわれてくる，こういう見方をい
　　たしております。」（第 58 回国会参議院物価等対策特別委員会会議録第 10 号　昭和 43
　　年 5 月 8 日　p.12. 消費者保護基本法案（現在は，消費者基本法）に対する質疑）。

(13)　現行の基本法の一覧は，インターネットにより，政府の e-Gov 法令検索→法令名の
　　検索用語「基本法」により，簡単に調べることができる。

(14)　基本法という名称は付されていないが，平成 26 年に，まち・ひと・しごと創生法（平成
　　26 年法律第 136 号）が制定されている。同法においては，「国民一人一人が夢や希望を持
　　ち，潤いのある豊かな生活を安心して営むことができる地域社会の形成，地域社会を担う
　　個性豊かで多様な人材の確保及び地域における魅力ある多様な就業の機会の創出を一体
　　的に推進すること（以下「まち・ひと・しごと創生」という。）が重要となっていることに鑑
　　み，まち・ひと・しごと創生について，基本理念，国等の責務，政府が講ずべきまち・ひ
　　と・しごと創生に関する施策を総合的かつ計画的に実施するための計画（以下「まち・ひと・
　　しごと創生総合戦略」という。）の作成等について定めるとともに，まち・ひと・しごと創生
　　本部を設置すること」（同法第 1 条）が規定されており，基本法に近い内容となっている。

126

政策の広汎な内容を窺い知ることができる。[15]

　基本法が多数制定されるに至った背景としては，国会における立法活動の活性化，各府省庁の予算獲得手段としての有用性などが挙げられよう。今後も多くの基本法が制定される傾向に変化はないと思われる。

3　基本法の成立傾向

　我が国において最初に制定された基本法は，昭和22年の第92回帝国議会において政府提出により成立した教育基本法（昭和22年法律第25号）である。ただし，同法は，平成18年に全部改正され，法律番号も新しくなって，教育基本法（平成18年法律第120号）となっている。[16]そのため，現在において最も古い基本法は，原子力基本法（昭和30年法律第186号）となっている。

　その後は，平成10年頃までに10本程度の基本法が成立している。

　しかし，基本法の制定が本格化するのは，平成10年以降であり，同年から現在までに41本の基本法が成立している。現在の基本法の数は52本なので，そのうち8割程度は，平成10年以降に成立した基本法である。

　また，基本法の特色として，いわゆる議員立法の割合が多いことも挙げられる。現在の基本法52本の内訳は，衆議院提出25本[17]（48%），参議院提出7本（13%），内閣提出20本（38%）となっており，いわゆる議員立法が32本（61%）となっている。

　これは，基本法の内容が，行政活動についての理念，目標，基本的な方向，

---

(15)　それぞれの基本法の守備範囲は，各基本法の第1条（目的）に規定されている。したがって，各基本法の第1条（目的）は，同時に各公共政策の対象範囲を定めていると言えよう。

(16)　昭和22年に成立した教育基本法は，大日本帝国憲法下において制定されたため，天皇の裁可を示す上諭が付されて官報で公布されていた。上諭は，法律の一部を構成するものではないが，法令集においては，上諭も掲載されているものも存在した。そのため，この上諭も教育基本法の一部を構成しているのではないか，という疑義も一部には存在していた。平成18年に教育基本法は全部改正され，法律番号も新しくなったので，上諭をめぐるこのような疑義も解消されている。

(17)　平成7年に成立した科学技術基本法（平成7年法律第130号）は，衆議院提出であったが，令和2年に内閣提出の科学技術基本法の一部を改正する法律（令和2年法律第63号）により，題名が科学技術・イノベーション基本法に改められているので，本統計においては，内閣提出に分類している。

基本的な施策などに関する事項が中心となっているので，国会の立法活動に馴染みやすいことも原因の一つになっているように思われる。そして，このような傾向は，次に述べる推進法においても同様である。

4　基本法の規定例

ところで，最近においては，各基本法の規定例は，かなり類型化されている傾向が見られる。

たとえば，標準的な例として平成 27 年に成立した都市農業振興基本法（平成 27 年法律第 14 号）を取り上げてみると，同法においては，「目的」（第 1 条），「基本理念」（第 3 条），「責務」（国・地方公共団体，第 4 条・第 5 条），「連携・協力」（第 7 条・第 21 条），「法制上の措置等[19]」（第 8 条），「基本計画等」（政府・地方公共団体，第 9 条・第 10 条），基本的施策（第 11 条～第 21 条）が規定されている[20]。

また，もう一例として令和 3 年に成立したデジタル社会形成基本法（令和 3 年法律第 35 号）においては，「目的」（第 1 条），「基本理念」（第 3 条～第 12 条），「責務」（国・地方公共団体・事業者，第 13 条～第 16 条），「法制上の措置等」（第 17 条），「基本方針」（第 20 条～第 35 条），「デジタル庁」（第 36 条），「重点計画」（第 37 条・第 38 条）が規定されている。

基本法の作成に当たっては，それぞれの個別問題ごとにそれぞれの内容に応じて[21]，このような事項を具体的に規定していくことになる。そして，これに

---

(18)　都市農業者には，「努力」が定められている（第 6 条）。

(19)　「法制上，財政上，税制上又は金融上の措置その他の措置」と規定されている。ここでは，前 4 者の措置は，「その他の措置」の例示に止められている。財政上の措置等は，各省庁の予算要求の根拠ともなるので，どのように規定するのかに関しては，慎重な検討が行われることが多い。

(20)　このほか，基本法においては，本部，会議，協議会，審議会などの名称を持つ政府組織の設置が規定されることが多い。なお，デジタル社会形成基本法（令和 3 年法律第 35 号）においては，第 36 条に「別に法律で定めるところにより，内閣に，デジタル庁を置く。」という規定が置かれ，この規定を受けて，デジタル庁設置法（令和 3 年法律第 36 号）も成立している。

(21)　たとえば，都市農業基本法においては，都市農業者には「責務」ではなく「努力」が定められている（前掲注 18）。

128

より公共政策の理念や目標が定められることとなる。

5　○○政策基本法という名称の基本法

基本法の中には，「政策」という名称が付された法律がある。

このような例としては，エネルギー政策基本法（平成14年法律第71号）と交通政策基本法（平成25年法律第92号）が見られる。

本来，基本法は，政策の理念や目標を定めるものなので，特に題名に「政策」という名称を冠する必要はないが，これらの2法律においては，特に政策を定めることを明確にしたのであろう。[22]

V　公共政策を定める法律——推進法

1　推進法と政策

最近においては，推進法という名称の法律によって公共政策を定める例も急増している。推進法に関しては，「○○○の推進に関する法律」という名称が用いられることも多いが，法律の性質に関しては差異はないので，以下の説明においては，推進法という名称で総称している。[23]

このような「推進法」は，基本法に比べてより個別具体的な事項を定める内容となっており，いわば小さな基本法ないし中2階の基本法と言って良い。[24][25]

II-2において述べたように，講学上又は行政実務上においては，「政策」

---

(22)　エネルギー政策基本法により政府に策定が義務付けられたエネルギー基本計画においては，原子力発電が明記されている。

(23)　なお，基本法に関しては，現在までのところ「○○○の基本に関する法律」という用例は存在せず，すべて「○○○基本法」という名称が用いられている。

(24)　なお，基本法相互間においても，大きな基本法と小さな基本法という関係が見られることがある。たとえば，循環型社会形成推進基本法（平成12年法律第110号）第1条は，「この法律は，環境基本法（平成5年法律第91号）の基本理念にのっとり，循環型社会の形成について，基本原則を定め，（後略）」と規定して，環境基本法との親子関係を定めている。

(25)　たとえば，環境基本法と地球温暖化対策の推進に関する法律（平成10年法律第117号）との関係がこれに当たる。なお，平成22年に内閣から提出された地球温暖化対策基本法は，成立に至らなかった。

を，政策（狭義），施策，事務事業の3段階に区分して考えることが多いが，推進法においては，「政策」のなかでも，より具体的な施策が定められる傾向があるように見受けられる。このような推進法の増大傾向の背景には，個別具体的な事項に関する政策を求める政治的な要求の増大などがあるのかもしれない。

　なお，法律案の作成段階における「推進法」と「基本法」の区分の基準は，必ずしも明確ではないように見受けられるが，所管省庁が単独か複数なのか，予定されている個別実体法の有無及び数などが勘案されて決められているのであろう。

　章末「表2　推進法一覧」には，2022年1月1日現在において，「推進法」又は「○○○の推進に関する法律」という名称を持つ法律を掲げている。なお，「推進基本法」という名称の法律が6件あるが[26]，これらの法律は，基本法に分類している。このように推進基本法という名称の法律が存在することも，推進法と基本法が同様の性質を持つことを示唆していると言えよう。

　このような分類により，表2　推進法一覧には，78本の法律を掲載している。

　推進法と法律との関係に関しても，基本法の場合と同様に，単に理念や目標などを定めるだけであれば，法律としてふさわしくないのではないか，という批判はあり得るが，法律の性質に関する問題は，既に基本法と法律との関係において決着済みとなっていると言える。

2　推進法の成立傾向

　推進法も，基本法と同様に平成10年頃から急増している。表2　推進法一覧に掲げる78本の法律のうち，平成10年以降に成立した推進法は，68本となっている。

　また，これも基本法と同様に，推進法の特色として，議員立法の割合が多いことが挙げられる。表2　推進法一覧に掲げる78本の法律の内訳は，衆議院提出37本（47%），参議院提出15本（19%），内閣提出26本（33%）となっており，いわゆる議員立法が52本（66%）となっている。特に，平成12年

---

(26)　表1　基本法一覧の 2,5,17,23,27,37。

130

以降は，議員立法による推進法が急増している。

推進法は，基本法に比べてより個別具体的な事項を規定する場合が多いので，国民の要望に即した立法活動が行われていると見て良いであろう。

3 推進法の規定例

推進法が基本法に比べてより個別具体的な事項を規定する場合が多いことから，推進法の規定例も，基本法に比べてかなり変化に富んでいると言える。しかし，それでも，推進法の規定例も，類型化されている傾向があると言える。

例えば，平成7年に成立した地方分権推進法（平成7年法律第96号[27]）においては，「目的」(第1条)，「基本理念」(第2条)，「責務」(国・地方公共団体，第3条)，「基本方針」(第4条～第7条)，「計画」(地方分権推進計画，第8条)，「委員会」(地方分権推進員会，第9条～第17条)が定められており，概ね基本法の規定例と同様となっている。

また，日本語教育の推進に関する法律（令和元年法律第48号）においては，「目的」(第1条)，基本理念(第3条)，責務(国・地方公共団体・事業者，第4条～第6条)，法制上の措置等(第8条)，基本方針等(第10条・第11条)，基本的施策(第12条～第26条)などが規定されている。

推進法の作成に当たっては，基本法の場合と同様に，それぞれの個別問題ごとにそれぞれの内容に応じて[28]，このような事項を具体的に規定していくことになる。そして，これにより，国又は地方公共団体の活動についての方針や方策が定められることとなる。

VI 公共政策を定める法律——個別実体法

1 基本法・推進法と個別実体法

ところで，基本法や推進法は，国や地方公共団体の活動についての方針や

---

(27) 地方分権推進法は，5年間の有効期限の時限立法として成立したので，現在では失効している。
(28) たとえば，事業者の責務は，地方分権推進法には規定されていないが，日本語教育の推進に関する法律には規定されている。

方策を定めるものであって，そのような方針・方策を実現するための具体的な手段[29]まで定める内容とはなっていない[30]。基本法や推進法に定める方針・方策を実現するための具体的な手段は，別途，個別の法律を制定して定めることが予定されている。このような政策実現の具体的な手段を定める個別の法律は，基本法・推進法との関係においては，個別実体法など[31]と呼ばれることがある。

　実際に，基本法や推進法の制定に伴って，同時に又はある程度の時間をおいて，個別実体法が整備されることが通例となっている。

　たとえば，地方分権推進法の趣旨に沿って，地方分権の推進を図るための関係法律の整備等に関する法律（平成 11 年法律第 87 号）が制定され，475 本の法律が一括改正されて，機関委任事務の廃止など多くの改革が行われた。

　また，デジタル社会形成基本法の制定に伴って，デジタル庁設置法（令和 3 年法律第 36 号），デジタル社会の形成を図るための関係法律の整備に関する法律（令和 3 年法律第 37 号）などが制定されている。

　ただし，基本法や推進法の制定が，必ず個別実体法の制定を伴うわけではなく，個別実体法が制定されない場合もある。例えば，前述した都市農業基本法や日本語教育の推進に関する法律の場合には，個別実体法の制定は見られないようである。

　個別実体法が制定されない場合は，基本法よりも推進法において多く見られるようである。個別実体法が制定されない場合には，基本法や推進法に規定された基本理念や基本方針などに従って，予算措置など法律以外の手段によって政策の実現が図られることが期待されることになる。

2　公共政策と個別実体法

　なお，実際においては，言うまでもなくすべての公共政策に関して，基本法

---

(29)　国民の権利を制限したり，国民に義務を課すような規制的手段，補助金等の助成的手段，税の減免などの税制上の手段など各種の手段があるが，これらの手段を実現することは，「法律事項」として，法律の規定が必要となる場合が多い。「法律事項」に関しては，前掲注（11）。

(30)　例外として災害対策基本法に関しては，前掲注（9）。

(31)　呼び方は必ずしも統一されておらず，個別法，個別具体法などと呼ばれることも多い。

や推進法が制定されているわけではなく，基本法や推進法を前提としないで，個別の法律が制定される例も多数見られる。[32]

本稿においては，公共政策に関する法的枠組みとして，最近においては，基本法や推進法の制定を前提として，それらの下に個別実体法が制定されるという構成が採られる場合が増加していることに関して説明をしている。

Ⅶ　法律の進化

以上に概観したように，我が国においては，最近の立法傾向として，基本法又は推進法が急増し，かつ，基本法・推進法−個別実体法という二層制の構造，あるいは基本法—推進法—個別実体法という三層制の構造により，政策の理念・目標と政策実現手段とが定められる場合が多くなっている。

政府の e-Gov 法令検索の DB 登録法令数によれば，令和3年12月28日現在における法律の登録数は，2,069本となっているが，このうち，基本法が52本，推進法が78本あり，両者を合計すると現在の全法律数の約6.3パーセントを占めている。特に平成10年以降の成立件数は，基本法41本，推進法68本となっている。

したがって，基本法や推進法という法形式の登場と定着によって，我が国の法体系においては，基本法又は推進法という形態を基本とする分野が出現していることになる。学説においては，法令をその性質により「古典的法令」と「今日的法令」とに区別する見解も見られるが，[33]基本法及び推進法は，「今日的法令」の代表例と言えよう。

---

(32)　Ⅴにも述べるように，政府の e-Gov 法令検索の DB 登録法令数によれば，令和3年12月28日現在における法律の登録数は，2,069本となっている。これらの法律には，いろいろな性格のものが見られるので，必ずしも本文において述べたような基本法，推進法，個別実体法という分類には当てはまらないような法律も存在する。たとえば，古典の日に関する法律（平成24年法律第81号）は，11月1日を古典の日とし，古典の日には，国及び地方公共団体は，その趣旨にふさわしい行事が実施されるよう努めるものとすること等を規定している。このような場合には，法律において古典の日を定めること自体が政策となっていると見ることができよう。

(33)　宇佐美誠「政策としての法」『法の臨界［Ⅲ］——法実践への提言』東京大学出版会，1999年，p.146。

このような現象に関しては，特に近年における多数の議員立法により生じていることとも関連して，批判も見られる。⁽³⁴⁾

しかしながら，本稿執筆者としては，このような現象は，日本国憲法において採用された国民主権の原理に立脚する統治構造による結果であり，何ら問題とすることではないと考えている。嘗て穂積陳重博士が述べられていたように「法律は社会力であるから，法規は社会の変遷に伴ひ，時間の経過と共に必ず其形態を変ずべきものである。⁽³⁵⁾」とするならば，このような現象は，法律の進化の一局面であると見ることが出来るように思われる。

Ⅷ　予　算

ほとんどすべての公共政策の実現には，資金の支出を必要とする。財政面の裏付けの無い公共政策は，いわば絵に描いた餅に等しいと言える。国庫金の支出は，すべて予算に基づいて行われるので（日本国憲法第85条），公共政策に対する財政面からの規律は，予算により定められる。

公共政策においては，予算と法律とは，公共政策を実現するための二つの大きな手段として位置づけられている。

1　予算の特徴

国家の活動に必要な経費は，すべて国の予算に計上される。⁽³⁶⁾したがって，予算書には，金額の観点から，すべての公共政策が網羅的に記載されることになる。ただし，予算は，毎会計年度ごとに作成され，国会の議決を経なければならないので，⁽³⁷⁾その効力は1年度限りとなる。

---

(34)　一例として，「基本法花盛りの功罪」（日本経済新聞　2021年7月11日（日））は，「どうでもよい法律が増えれば増えるほど順法意識が薄れ，本当に守られるべき法律までもがないがしろにされかねない。」と述べている。

(35)　穂積陳重『法律進化論　第一冊　原形論　前篇』岩波書店，大正13年（1924年），p.3.

(36)　悉皆性（すべてが網羅されること）とも言われる。

(37)　予算単年度主義（憲法第86条）。なお，我が国の会計年度は，明治19年度から現在のようにその年の4月1日から翌年の3月31日までとされている。

2 予算と法律との関係

予算と法律との関係に関しては，理論的な問題がある。

我が国においては，予算と法律とは別個の形式とする予算理論[38]が採用されている。このような予算理論の下においては，予算と法律とは「国政運営上の二大規範」であり，「別系統の規範[40]」と位置づけられる。

そのため，法律に根拠を有しない予算補助という形態も可能となり，現実には広範に行われている。

3 法律補助と予算補助

公共政策に対する補助金・負担金の支出が，法律の規定に基づく場合は法律補助，法律の規定に基づかない場合は予算補助と整理されるのが通例となっている。

法律補助の場合も予算補助の場合も，成立した予算に計上されていれば，支出の効果に差異はない。

ただ，予算の作成過程において，ある経費を予算に計上するのかどうかを決定する際に，法律補助であれば予算への計上が義務となるのに対して，予算補助であれば年度ごとに予算計上の有無及び予算額が決定されることになる。もっとも，予算補助であっても，行政の継続性を確保するという観点から，前年度と同様の経費が予算に計上されることが多い。

しかし，予算制度としては，予算の効力は1年度限りであり，予算補助を毎年度継続するためには，毎年度，所管省庁と財政当局との折衝が必要となるので，所管省庁にとっては，法律補助が望ましい形態と言える。

そして，補助率等を定める明確な補助規定がなくても，基本法や推進法に政策の基本理念や基本的方向が規定されていれば，政策の根拠が法律にあることになるので，予算補助を獲得するための財政当局との折衝においても，

(38) 予算と法律とを別個の形式とする構成を特に「予算理論」と呼ぶこと及び「予算理論」の経緯と問題に関しては，夜久仁『憲法と国家予算の理論』第一法規株式会社，2016年10月。
(39) 小村武『予算と財政法（四訂版）』新日本法規出版，2008年，p.165。
(40) 碓井光明「財政の民主的統制」『ジュリスト』1089号，1996年5月，pp.144-145。

有利に働くことが期待される。このようなことが，基本法や推進法が近年著しく増加している原因の一つになっていると見られる。⁽⁴¹⁾

（夜久　仁）

表 1　基本法一覧　2022 年 1 月 1 日現在
（衆は衆議院提出，参は参議院提出，閣は内閣提出）

1. デジタル社会形成基本法（令和 3 年法律第 35 号）⁽⁴²⁾　　閣
2. 死因究明等推進基本法（令和元年法律第 33 号）　　参
3. 健康寿命の延伸等を図るための脳卒中，心臓病その他の循環器病に係る対策に関する基本法（平成 30 年法律第 105 号）　　参
4. ギャンブル等依存症対策基本法（平成 30 年法律第 74 号）　　衆
5. 官民データ活用推進基本法（平成 28 年法律第 103 号）　　衆
6. 都市農業振興基本法（平成 27 年法律第 14 号）　　参
7. 水循環基本法（平成 26 年法律第 16 号）　　参
8. 小規模企業振興基本法（平成 26 年法律第 94 号）　　閣
9. アレルギー疾患対策基本法（平成 26 年法律第 98 号）　　衆
10. サイバーセキュリティ基本法（平成 26 年法律第 104 号）　　衆
11. 交通政策基本法（平成 25 年法律第 92 号）　　閣
12. 強くしなやかな国民生活の実現を図るための防災・減災等に資する国土強靱化基本法（平成 25 年法律第 95 号）　　衆
13. アルコール健康障害対策基本法（平成 25 年法律第 109 号）　　衆
14. 東日本大震災復興基本法（平成 23 年法律第 76 号）　　衆
15. スポーツ基本法（平成 23 年法律第 78 号）　　衆
16. 公共サービス基本法（平成 21 年法律第 40 号）　　衆
17. バイオマス活用推進基本法（平成 21 年法律第 52 号）　　衆
18. 肝炎対策基本法（平成 21 年法律第 97 号）　　衆
19. 宇宙基本法（平成 20 年法律第 43 号）　　衆
20. 生物多様性基本法（平成 20 年法律第 58 号）　　衆
21. 国家公務員制度改革基本法（平成 20 年法律第 68 号）　　閣
22. 海洋基本法（平成 19 年法律第 33 号）　　衆
23. 地理空間情報活用推進基本法（平成 19 年法律第 63 号）　　衆

---

(41)　財政当局からも，予算補助の要求があった場合には，政策を裏付ける基本法や推進法などの法律の制定を求める傾向も見られるようである。
(42)　高度情報通信ネットワーク社会形成基本法（平成 12 年法律第 144 号）は廃止。

24. 住生活基本法（平成 18 年法律第 61 号）　　　　　　　　　　閣
25. 自殺対策基本法（平成 18 年法律第 85 号）　　　　　　　　　　参
26. がん対策基本法（平成 18 年法律第 98 号）　　　　　　　　　　衆
27. 観光立国推進基本法（平成 18 年法律第 117 号）　　　　　　　衆
28. 教育基本法（平成 18 年法律第 120 号）⁽⁴³⁾　　　　　　　　閣
29. 食育基本法（平成 17 年法律第 63 号）　　　　　　　　　　　　衆
30. 犯罪被害者等基本法（平成 16 年法律第 161 号）　　　　　　　衆
31. 食品安全基本法（平成 15 年法律第 48 号）　　　　　　　　　　閣
32. 少子化社会対策基本法（平成 15 年法律第 133 号）　　　　　　衆
33. エネルギー政策基本法（平成 14 年法律第 71 号）　　　　　　　衆
34. 知的財産基本法（平成 14 年法律第 122 号）　　　　　　　　　閣
35. 水産基本法（平成 13 年法律第 89 号）　　　　　　　　　　　　閣
36. 文化芸術基本法（平成 13 年法律第 148 号）⁽⁴⁴⁾　　　　　　衆
37. 循環型社会形成推進基本法（平成 12 年法律第 110 号）　　　　閣
38. ものづくり基盤技術振興基本法（平成 11 年法律第 2 号）　　　参
39. 男女共同参画社会基本法（平成 11 年法律第 78 号）　　　　　　閣
40. 食料・農業・農村基本法（平成 11 年法律第 106 号）⁽⁴⁵⁾　　閣
41. 中央省庁等改革基本法（平成 10 年法律第 103 号）　　　　　　閣
42. 高齢社会対策基本法（平成 7 年法律第 129 号）　　　　　　　　参
43. 科学技術・イノベーション基本法（平成 7 年法律第 130 号）⁽⁴⁶⁾　衆・閣
44. 環境基本法（平成 5 年法律第 91 号）⁽⁴⁷⁾　　　　　　　　　閣
45. 土地基本法（平成元年法律第 84 号）　　　　　　　　　　　　　閣
46. 障害者基本法（昭和 45 年法律第 84 号）⁽⁴⁸⁾　　　　　　　衆
47. 交通安全対策基本法（昭和 45 年法律第 110 号）　　　　　　　閣
48. 消費者基本法（昭和 43 年法律第 78 号）⁽⁴⁹⁾　　　　　　　衆
49. 森林・林業基本法（昭和 39 年法律第 161 号）⁽⁵⁰⁾　　　　　閣
50. 中小企業基本法（昭和 38 年法律第 154 号）　　　　　　　　　閣
51. 災害対策基本法（昭和 36 年法律第 223 号）　　　　　　　　　閣

（43）　教育基本法（昭和 22 年法律第 25 号）の全部改正。
（44）　文化芸術振興基本法を一部改正（平成 29 年法律第 73 号）。
（45）　農業基本法（昭和 36 年法律第 127 号）は廃止。
（46）　科学技術基本法（衆議院提出）を科学技術基本法等の一部を改正する法律（内閣
　　　　提出　令和 2 年法律第 63 号）により一部改正。
（47）　公害対策基本法（昭和 42 年法律第 132 号）は廃止。
（48）　心身障害者対策基本法を一部改正（平成 5 年法律第 94 号）。
（49）　消費者保護基本法を一部改正（平成 16 年法律第 70 号）。
（50）　林業基本法を一部改正（平成 13 年法律第 107 号）。

52.　原子力基本法 (昭和 30 年法律第 186 号)　　　　　　　　　　　　　衆

表 2　推進法一覧　2022 年 1 月 1 日現在
(衆は衆議院提出, 参は参議院提出, 閣は内閣提出)

1.　防災重点農業用ため池に係る防災工事等の推進に関する
　　特別措置法 (令和二年法律第五十六号)　　　　　　　　　　　　　　衆
2.　文化観光拠点施設を中核とした地域における文化観光の推進に関する
　　法律 (令和二年法律第十八号)　　　　　　　　　　　　　　　　　　閣
3.　地域人口の急減に対処するための特定地域づくり事業の推進に関する
　　法律 (令和元年法律第六十四号)　　　　　　　　　　　　　　　　　衆
4.　視覚障害者等の読書環境の整備の推進に関する法律
　　(令和元年法律第四十九号)　　　　　　　　　　　　　　　　　　　参
5.　日本語教育の推進に関する法律 (令和元年法律第四十八号)　　　　　衆
6.　学校教育の情報化の推進に関する法律 (令和元年法律第四十七号)　　衆
7.　自殺対策の総合的かつ効果的な実施に資するための調査研究及び
　　その成果の活用等の推進に関する法律 (令和元年法律第三十二号)　　参
8.　食品ロスの削減の推進に関する法律 (令和元年法律第十九号)　　　　衆
9.　アイヌの人々の誇りが尊重される社会を実現するための施策の推進に関する
　　法律 (平成三十一年法律第十六号)　　　　　　　　　　　　　　　　閣
10.　成育過程にある者及びその保護者並びに妊産婦に対し必要な成育医療等を
　　切れ目なく提供するための施策の総合的な推進に関する法律
　　(平成三十年法律第百四号)　　　　　　　　　　　　　　　　　　　衆
11.　ユニバーサル社会の実現に向けた諸施策の総合的かつ一体的な推進に
　　関する法律 (平成三十年法律第百号)　　　　　　　　　　　　　　　衆
12.　スポーツにおけるドーピングの防止活動の推進に関する法律 (平成三十年
　　法律第五十八号)　　　　　　　　　　　　　　　　　　　　　　　　衆
13.　国際文化交流の祭典の実施の推進に関する法律 (平成三十年法律第四十八号)
　　　　　　　　　　　　　　　　　　　　　　　　　　　　　　　　　参
14.　障害者による文化芸術活動の推進に関する法律 (平成三十年法律第四十七号)
　　　　　　　　　　　　　　　　　　　　　　　　　　　　　　　　　参
15.　政治分野における男女共同参画の推進に関する法律 (平成三十年法律
　　第二十八号)　　　　　　　　　　　　　　　　　　　　　　　　　　衆
16.　特定複合観光施設区域の整備の推進に関する法律 (平成二十八年法律
　　第百十五号)　　　　　　　　　　　　　　　　　　　　　　　　　　衆
17.　自転車活用推進法 (平成二十八年法律第百十三号)　　　　　　　　　衆

18. 無電柱化の推進に関する法律（平成二十八年法律第百十二号）　　　　衆
19. 建設工事従事者の安全及び健康の確保の推進に関する法律
　　（平成二十八年法律第百十一号）　　　　参
20. 部落差別の解消の推進に関する法律（平成二十八年法律第百九号）　　衆
21. 21 再犯の防止等の推進に関する法律（平成二十八年法律第百四号）　　衆
22. 本邦外出身者に対する不当な差別的言動の解消に向けた取組の推進に
　　関する法律（平成二十八年法律第六十八号）　　　　参
23. 戦没者の遺骨収集の推進に関する法律（平成二十八年法律第十二号）　衆
24. 労働者の職務に応じた待遇の確保等のための施策の推進に関する法律
　　（平成二十七年法律第六十九号）　　　　衆
25. 女性の職業生活における活躍の推進に関する法律（平成二十七年法律
　　第六十四号）　　　　閣
26. 空家等対策の推進に関する特別措置法（平成二十六年法律第百二十七号）　衆
27. 過労死等防止対策推進法（平成二十六年法律第百号）　　　　衆
28. 地域自然資産区域における自然環境の保全及び持続可能な利用の推進に
　　関する法律（平成二十六年法律第八十五号）　　　　衆
29. 健康・医療戦略推進法（平成二十六年法律第四十八号）　　　　衆
30. 雨水の利用の推進に関する法律（平成二十六年法律第十七号）　　　参
31. がん登録等の推進に関する法律（平成二十五年法律第百十一号）　　　参
32. 持続可能な社会保障制度の確立を図るための改革の推進に関する法律
　　（平成二十五年法律第百十二号）　　　　閣
33. 農地中間管理事業の推進に関する法律（平成二十五年法律第百一号）　閣
34. いじめ防止対策推進法（平成二十五年法律第七十一号）　　　　衆
35. 子どもの貧困対策の推進に関する法律（平成二十五年法律第六十四号）　衆
36. 障害を理由とする差別の解消の推進に関する法律（平成二十五年法律
　　第六十五号）　　　　閣
37. 再生医療を国民が迅速かつ安全に受けられるようにするための施策の
　　総合的な推進に関する法律（平成二十五年法律第十三号）　　　　衆
38. 移植に用いる造血幹細胞の適切な提供の推進に関する法律（平成二十四年
　　法律第九十号）　　　　参
39. カネミ油症患者に関する施策の総合的な推進に関する法律（平成二十四年
　　法律第八十二号）　　　　衆
40. 社会保障制度改革推進法（平成二十四年法律第六十四号）　　　　衆
41. 41 消費者教育の推進に関する法律（平成二十四年法律第六十一号）　　参
42. 国等による障害者就労施設等からの物品等の調達の推進等に関する法律
　　（平成二十四年法律第五十号）　　　　衆

43. 東京電力原子力事故により被災した子どもをはじめとする住民等の生活を守り支えるための被災者の生活支援等に関する施策の推進に関する法律（平成二十四年法律第四十八号）　参
44. 歯科口腔保健の推進に関する法律（平成二十三年法律第九十五号）　参
45. 津波対策の推進に関する法律（平成二十三年法律第七十七号）　衆
46. 美しく豊かな自然を保護するための海岸における良好な景観及び環境並びに海洋環境の保全に係る海岸漂着物等の処理等の推進に関する法律（平成二十一年法律第八十二号）　衆
47. 子ども・若者育成支援推進法（平成二十一年法律第七十一号）　閣
48. エコツーリズム推進法（平成十九年法律第百五号）　衆
49. 国等における温室効果ガス等の排出の削減に配慮した契約の推進に関する法律（平成十九年法律第五十六号）　参
50. 道州制特別区域における広域行政の推進に関する法律（平成十八年法律第百十六号）　閣
51. 51 有機農業の推進に関する法律（平成十八年法律第百十二号）　参
52. 海外の文化遺産の保護に係る国際的な協力の推進に関する法律（平成十八年法律第九十七号）　衆
53. 就学前の子どもに関する教育，保育等の総合的な提供の推進に関する法律（平成十八年法律第七十七号）　閣
54. 簡素で効率的な政府を実現するための行政改革の推進に関する法律（平成十八年法律第四十七号）　閣
55. 日本海溝・千島海溝周辺海溝型地震に係る地震防災対策の推進に関する特別措置法（平成十六年法律第二十七号）　衆
56. 次世代育成支援対策推進法（平成十五年法律第百二十号）　閣
57. 情報通信技術を活用した行政の推進等に関する法律（平成十四年法律第百五十一号）　閣
58. 自然再生推進法（平成十四年法律第百四十八号）　衆
59. 南海トラフ地震に係る地震防災対策の推進に関する特別措置法（平成十四年法律第九十二号）　衆
60. 子どもの読書活動の推進に関する法律（平成十三年法律第百五十四号）　衆
61. 61 司法制度改革推進法（平成十三年法律第百十九号）　閣
62. ポリ塩化ビフェニル廃棄物の適正な処理の推進に関する特別措置法（平成十三年法律第六十五号）　閣
63. マンションの管理の適正化の推進に関する法律（平成十二年法律第百四十九号）　衆
64. 人権教育及び人権啓発の推進に関する法律（平成十二年法律第百四十七号）　衆

140

65. 国等による環境物品等の調達の推進等に関する法律（平成十二年法律第百号）

衆

66. 土砂災害警戒区域等における土砂災害防止対策の推進に関する法律
（平成十二年法律第五十七号）

閣

67. 地球温暖化対策の推進に関する法律（平成十年法律第百十七号）

閣

68. 特定公共電気通信システム開発関連技術に関する研究開発の推進に関する
法律（平成十年法律第五十三号）

閣

69. 財政構造改革の推進に関する特別措置法（平成九年法律第百九号）

閣

70. 沖縄県における駐留軍用地跡地の有効かつ適切な利用の推進に関する
特別措置法（平成七年法律第百二号）

閣

71. 71緑の募金による森林整備等の推進に関する法律（平成七年法律
第八十八号）

参

72. 身体障害者の利便の増進に資する通信・放送身体障害者利用円滑化事業の
推進に関する法律（平成五年法律第五十四号）

閣

73. 大都市地域における宅地開発及び鉄道整備の一体的推進に関する
特別措置法（平成元年法律第六十一号）

閣

74. 民間都市開発の推進に関する特別措置法（昭和六十二年法律第六十二号）

閣

75. 自転車の安全利用の促進及び自転車等の駐車対策の総合的推進に関する
法律（昭和五十五年法律第八十七号）⁽⁵¹⁾

衆

76. 公有地の拡大の推進に関する法律（昭和四十七年法律第六十六号）

閣

77. 労働施策の総合的な推進並びに労働者の雇用の安定及び職業生活の
充実等に関する法律（昭和四十一年法律第百三十二号）⁽⁵²⁾

閣

78. 交通安全施設等整備事業の推進に関する法律（昭和四十一年法律
第四十五号）⁽⁵³⁾

閣

---

(51) 自転車の安全利用の促進及び自転車駐車場の整備に関する法律を一部改正（平成5
年法律第97号）。
(52) 雇用対策法を一部改正（平成30年法律第71号）。
(53) 交通安全施設等整備事業に関する緊急措置法を一部改正（平成15年法律第21号）。

第8章　地方創生への道*
―「一村一品運動」「ふるさと創生」そして「地方創生」へ―

I　はじめに

　安倍内閣の最重要課題に掲げる「地方創生」は，2014年11月成立した「まち・ひと・しごと創生法（以下「地方創生法」と略称する）」に基づき，同年12月には国から「長期ビジョン」及び「総合戦略」が示されるとともに，2015年1月には「地方創生先行型」の交付金を盛り込んだ「地方への好循環拡大に向けた緊急経済対策」補正予算がまとめられた。また，2015年度の税財政政策も本格的に始動し，企業の本社機能の地方移転促進税制を掲げた税制改正と地方創生関連経費（補正とあわせ1兆円規模）及び地方財政措置（地方財政計画に1兆円を計上）が行われた。これを受け，自治体側も2015年度を初年度とする5か年計画「地方版総合戦略」の策定に鋭意取組み，2015年10月にはほぼ，すべての自治体で策定を終えたが，国はさらに2015年補正予算で地方創生加速化交付金の措置を追加し，2016年度は，自治体にとってはまさに地方創生の本格的実施の段階を迎えている。本稿では国・地方をあげて取り組んできたこれまでの地域振興政策において地方分権の原点となった大分県で展開された「一村一品運動」，竹下内閣で実施された「ふるさと創生」政策との比較を行い，今後の地方創生を中心に，地域づくりを支える地方財政のあり方を含め展望する。

　筆者は，かつて過疎市町村率全国1位の大分県地域振興課長として，平松知事とともに「一村一品運動」を企画・立案・実施した責任者であった。また，

＊　本章は帝京大学地域経済学科山川充夫編（2017）『地域経済政策学入門』八朔社「第6章　地方創生への道――「一村一品運動」「ふるさと創生」そして「地方創生」へ」を再掲載したものである。

竹下内閣における「ふるさと創生」においては担当の自治省企画官として「ふるさと創生事業——正式名称は『自ら考え自ら行う地域づくり事業』」を立案した。これらの政策は自治体とその地域の人々を信頼し，彼らを政策の責任主体として位置づけるもので，地方分権の原点の政策として，その後の国の総合計画や地方行政・自治制度・政策に大きな影響を与え，今日の地方創生や地域づくりにもその精神が受け継がれていると思う。しかし，「一村一品運動」「ふるさと創生」「地方創生」の３つの政策（以下，「地域３政策」という）には，その理念・目的・背景をはじめ推進体制，国と自治体との関係，補助金の可否を含む国の関与のあり方，政策評価のあり方，その後の発展策など差異も多い。それらを分析・整理し，地域づくりを志す学生はじめ多くの人々に寄与できることを願って記述することとしたい。

II　地域３政策の理念・目標・背景の差異

1　「一村一品運動」(昭和54年11月16日〜)

　筆者は，昭和54年（1979年）4月から昭和58年までの4年間，大分県に在籍し，始めの2年余りは地域振興課長として一村一品運動の企画立案を実際に担当し，その後は財政課長として主に財政的な観点からこの運動を推進した。[1]

(1)　一村一品運動とその背景

　一村一品運動は，一口で言えば「大分県下58市町村が，それぞれの町や村の顔となる産品を開発して欲しい。それも，一人よがりでなく，日本，いや世界に通じる産品を育てよう！」と言う運動である。具体的に言えば大相撲の優勝力士に大分産椎茸の優勝カップを送るが，生産量・品質ともに全国一であり，即ち世界一である。

　一村一品運動はいわば第二，第三の椎茸をつくることを目指し，地域の産品

---

(1)　その全容は内貴滋「一村一品運動の展開と行政官の役割——風に向かって立つ勇気を」(1)〜(7)（『自治研究』第60巻8・10号，61巻1・5・8号，62巻7号，64巻4号，良書普及会）に記述しているので詳細は参照されたい。

を誰もが認める水準の高い産品にまで切磋琢磨し，英知を結集して内発的な地域産業を興し，就業の場をつくり村づくりを進め，自らのふるさとに誇りを持とうというものである。東京の人に物怖じせず，『わいは誰もが知っている○○で有名な△△村の出身じゃ。おそれいったか』と大分弁で胸を張って誇りを持って言えるようになれるふるさとのシンボルを作ることである。

　当時，大分県は新産業都市の優等生と言われた。新産都の指定後 17 年を経過し，企業進出により大分県経済は昭和 35 年から 15 年間で生産規模を 4 千億から 1 兆 8 千億（実質昭和 45 年価格）へと年率 10.5％の成長率を達成し，産業構造に高度化をもたらすとともに，雇用効果は新産都区を越え地区外に波及し，県民所得は名目 16.1％，実質 8.5％の成長率を示し，一人当たりの個人所得も対全国比，昭和 35 年の 67.2 から昭和 53 年には 82.5 と格差解消が進んだ。後述のとおり，この新産都の建設は過密傾向にある工場を，京阪神の三大都市から分散させるという国の地域政策の観点から打ち出されたもので生産性の低い農業依存の産業構造に生産性の高い工業を加え雇用機会を増大して県全体の産業経済の振興を図ろうとするものであり，それなりの効果は達成されたものであった。しかし，この時期オイルショックを迎えた。安い石油を大量に使用し，経済成長が始めにあって，それに必要な油は自由に買えるという発想は見直しを迫られ，オイルショック以降の経済は，まず石油の量に見合って経済成長率を決める時代となった。新産都の優等生とされていた大分県でも新日本製鐵など重厚長大型の装置産業で経済を牽引していたが，石油危機後，多くの高炉を止め雇用調整が行われ地域の雇用者の多くが解雇される事態となった。

（2）　人口状況──過疎率日本一，一方，東京都が始めて減少へ

　昭和 30 年代後半からの我が国の経済社会の急速な発展は，人口，産業の急激な大都市集中をもたらし，地域社会の基盤を大幅に変動させた。その結果，全国にわたって大都市及びその周辺で過密現象が生じ，他方，農山漁村では過疎現象を生じた。過疎化は若年労働力を流出させ，農林水産業など発展を妨げ，さらに市町村の行財政力を低下させ，生活関連施設の整備を遅らせた。それが一層人口流出に拍車をかけるという悪循環をもたらした。とりわけ，

144

大分県は県下 58 市町村のうち 3 市 30 町 11 村の 44 団体が過疎市町村であり，過疎地域振興特別措置法当時は全国一の過疎県と言われる状況であった。

　ただ，この時期，過疎地にも希望があった。過疎地域振興特別措置法で公示された過疎地域 1,093 市町村の昭和 55 年国調（10 月 1 日現在）人口は 816 万人であり，50 年国調の同地域の人口に比べ 27 万人の減に止まり減少率は 3.2% となり，50 年国調時の減少率 8.1% と比較して大幅な減少を示した。そして，何よりも大分県では，58 市町村のうち 7 市 8 町 1 村の計 16 市町村で人口が増加し，残りの人口減少市町村もその減少率は大幅に鈍化した。50 年国調時では過疎市町村の全てが人口が減少し続けていたのに対し，この時はじめて過疎市町村の中に人口が増加したところが出てきたのである。さらに注目すべきは，55 年国調では戦後一貫して増加してきた東京都が初めて人口が減少し，東京都以外のすべての道府県で人口が増加したのである。過疎市町村日本一の大分県でも，かすかな希望の光が見えてきたこの時期に，がんばれば出来るとの信念のもとに一村一品運動は企画立案されたのである。

(3)　理　念

　一村一品運動の理念としては，「Small is beautiful（小さいことはよいことだ，E.F. シューマッハ）」であり「身の丈にあった地域づくり」である。省エネルギー時代に対応した内発的な地場産業を振興させなければ，自然条件・社会的条件に恵まれない地域は立ち行かない。しかし，発想をかえれば，大分県は海抜 0 m から 3,000 m に及ぶ自然を有し，いわば日本列島が垂直に存在すると言える。平地が少なく中山間地が多いので大量生産には向かないものの，多品種で貴重なものが何でもできた。少量ではあっても質の優れたものであればそれに見合った流通戦略も可能である。油を大量に使う技術ではなく，インターメディエイト・テクノロジー（中間技術）で，それぞれの身の丈にあった技術，身の丈にあった産業でやっていくのだ。何も東京の真似をすることはないのだ。ひと真似をせず，それぞれの地域が自らの資源を見極め，地域にあったあり方を見い出すことを理念とした。したがって背伸びはしない。付加価値をつけることが重要な戦略となるが，我々はこれを「1.5 次産業」と名付け，2 次や，ましてや現在の 6 次などとの言葉は使わなかった。農村の婦人達がまがったきゅ

うりなどを漬物にする簡単な加工を促し，それを朝市などで売って消費者の意見を聞く「身の丈にあったこと」が大切であるとした。そして何よりも地域の基幹産業である農林水産業（第一次産業）に根を下ろすという基本に留意した。

　隣の自治体は競争相手ではない。それぞれの道があるのだ。一村一品運動は精神の改革を伴ったのである。そして，何よりもこの理念は「自立」を意味した。たとえ小さくても，自らの道は自らが切り拓く。「自らの力を信じて，失敗を恐れず挑戦すること」を求めた。「失敗してもその経験は地域に共有され将来の礎になるのだから」と呼びかけた。したがって，行政に依存するな，補助金に頼るな，自主性を阻害してまで他に頼る必要はない。なぜなら，それぞれが小さくてもよい，それなりに輝けばよいのだから，ということである。

（4）　目　標

　目標はそれぞれが身の丈にあった自らの目標を立てればよいのだが，敢えて共通なものを見い出せば「ここに住んでいてよかった。自らの地域に誇りをもてた」ということである。地域の振興であり活性化である。地方創生のように，50年後の人口数を目標数値として示し，人口減少の抑制・人口増を目標としてはいない。東京一極集中の是正も関係ない。

　人口の増減は，各自の取組の結果であるとの立場で，それぞれが身の丈にあった道に努力することが目標である。だから，目標を達成できれば，どんな過疎地域でも地域の振興策が見出され，人々の努力が地域の力となる。ただし，その結果として，人々は地域に住みつき，人口は増えるはずである，と市町村長に強調したことは事実である。55年国調がそれを裏付けており，「人口が減少すれば，その取組が十分でないので地域づくりのリーダーたる市町村長が悪いのだ」とまで言って努力を促した。これは運動初期に市町村長の反発を買ったが，目標はあくまでもそれぞれの努力による地域振興であることを理解してもらい，行政は出来ることを精一杯行うことが目標であり，目標と結果を取り違えないよう留意してもらった。

2　「ふるさと創生」（平成元年1月〜）

　一村一品運動という地域づくりの原点ともいえる政策を立案した筆者は，竹

下内閣の掲げる「ふるさと創生」政策も立案する立場となった。平成元年1月24日，政府は平成元年度予算案とともに昭和63年度補正予算案を閣議決定し，全国の3,300の市町村に一律1億円を交付することを柱とする「ふるさと創生」の具体的推進に踏み出した。竹下総理，小渕官房長官，小沢官房副長官，梶山自治大臣の布陣であった。[(2)]

(1) 事業概要

この事業の正式事業名は「自ら考え自ら行う地域づくり事業」と言い，それぞれに地域が個性豊かな地域づくりを目指して，自らの地域の特性と課題を調べ，ふるさとの振興のためには何を行うべきかを広く住民の参加のもとに自ら考え，そして自ら責任を持って実施することである。そこに示されるものは「霞が関に負けない」企画力であり，地域に根差した実行力である。

(2) 「ふるさと創生」とその背景

政策立案当時，我が国は国民の意識の上でも国と地方との関係でも，具体的な政策の面でも大きな転機を迎えていた。戦禍の中から立ち上がった我が国は，重厚長大産業に代表される工業化社会を目指し，規格品を大量生産するため，効率性を重視した中央集権的な政治・経済システムを必要とした。「中央が考え，全国一律に実施させる」というシステムである。この結果，我が国は，世界に冠たる経済国家を築き上げ，相当程度の社会資本の整備を達成した。しかし，諸機能の一極集中を生じ，土地問題等多くの課題を生じた。国民の意識も教育水準が高く，経済大国となった恩恵をそれなりに受けて生活水準が向上したことは理解できるものの，なぜか，豊かに生きているのだろうか，との疑問を持ち，物質的な豊かさではない自然や心の豊かさを求める意識が大きくなっていった。

地域づくりにおいても，規格や基準を重視した結果，本来，それぞれの個性を有すべき「地域」が画一的なものとなってしまった面は否めず，どこへ行っ

---

(2) その全容は内貴滋「一村一億円構想——ふるさとに生きるあなたが主役 (1)～(6)」（『自治研究』第65巻3・4・7・10・11号，66巻5号，良書普及会）に記述しているので詳細は参照されたい。

ても同じ「金太郎飴」のような状況が現出された。そこで，明治以来の中央主権的発想を転換し，「地方が発想し国が支援する」という新たな仕組みのもとに政策を転換する必要性が指摘された。「これまでの国主導の開発方式とは異なった発想」を強調したのである。後述のとおり，国においても第4次全国総合開発計画，新経済計画等において自主的・主体的な地域づくりの必要性が明確にされた。また，幸い，全国各地域において一村一品運動の広がりなどに見られるように，自主的・主体的な地域づくりの機運がもりあがっていた。

　一方，第一次臨時行政調査会，第2次臨時行政調査会と続いた政府の行政改革を主導する流れは，1983年7月臨時行政改革推進審議会が発足し，第2次臨調の土光会長が自らの答申（「今後の行政改革の基本方向」）の実現を監視すべく審議会会長に就任した。行政改革の実現をもとめ効率性を要請する主張も強く，地方分権を主張する自治省に対して多くの中央省庁は自治体の能力や中央省庁との政策の整合性を求め，地方分権に必要となる地方の政策立案能力に疑問を呈し，国が企画し，地方が執行する従前どおりの政策立案システムを支持する意見が多かった。

　このような中で，従前のシステムを転換するためには，どうしても地方の企画力を示し，21世紀を間近に控え，国際化，高齢化，情報化の進展により，経済社会が大きく変貌しつつあるこの時期に，新たな発想のもとに国民一人一人がその依って立つ基盤を築くことが求められたのである。

(3)　理念・目標

　竹下首相は内閣を組織して間もない第111国会において，その所信を次のように表明した。「戦後，我が国は多くの分野で目覚ましい発展を遂げてまいりました。しかし，これまでの発展はどちらかといえば物の豊かさを追い求めてきたものではなかったかと思います。私はかねてから『ふるさと創生』を唱えてまいりましたが，(中略)すべての人々が，それぞれの地域において豊かで誇りを持って自らの活動を展開することができる幸せ多い社会を創造することを目指してまいります。」即ち，創造性と多様性に富んだ新しい社会，言い換えれば，多様な価値観を尊重し，一人一人が自らのアイデンティティを誇れる土壌を築き上げることこそ重要であると訴えられた。世界最高水準に達したGNP

の大きさ以外にも誇りうるものは沢山あるはずだ。多様な歴史，先人から受け継いだ伝統，独特の日本・地域文化，豊かな自然，そして，何よりもそこで懸命に働く勤勉な人々こそ世界に誇れる財産である。

「ふるさと創生」は，単に狭い意味での国土の開発や地域の振興の問題に止まらず，日本国民すべてがより幸福で楽しい充実した人生を歩めることを目標にしており，その意味で国政全般にかかわる目標理念であるが，日本の国土に育まれてきた豊かな個性を再発見し，それを評価し，地域に真剣に生きる人々に「誇り」という糧を与えることに大きな意義を有する「心」「生き方」「文化」「哲学」を含む大きな目標であった。

3 地方創生（平成 26 年 9 月〜）

(1) 背景・理念

地方創生政策の背景は，2060 年あるいは 2100 年という長期の将来推計人口（国立社会保障・人口問題研究所・日本の将来推計人口）が示されたことに始まる。また，これに呼応して民間の有識者グループから「自治体消滅」という衝撃的な言葉が示され，人口減少に対する危機感が醸成された（このことに対する筆者の見解は「地方自治体は消滅しない」『公営企業』2014 年 10 月号[3]を参照されたい）。

人口減少は今始まったことではなく自治体が全責任を負うべきものではない。高度経済成長期の産業政策等に起因する国土総合開発政策の結果，過疎・過密問題が深刻となり，かつての人口減少の急激さは今日の比ではなく，それがもたらす地域社会への影響は，それこそ地域社会の崩壊を齎しうるほどのものであった。だからこそ，「一村一品運動」が企画立案され，過疎地域振興特別措置法・過疎地域活性化特別措置法，過疎地域自立促進法により国・地方を挙げて対策が講じられたところである。

これは過疎地域に限定されていたものとはいえ，全国の 3 分の 1 の地域に及び十分に国家的課題であったのだが，地方創生の立案にあたっては，この

---

(3) このほか，内貴滋「人口減少・地方創生」『自治日報』2014 年 10 月 3 日号，「地方創生で失ってはならないもの」『町村週報』2903 号，巻頭コラム，2014 年 12 月 22 日号，全国町村会参照。

人口減少問題を日本全体の人口減少ととらえる共通認識を国民にもたせようと
した。そして，50 年，100 年という長期の人口推計をコーホート方式のもと国
のみならず，全自治体にもとめ，「人口減少時代に突入した我が国の今後の対
応」を求めた。

　また，地方の人口減少をもたらす「東京一極集中」についても地方創生の政
策背景として再びとりあげた。この問題は今なお実現されていない日本の一貫
した政策課題であって，昭和 37 年の全国総合開発計画から第 5 次，そして今
日の国土形成計画に至るまで，「国土の均衡ある発展，即ち，東京一極集中の
是正」は最大の目標であることに変化はない。ただ，一村一品運動提唱時に
おいては「東京が初めて人口減少となった」ことにも見られるように，その時
代時代に応じた状況変化により一律の予測は難しいことに留意する必要がある。

　地方創生において注目されるべきことは，東京圏の人口の過度の集中による
「住みにくさ」の問題を通勤時間から住宅価格さらに福祉・子育てなどを幅広
く取り上げ，出生率の低さに結び付け，東京も含めて地方創生に取組むべき
必要性を訴えたことであろう。

　地方創生法は第 1 条において，「国民一人一人が夢や希望を持ち，潤いのあ
る豊かな生活を安心して営むことができる地域社会の形成，地域社会を担う
個性豊かで多様な人材の確保及び地域における魅力ある多様な就業の機会を
創出すること」が重要であることが，第 2 条において「国民が個性豊かで魅力
ある生活を営むことが出来るよう」などと基本理念も謳ってはいるのだが，上
記のように，人口減少による危機意識をあまりに訴えすぎたために（減少局面で
ある以上，数字の計算上は，ネズミ算式に減少を続けるのは当然で，日本の総人口
は 2100 年の 5,200 万を経て，2500 年には 44 万になるとの推計数字まで発言され
た。「自治体消滅」どころか，まさに「日本消滅」である。ただし，こんな長期にト
レンドすることに意味があることなのか，疑問が呈されるであろう。）「人口を増加さ
せる・維持する」し，そのために出生率を上げるという数値目標（2060 年に 1
億人程度の人口を確保，国民希望出生率 1.8）が設定された結果，一村一品運動
や「ふるさと創生」のように，自らの地域の良さを見い出し誇りをもって「未来
に向かって夢を持ってがんばる」という「地域づくりの心」が後ろに隠れてしま
い「明るさ」を失いがちな面が否めなかったように思う。目標と手段・結果は

常に裏腹の関係にあるので仕方がない面があるが，地域社会を魅力豊かなものにするために地域づくりに取り組んだ結果，一村一品運動のように「結果として」人口が増えるのである。道路を整備し，自然環境を良くし，老人や子供にやさしいまちづくりをするのは人口を増やすためにするのではない。第一義的に現在，その地域に生きている人々の生活を支えるためのものである。

　自治体の総合戦略の策定に携わった筆者の印象では，自治体としては，当初，人口推計の仕方やあまりに長期の期間おなじトレンドが続くとする方式に疑問や戸惑いが見られたが，やはり「自らの地域の振興こそ目標である」と捉えて，出生率向上に限定されることなく，幅広い総合戦略の検討がなされたものと理解している。

　(2)　理念・哲学の大切さ

　筆者としては「地方創生」の背後にある理念的なものをもっと強調してよかったのではないかと思う。前述のとおり，一村一品運動の「地域を思う情熱と心・スモールイズビューティフル」，ふるさと創生の「心の豊かさへの転換，地方が発想し国が支援する政策立案システムへ」などの実現すべき大きな理念があった。地方創生でも，前述のように地方創生法第一条などで一部謳われているのだが，新しい政策にはそれを裏付ける背景や新たな理念を分かりやすく訴えることが必要となる。一村一品運動やふるさと創生と共通する理念が必ず含まれてしかるべきであろうし，50 年先，100 年先の人口を予測する手法をとる以上，単に人口をトレンドして機械的に導くのではなく，統計の1は単に1ではなく一人の夢と情熱をもった人間としてとらえ，未来のありかたを大胆に語ってもよかったのではないだろうか。

　英国に外交官として，さらには自治体の代表として足かけ 8 年勤務した経験から言っても，日本の一極集中は尋常ではない。ロンドンや英国の大都市は人口減少や活力低下が問題となっているのであって，問題意識は正反対とも言える。当時，60 歳の定年を迎えた英国政府の友人を送る会などに出席したが，「Happy Retirement！」と「これから永年の希望であった，ふるさとに戻り楽しく暮らせる」と文字通り幸せそうであった。意識や生き方が違うのである。

　東京一極集中を克服できない日本においては，地方への雇用の場など物質的

な環境整備は重要であるが，それだけではない。故郷への思い，地域の伝統，自然環境，家族やまわりの人々への思いやり……これらの人々の生き方を支える価値観や文化などの理念・哲学こそ重要であろう。子どもの頃から地域で生活していく素晴らしさを教える。そのためには親や教師がそう思わなければならない。高齢者が感謝され，尊敬される地域，親の背中を見て育つ環境，地域社会が持つ優れたものが国民共通の認識に育て上げられなければならない。

　また，人口減少がもたらす負の面が強調されたが，小さくとも輝く道はある。それこそ東京の逆で暮らしやすさをはじめ，何よりも一人一人が個性を尊重され，温かい地域社会を築く基盤となりうる。このような価値観の転換や従来ともすれば軽視されがちだった地域社会の素晴らしさと未来を導く理念がもっと語られるべきと思う。

　そして，そのためには地域社会の担い手たる自治体，議会，地域住民の自主性，主体性の確立は不可欠である。一村一品運動のように「突き放す」ことは無理にしても，国は，引き続き地域への支援に徹する姿勢を維持してもらいたい。一方，自治体も「自らに地域に責任を持てるのは住民とともに歩む自分たちだ」と霞が関に負けない気概を持つべきだ。35 年前，国の反対を押し切り，中山間地域での米づくりを止め，花きに転換しようとした大分県大山町。「私権制限は憲法違反の懸念」と撤回を迫る国に「未来の子どものため，素晴らしい自然を守る開発規制条例を何日も議論し，私たちの手でまちの未来を決めたのです。」と負けなかった大分県湯布院町。当時の先駆者の思いは現在の自治体にも引継がれているはずだ。ふるさとの未来に責任を持てるのは自治体であり議会であり住民なのだから。地域の多様な価値を大切にし，それを育成し発展させていく，その姿勢を貫いてもらいたい。

Ⅲ　地域 3 政策における国の関与のあり方の差異
── 全国総合開発計画との関係を含めて

1　一村一品運動

　47 都道府県の一つの大分県での運動であり，行政に依存しない地域づくりを目指す理念のもと，国の関与はもとより県の市町村に関する関与も原則とし

てない。ただし、自ら自己責任により決定し、取組が始まった具体的な政策に対しては、県として加工技術支援、販路開拓への助言など補助金以外の支援策を講じた。

　県の推進体制としては、一村一品運動は、もともと行政依存体質からの脱却が目標なのだから立案者である大分県は極力前面に出ず、地域づくりの自発的な運動になるように考えた。したがって「一村一品運動推進本部」などは一切つくらず、「一村一品」の認定・許可・指定などは考えもせず、それぞれの自治体に任せた。

　一方、国の総合開発計画においては、このような地域づくりの新たな動きをとらえ、国の第3次全国総合開発計画は定住構想を掲げ、大都市の人口と産業の集中を抑制し、過密過疎問題に対処しながら、人間居住の総合的環境の形成を図るとし、定住圏整備の方向は「自治体が住民の意向を斟酌して定める」と明記した。そして、国は自治体の総合的政策の実施に配慮すべきとして、自治体の役割を各段に強化する方向を打ち出した。

2　ふるさと創生

　ふるさと創生の理念は「地方が発想企画したものを、国が支援する」という新しい国の政策立案のシステムの構築にあった。ふるさと創生と軌を一にして策定された第4次全国総合開発計画は、東京一極集中の是正を図るため多極分散型国土の形成を掲げ、その実現方式として「ふるさと創生」と同じく「地域主導による地域づくりを基本に掲げた。昭和63年に普通建設事業費の内訳において、初めて地方単独事業が補助事業費を上回る状況となっていた。また、自治体の地域総合行政主体としての役割が増大しているとして、行財政基盤の強化の必要性が叫ばれた。これらの地方主導の動きは第二次臨時行政調査会答申、臨時行政改革推進審議会第一次答申、数次にわたる地方制度調査会の答申の中の「国と地方の役割分担の見直し」の考え方を踏まえたものである。

　このように、一村一品運動やふるさと創生に示された理念は国土の総合的開発の基本方針に大きな影響を与えた。特に、計画の主体性においては、国主導による推進（第一次全国開発計画の拠点開発方式、新全国総合開発計画の大規模拠点開発プロジェクト方式）から地域主導の地域づくりを基本とする方向（第3

次全国総合開発計画の定住構想方式，第4次全国総合開発計画の交流ネットワーク方式）に転換が図られた。この方向は「国が策定する計画が自治体の計画機能を阻害することの無いよう，今後の全国総合開発計画に計画内容には国が本来果たすべき役割に関わる事項に重点化すべき」とする地方分権推進委員会の勧告などに沿うものとなった。

　そして，この地域主導の地域づくりは第5次全国総合開発計画において，さらに徹底し，「国が主導する国土づくりではなく，地域の選択と責任に基づく主体的な地域づくりを重視し，積極的な地方分権の必要性が謳われた。その結果，従前は国が政策主体であり地方が執行する方式のものが，国の役割は指針を示すものに止め計画策定主体は自治体とする方式に移行している状況になっていた。

（1）　国の関与のあり方

　一村一品運動は一切補助金を出さずというよりは，補助金からの決別を要請したものだが，ふるさと創生は前述のとおり，中央省庁や臨時行政改革推進会議等に対して全市町村が自らの振興策の企画立案能力を同じスタートラインにたって一斉に示すことが必要であるので，事業実施主体は全市町村である。実施期間は昭和63年度から平成元年度の約1年間としたが，国としては永続的な取組みに発展させることを期待と言う形で表明した。

　財政措置は1市町村あたり一律1億円（昭和63年度補正2,000万円，平成元年度8,000万円）を地方交付税の基準財政需要額に増額算入した。なお，47都道府県にも広域行政機構として普及・広報等に要する経費を標準団体で概ね1億円を措置し全国の自治体全体で取り組むことを要請した。

　その理念・目的は「一村一品運動」と同じであるが，「ふるさと創生」は全自治体でその企画力を示すものであるので補助金を財源とすることは不適当であった。自らの財源で実施しなければ「自ら考え自ら行う」ことにはならない。そこで，地方交付税交付金という国が一切使途を指示することができない，地方共有の地方の財源で措置したものである。自治体や中央省庁にもこの点を強調し，自治体には自らの財源であり遠慮せずに自ら考えて必要な政策を立案することを強調する一方，中央省庁には補助金ではないのだから，一切国は口だ

ししないでほしいと要請した。

　事業内容としても地域自ら考えることであるので，国は一切「枠」を嵌めず，一村一品運動と同様「白いキャンバス」に自由に絵を描いてもらった。したがって，各地域の特性を発見し地域で共有し，多様な歴史伝統，文化，産業等を活かし，その地域ならではの立案を求めた。人材育成，むらおこし，地域間交流，国際交流，伝統文化継承，地域特産品の開発，ブランドづくり，地場産業の育成，イベントの開催，地域福祉サービス，健康づくり，生涯学習など多様な振興策が示された。従前のハード重視の風潮からはじめてソフト政策へ目を向ける動きとなった。

　ただ，国としては次の点に留意した。第一に「地域づくり」は息の長い継続性が必要となるので，「一億円」で皆で考えた「地域の事業」を永続的な地域づくりに発展できるよう「ふるさとづくり特別対策事業」，「地域総合整備貸付制度」など新たな制度を構築した。特に，自治省と建設省，農林水産省などの各省が協同で行う新たな事業を構築した成果はその後の地域づくり支援制度に大きな影響を与えたものであった。第二に立案過程を大切にすることである。一村一品運動と同様，自ら調べ自らの特性・課題を認識し地域で共通認識を持つことが重要である。立案に際して執行当局だけでなく地域議会，地域住民全体の参画のもとに地域の知恵を結集することを求めた。第三に事業の成果の公表である。日本全体の自治体としての取組であるので，広く公表することを明記した。

(2)　推進体制

　この事業の立案責任省庁は自治省であったので，自治省内に事務次官を長とする「ふるさと創生推進本部」を設置し，事業の円滑な推進を図った。一方，政策は多岐に亘るので，内閣に「ふるさと創生・地域活性化の推進に関する関係省庁連絡会議」を設置し関係省庁の施策の連絡調整やあくまでも地域の自主性を尊重した支援の検討などを行うこととした。

3　地方創生

　地方創生も，地域の努力で積み重ねられた地方分権や地域主導の地域づく

りの考えを基本にするものである。地方総合戦略の策定を「努力義務」とした
のもそうであろう。ただ同時に，国，都道府県，市町村が一体となって人口
減少問題の克服に取り組むことが要請され，国が長期ビジョンと総合戦略を策
定する一方，努力義務とされた地方版長期ビジョン・総合戦略について県に対
しては国の総合戦略を勘案することを求め，市町村に対しては国及び県の総合
戦略を勘案することを法律上の要請として求めた。その結果，国から多くの参
考資料や手引きが示されることとなった。これは画一性を要請するものではな
いが，往々にして他の自治体の動向を斟酌せざるをえない傾向を生むこととな
る。また，策定プロセスや検証についても国から期待が示され，後述のとおり
検証機関の設置や重要業績評価指標の設定が要請された。

　財政措置においてもその規模，質ともふるさと創生をはるかに上回るもので
ある。ただ，ふるさと創生と相違し，地方交付税交付金ではなく，新型交付
金（2014年度地方創生先行型交付金，2015年度補正予算地方創生加速化交付金，
2016年度地方創生推進交付金）として自治体の自由度は尊重されるよう配慮され
るとは言え補助金適正化法等の制約をうける交付金であるので，交付申請から
交付決定手続きなど補助金と同様な手順が必要となる。また，各省の地方創生
支援策は，まさに従前の補助事業体系で行われるものであるので同様である。

　したがって，これを受け入れる自治体は自らの政策立案のもとに，これらの
新型交付金や各省補助金を活用するとの視点で主体性を維持することが望ま
れる。そうしないと『一村一品運動』が目指した補助金からの脱却，行政依
存の体質からの決別という地域づくりに最も必要な気概が持てない。

　地方創生においては，一村一品やふるさと創生にはない幅広い支援策が講
じられている。即ち，地方版長期ビジョンや総合戦略策定等を支援するため
国家公務員や大学研究者などを小規模市町村に派遣する「地方創生人材支援
制度」や「地域経済分析システム」による情報支援などである。また，具体
的事業の支援としては総務省の「地域おこし隊」など各省の支援策が展開され
ている。一村一品やふるさと創生による地域の自立を担当してきた筆者にとっ
ては「至れり尽くせり」の感が否めないが，自治体の「自ら考える」ことや「地
域の人々こそ地域づくりの担い手」であることを阻害しないような支援が求めら
れる。特に，総合戦略の策定などの「考える」部分については十分な配慮が

必要であろう。むしろ，平成 27 年度補正予算で措置された「地方創生カレッジ」や「地方創生マイスター」のように地域づくりの担い手たる地域の人々を主役にした人材支援制度のほうが本筋であろう。

　一方，国は本来，国として果たすべき政策も展開している。国の機関の地方移転や「ふるさと納税制度」・「企業版ふるさと納税制度」や新規の企業の本社機能の地方移転促進税制などの税制改正である。

(1)　関与の手法

　今回の地方創生政策で今までにない手法の特色として 3 点が挙げられる。第一は，統計的手法を前面に出して，政策を客観化しようとした点である。統計的手法により人間を見て，男女別，年齢構成別などから，趨勢をトレンドし，将来を推計した。これは国としてはやむを得ない面があるが，統計の前提が妥当か，これほど長期に推計することが有効なのか（戦前の 1941 年の段階で 50 年後の 1991 年を予測することともなる），という根源的な問題を大胆に割り切っており，また，前述したように統計上の 1 は実は一人の夢と希望を持った人間であり，一村一品運動での離島「姫島村」が弛まぬ研究と努力により民間が投げ出した「エビの養殖」を成功させ，人口専門家と称する者の予測を裏切り人口を増加させ次男坊団地を形成したように，地域と人々はある意味で無限の可能性を秘めていることを忘れてはなるまい。

　第二は，一村一品運動やふるさと創生では意識されていない，自治体間の広域連携の必要性に言及している点である。前二者は理念でも明らかなように自立自助が目的であるので，他に依存することは念頭に置かれていない。他人を羨ましがらず，自分の芝生に目を向けて身の丈にあった生き方を求めたのである。一方，地方創生は，今後の国・地方を通じた財政環境の厳しさや，自治体間の税財政力や管理能力の差異がある現実を踏まえ，県・中心都市・中核都市等に対して広域的な連携の必要性を訴えている。これは，英国を中心とする City Region（大都市圏都市），City Deal（都市協定）に通ずる政策であり，自治体間のみならず，民間，ボランティア団体，地域コミュニティなどに対して広く連携（Partnership）を求めるものである。第三は，後述する業績評価に客観的指標を設定する手法を持ち込んだことである。

(2)　推進体制

　地方創生の推進体制は，一村一品運動はもとより，「ふるさと創生」と比べても大規模なものであり，文字どおり国を挙げての推進体制が組まれた。まず，地方創生法という特別法を制定し，担当大臣が置かれ総理大臣を本部長とする地方創生本部のもとに全省庁を挙げての推進体制が組まれている。

Ⅳ　地方創生の事業評価（主体・方法）の意義と課題

1　一村一品運動

　理念から考え，県が評価することは一切なかった。県が唯一行ったのは，当時，一村一品運動に賛同して寄付された寄付金をもとに「大分県一村一品運動推進基金条例」を設置して，県下に各界の代表者が構成する推進協議会に運用益金を交付した。推進協議会では評価というよりは，一村一品運動を盛り上げる人づくりや団体を顕彰・表彰する事業を行った。理念で示したように，どんなに小さな，そして条件が恵まれない自治体であっても必ず「身の丈にあった振興が図られる」ので他の自治体は競争相手ではない。その結果は，自治体自身が考えることであった。

2　ふるさと創生

　ふるさと創生は「自治体・地域には国に負けない企画力がある」ことを示してもらうことに意義があるので国は「自ら調べ，自ら考えて，自ら実行する」ことだけをお願いし，そのほかのことは何も言わなかった。地方創生のように，国の指針やマニュアルなどを示すことは一切なく，すべて自ら考えてもらうことにした。ただし，結果については報告を求め，それを集約して，その後の国の支援策の基礎とした。

　これは，地方交付税交付金で財政措置した以上，当然のことである。国会審議において「一億円で酒を飲んで良いのか。それでも国は黙っているのか」との質問があった。「自治体で，夜なべ談義を繰り返しふるさとの振興を語り明かすのにお酒が必要と判断し，その予算を議会が承認する以上，国は，そ

れはダメだとは言えません。無駄使いかを含めて事業を評価するのは自治体・地域の住民ですから」と言う答弁である。自ら考えた責任は自らとってもらう，その前提で事業を自由に考えるという方針であった。一つ一つの事業評価は自治体・地域で行い一切口を出さなかった。

その結果，3,300の自治体は自由に発想し，人づくりを中心に特産品開発，地域文化，観光，産業振興，環境，国際交流など幅広い企画がなされ，何よりもそれを住民とともに企画立案するというプロセスが重要視された。ソフト政策に価値を見い出したことも指摘に値しよう。

国としての役割は，地方が評価されるにたる存在であること，そして一億円を契機に地域で考えた振興策が一過性のものでなく永続するように支援することにあると考えた。ふるさとづくり特別対策事業などの新規政策で継続的な支援策を講じた。その際，建設・農水など各省との連携を図った地方単独事業制度を創設したことも画期的なことであった。現在に続く人づくり政策として地域のリーダーの養成を図る「地域づくり養成塾」なども先駆的な制度として立案した。

3 地方創生
(1) 事業評価

地方創生の事業評価は，「重要業績評価指標（KPI）」による評価方式が要請されている。これは，業績評価が世界で最も進んでいるのは「地方自治の母国」と言われる英国の業績評価制度であり，それが参考にされたものであろう。英国の業績手法で示されたPI（Performance Indicator）[4]の手法は，今日の世界の趨勢である「事前管理から事後評価へ」という進行管理の先駆的取組であった。事後管理は事業主体の自主性を尊重し，管理者側のコストは低いと考えられ，果敢に実行された。しかし，手法によってはかえって弊害をもたらす。英国の業績評価も一定の成果があがったものの，最近，廃止された。「地方創生」において，国は目標設定や業績目標管理を要請し，数々の指標を提示している。地方創生を成功させるために留意すべき点は何だろうか。

---

(4)　英国業績評価制度の詳細は，内貴滋（2016）『英国地方自治の素顔と日本』ぎょうせい，345-381頁，及び「外部評価と住民の視点――英国行政サービスと新CPA制度」『地方財政』2006年2月号地方財務協会参照。

（2）地方創生に必要なこと

　一村一品運動もふるさと創生も，白いカンバスに自由に絵を描いた。自ら決めたからこそ自ら責任を負う。多くの失敗もあったが，その経験は地域で共有され明日の地域づくりの礎になる。地域づくりに王道はない。時間がかかっても皆でつくりあげて行くものだ。業績目標管理で短期での成果を求めることは，この地域づくりの本質を見失わせることに繋がる。国は地方を信頼し，地方に白いカンバスを与え，息長く見守る度量が必要だ。

　国が短期に成果を強要し，また国の視点で事業効果を厳しくチェックすることになれば，新型交付金も従前の補助金と何らかわらない。自治体が自ら立案し責任を負うのであるから，目標設定から業績評価まで，国ではなく自治体自ら行うべきである。国はそのことを実態的にも自治体に保障することが必要だ。国が示した指標は，あくまでも参考だ，という姿勢を徹底してもらいたい。多様性に富む「地域」を苦しめた英国の轍を踏んではならない。一村一品運動が求めたように「失敗を恐れず挑戦する」「失敗してもその経験は地域で共有され将来の大きな力になる」と包容力を示すことも必要ではないか。

　自治体も自らの地域の特性を大事にし，独自の価値を見い出す努力が必要である。都会では「緑の創出」に価値をおくだろうが，田園地域では「緑の維持・活用」が目標となろう。社会資本整備が急務の地域もある。「福祉のまち」「レタスの村」「音楽の街」が目標となる。「星空の綺麗な村」や「映画館の無いまち」があって良いのである。金太郎飴のような日本ではなく，個性豊かな多様な地域こそ地方創生の目指す目標ではないだろうか。それに日本の自治体には議会，監査委員会，内部の行政評価制度，さらには国にはない住民監査請求制度もあり，住民自治，団体自治の観点からも英国に負けない優れた評価制度を持つ。だからこそ，国は地方を信頼する姿勢を示し，進行管理全般について地方の判断の自主性を尊重してくれると期待している。

　一方，自治体においても行政評価に当たって留意すべきことがある。それは行政サービスの評価の主体はサービスを受ける住民である，ということだ。数値的な目標は一つの指標に過ぎず，割り切った簡略されたものに過ぎない。福祉政策にしろ，対象となる住民が満足できたか，どの点が不満であったか，そのことを配慮する努力が行政には必要である。英国でも廃止するに至る過程

で，住民のアンケートの導入など工夫がなされ指標の見直しが行われた（それでも廃止されたのだが）。行政が，政策評価する一つの限定されたものに過ぎないことを忘れてはならず，また，地域づくりは各個別の政策が良いからといって全体の評価が良いとは限らない。政策体系や事業体系など全体を見て，受益者である住民の立場に立った謙虚な姿勢が必要である。

Ⅴ　おわりに

　地方創生は国，県，市町村，地域がそれぞれの主体性のもと，相互に信頼し，協力しあって行う一大事業である。何としても成功させなければならない。そのため次の3点について述べておきたい。

　第一は新しい政策を立案した場合，その内容が斬新であればあるほど，その規模が大きければ大きいほど，関係者が多ければ多いほど，反発や抵抗を受ける。一村一品運動では「なぜ，一村一品なのか？二村一品や一村三品でもよいのか，今まで積み上げてきた広域営農団地による定時定量の出荷体制を否定するのか」など時の農政部長に怒鳴り込まれた。「ふるさと創生」では「何故300万を超える横浜市と200人しかいない青ヶ島村が同じ一億円なのか。金塊を買ってもよいのか」マスコミなどの批判を受けた。それでも，丁寧に目的・理念を説明し，一緒に考えることにより共に取り組むことが出来た。「地域づくりに教科書はなく，実践の中から政策は創り上げられる」「歩きながら考える」のである。今回の地方創生においても補助金適正化法や会計年度独立の原則の中で自治体の自由度を拡大する努力や複数年度交付可能にする取組など新しい挑戦は随所に見られる。どうか辛抱強く挑戦を続けて欲しいと思う。

　第二は，何よりも必要なのは相互の信頼である。例えば，地方創生の意図する「広域連携」においても自治体間の信頼が不可欠である。交通・通信網が発達した今日，地域住民の生活は居住市町村の区域に限定されるわけではなく生活圏域は行政境界を越えて広がる。政策の根底に中心都市と周辺地域が相互に支え合っていることを認識しておくことが大切である。もし中心都市の住民が周辺市町村の住民を一方的に助けているという意識を持ったとすれ

ば，それは間違いである。それは負担金を払うことに矮小化されるものではない。都市は生きていくうえで必要な水，電気，環境，食糧などを周辺の田園地域から受けている。災害防止の上でもそうだ。一方周辺地域も都市の病院など様々な都市施設によりその利便性を享受している。相互に依存していることを共通認識に持ち，対立ではなく共存していかなければならない。また，連携の主体も自治体のみならず民間，NPO，ボランティア，地域コミュニティも当然含まれるであろう。そして，前述したように国は地方を信頼し，自治体はその信頼に足ることを示して欲しい。英国では地域主義の考え方に基づき国の出先機関を全て廃止するとともに，原則として政府補助金の使途制限を廃止した。また地域コミュニティの役割も強化した。多いに学ぶべきことと思う。

　第三は「地域づくり」の重要性は世界中に共通のことである。一村一品運動が，その後，北海道や各地に拡大したばかりか中国，韓国，タイ，インドネシア，ミャンマーなどアジア諸国，イスラエルや東欧に至るまで「自然条件の恵まれない地域開発の手法として発展展開した。一方，地域づくりの課題でも世界共通である。例えば，「地方自治の母国」と言われる英国においても常に「効率性」の問題である。地方創生を含め行政に求められる「効率性」は，往々にして「地方民主主義」の発展と対立する。困難な問題ではあるが，政策の本質である目的・理念を見極め，真の民主主義即ち地方自治の発展に寄与されるよう考えるべきであろう。

　「民主主義は農村，小都市の狭小な地域から生まれ，地方自治は民主主義の最良学校」という政治学者ブライスの言葉を今一度思い出し，地方自治や地域づくりの心や原点を失わず努力を続けて欲しい。日本にはその力があるのだから。国，自治体，地域の人々に応援のエールを送るものである[5]。

（内貴　滋）

---

(5)　本文で引用した論文以外で地方創生に関する筆者の見解を記述した主な論文は以下のとおりである。
　　読売新聞（2015.1.15）「明日を語る」地方主導活力を生む。
　　読売新聞（2015.2.24）「論点」地方創生に必要なもの。
　　朝日新聞（2015.2.14）「あのときそれから」一村一品運動。
　　「地方創生と都道府県の役割」一村一品運動とふるさと創生を担当した立場から『議会報』No. 465，2014.12.15，4-5頁，全国都道府県議会議長会。

第9章　財政と地域社会

I　はじめに

　財政とは何かを問う前に，まず財政はいかに我々の生活に身近な分野であるかを知ってほしい。学問としての財政学は堅苦しく，専門性が高いと思われがちだが，実際，我々の日常生活は，ほとんど財政と関係している。そして，お金を儲けようとする市場とは異なり，財政は我々の生活を幸せにするツールであり，決め手でもあるといっても過言ではない。

　次に，地域社会の「地域」とは何かについて，広辞苑ではいくつかの定義がある。①区切られた土地，土地の地域；②住民が共同して生活を送る地理的範囲；③数ヵ国以上からなる区域で，各国は地理的に接近し，政治・経済・文化等の面で共通性と相互関係をもつ；④国際社会で，独立国ではないが，それに準ずる地位を広く認められる領域という4つの区分に分けられている。ここで語る地域は日本国家の下での地方公共団体（地方自治体とも呼ぶ）という意味で扱われており，②の住民が住んでいる社会のことを指す。

　この章では，財政はいかに我々の生活に関わっており，その役割と日本財政の特徴を把握したうえで，地域社会の発展を問う際に，地域の経済発展よりも地域に住んでいる住民への生活保障がまず必要であることを述べていきたい。そして，地域の生活保障を地方財政によってカバーされることにより，はじめて地域経済の振興・発展につながることを理解してほしい。

II　「揺りかごから墓場まで」我々の生活を幸せにする財政

1　無意識に受けている公共サービス

人間として生活していくために，衣食住といった財・サービスへの購入が必

須である。そして，我々はそういった必需品を得るために，働き，収入を得て，その収入をもって市場で購入する。例えば，100 円でお茶ボトル 1 本を購入する時に，お茶 1 本では 100 円の価値があると見なされているので，100 円とお茶 1 本を市場という場を通じて交換することができる。これは経済学では**対価**と呼ぶ。

　一方で，我々の生活の中で，サービスとして受け入れているが，特に 100 円とお茶 1 本を交換できるような対価関係がない場合もある。すなわち，我々は特に対価を支払っていないのに，サービスを受け取っている場合がある。例えば，日本の場合，赤ちゃんが産まれたら，その保護者は出産一時金を受け取ることができる。2 ヵ月になった赤ちゃんは様々な予防接種を受けることができるが，多くの場合無料である。就学の年齢になると，学費がかからない義務教育を受けることができる。この世から去る時に，埋葬金が給付される（宋 2019）。そして，日頃の生活には道路を踏み，公園で遊ぶことができ，地域の図書館も無料で利用することができる。

　上記のいずれのサービスも，我々の生活の一部になっており，欠かせない存在であるが，我々は特に利用料・入場料を支払っていないのである。このようなサービスのことを**公共サービス**といい，国や地方公共団体という政府・公的部門が担い，提供している。

　国や地方公共団体は市場に委ねられないような事柄を公共サービスとして提供し，国民や住民の生活を保障する。その中で，現金として保障される部分は**現金給付**と言い，例えば，出産一時金や児童手当等が挙げられる。現金ではなくサービスとして提供する部分は**現物給付**と呼ばれ，例えば警察，消防，上下水道，ごみ収集や介護保険サービス等々がある。

　ところで，政府が公共サービスの担い手として，我々に提供するとはいえ，当然その公共サービスを提供するために，お金がかかるので，なぜ無料で提供できるのであろうか。つまり，公共サービスは何の**財源**で賄われているだろうかという疑問を手掛かりに，次節では公共サービスと租税の関係性について説明する。

2 公共サービスの財源としての租税

資本主義国家は**私有権**を国民に与え，モノの**所有権**を基本的に国民に与えている。つまり，国家は資産を持たない**無産国家**である。それまでの封建社会では，国王に権力と財力が集中され，**家産国家**であった。かつての家産国家でも現在の無産国家でも，前節で説明した公共サービスのニーズが人々の生活に必ず要ることに変わりがない。しかし，そういった公共サービスは市場に任せられない，任せてはいけない分野がほとんどである。なぜなら，市場は利益を追求しているので，投資金が高く，コストがかかり，利益がほぼない公共サービスの分野をやりたがらないからである。あるいは，本来利益を追求してはいけない分野まで，市場に任せてしまうと，格差や貧困といった社会全体の進歩を損なってしまう問題が起こる。例えば，教育サービスの場合，利益追求の市場に完全に任せてしまうと，学費が払える人は教育を受けられるが，学費が払えない人は義務教育さえ受けられなくなる。この不平等は当然良くないことであり，決して望ましい社会像ではないはずである。

我々は人間らしい生活を送るためには，必ず要るという公共サービスへのニーズがある。一方で，そのようなニーズに応えるための市場には期待することができない。そうなると，公的部門である政府，すなわち国または地方公共団体が公共サービスを行うことになる。しかし，無産国家になっている政府は，公共サービスを行うための財源がなければ，ニーズに応えることができない。そもそも誰でも必要とするニーズのために，政府が行うべき公共サービスなので，当然，皆からその費用を出し合って，またそれを皆に還元すればという考えが生まれる。この皆からお金を出し合って，使い道を決め，痛みを分かち合う貨幣のことを**租税**という。そして，租税が誕生すると，**租税国家**が生まれることになる。換言すると，無産国家になれば，それと同時に租税国家が生まれることになる。

なぜ我々は税を払うのかが問われる時，日本社会では多くの場合，納税は国民の義務と説明され，そうすると「税は取られるもの」と理解されてしまいがちである。そもそも税を払う根拠はそうした国民としての義務である**義務説**以外に，**利益説**がある。そして，我々は生活している中で，常に公共サービスの恩恵を受けているにもかかわらず，税を払いたくないというねじれた心境が

ある。いわゆる**痛税感**である。この痛税感により，日本は長年にわたり減税
が繰り返され，国民の租税負担率を低く抑えてきたが，一方で時代の変化に
つれ社会構造が大きく変化し，社会保障分野へのニーズは増加し続けている。
その歳出入のギャップにより，日本は現在，莫大な財政赤字を抱えているとい
う深刻な問題に直面している。

3　市場の失敗を補う財政の役割

　既に述べたように，公共サービスの提供は市場に任せられない。では，な
ぜ市場は公共サービスの提供ができないのか，そして市場と異なる財政は何
の役割を果たしているのかについて，説明していきたい。
　市場は需要と供給のメカニズムによって成り立ち，競争原理が働いている。
1つしか生産されないものに対し，2人ともほしい場合，市場は自ずとより高い
金額が出せるほうを選択する。もし手に入れても入れなくてもいいモノであれ
ば，競争させてもよいが，問題はそのモノが誰でも必要とするニーズであった
場合，競争させることによって，必然的に誰かがその競争原理の働きによって
排除されることになる。つまり，市場には誰かと競争し合うという**競合性**と，
競争によって誰かを除くという**排除性**との特質が保たれている。これは市場の
最大の特徴であり，最大の欠点でもある。この欠点を補うために，政府の経
済活動である財政の働きが必要である。そもそも財政が行う分野というのは，
誰かと競争させたり，誰かを排除させたりしないのである。皆から出し合って
いる租税を用いて，皆のニーズに充てることを目指している。端的に言えば，
財政は儲かろうとしない分野であり，租税は儲けではなく，ニーズを充足させ
るための財源である。逆に，ニーズがなければ，租税を徴収する必要がなくな
るわけである。
　では，財政は我々のニーズに応えるために，どのような役割を果たしている
のか。主に3つの役割があると一般的に考えられている。<u>1つ目は**資源の最適
配分**</u>である。市場が十分に機能しない理由には複数の説明がある。まず，国
防，警察，公園，道路等といった**公共財**の理論がある。そういった公共財は
非競合性と非排除性が必要のため，市場では十分に提供できないのである。
次に，**外部経済・外部不経済**の理論がある。市場による財の供給や経済活動

に伴って，価格に反映されない社会経済的利益もしくは損失がある場合に公的部分が積極的に果たすものである（金澤 2005：6）。社会経済的利益に当たる部分は外部経済といい，反対に社会経済的損失がある場合が外部不経済という。前者の例として，水道，電気，郵便等の公益事業が挙げられる。後者の例としてダム，空港，港湾等がある。一見すると，ダムや空港の建設は社会経済的利益をもたらすように見えるが，実際にそれらの建設によって起こりうる騒音問題や正当な土地資源の利用問題が問われる。したがって，市場ではなく，政府が担い手としてそれらの経済活動を行う必要がある。さらに，固定費が大きく技術的に独占が生じやすい分野や，初期投資が大きく採算がとりにくい生産基盤の整備等が必要となる。例えば，水道，電気等の公益事業の場合，独占させない狙いがあり，ごみ処理等は投資資金が多く，市場では採算が合わないので，やりたくない分野であるが，生活基盤整備として必要とされている。公害の発生が外部不経済を引き起こす場合，汚染物質の除去措置が義務付けられる。

　2つ目は**所得の再分配**である。我々は労働力を売って，それに対して給与をもらえるが，この時点では社会の富が一度分配されたのである。これは市場を通じた分配であり，当然，競争原理が働いたので，富が一極集中しがちである。社会の富をより公平に分配し，何らかの原因で富が分配されない人でも社会の一員として平等に生存できるために，財政は所得の再分配の役割を果たしている。この分配は市場が分配された後に再度行うこととなるので，再分配と名付けられるわけである。

　財政の所得の再分配は収入面と支出面の両方から行われている。収入面では，所得税や相続税のような**累進税率**を適用し，所得や相続額の高い人には高い税率を適用する**累進課税**がある。そして，**非課税措置**を用いて低所得者に対して，課税の緩和が行われることにより，ある程度社会の富を「結果としての平等」を実現することが目指されている。支出面では，社会保障制度があり，失業保険や生活保護等の給付によって**所得を移転させる現金給付**と，低家賃住宅，保健衛生，介護・福祉**サービスの現物給付**が行われている。さらに，財政支出それ自体を通じるものではないが，最低賃金制度，労働組合制度，障がい者，女性，少数民族の優先雇用促進等のアファーマティブ・ア

クション⁽¹⁾等，所得分配の不公平を緩和する政策も所得再分配の効果を持つ（金澤 2005：7）。

　3つ目は**経済の安定化**である。経済は常に動いているので，周期的に好況と不況が繰り返されながら成長していく。しかし，時には不況が深刻化し，失業者が大量に発生して社会的不安を招くことになる。あるいは，景気が良すぎてインフレを引き起こす場合もある。そこで，景気変動の幅を小さくし経済を安定させることが財政の課題である。例えば，新型コロナウイルス（以下，コロナと記する）が流行している今，多くの人が失業し，生活が成り立ちにくくなっている。国はコロナ対策として，1人あたり10万円の特例交付金を給付することによって，人々の最低生活を保障する。または景気が行き過ぎる場合，増税等を行うことにより，世の中の貨幣の量を調整することができる。

　他方で，財政自身は景気を安定化させる機能をもっている。これは**自動安定化機能**といい，**ビルトイン・スタビライザー**とも言う。財政の収入面では租税制度があり，景気が良ければ，自然に税収が増加し，反対に景気が悪ければ，税収が減少する。財政の支出面と合わせて考えれば，失業給付制度が整備されていれば，不況時に失業給付が増大して消費の落ち込みを緩和し，逆に好況時に累進性を持つ税の自然増収が民間の購買力を抑制することになる。

　まとめると，財政は市場の失敗や欠陥を補い，市場ができない，もしくは市場に任せてはいけない分野における政府の経済活動である。そして，財政が3つの機能・役割を果たしており，それは資源の最適配分機能，所得の再分配機能と経済安定化機能である。さらに，財政自身が景気を安定させる作用があるので，これを自動安定化機能といい，上記の3つの財政機能のうち，経済安定化機能に属する。

---

(1)　英語は affirmative action である。社会的な差別によって，不利益を受けている者に対し，実質的な機会均等を確保するための措置である。例えば，何らかの障がいがある場合，障がい者手帳が配布され，それを用いていろいろなサービスが受けられたり，租税の優遇措置が適用されたりする。

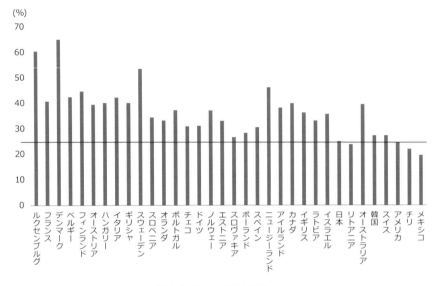

図1　租税負担率の国際比較（2016 年）

出所：財務省『わが国税制・財政の現状全般に関する資料』より作成。

Ⅲ　日本財政の特徴

　「Ⅱ」においては財政，または財政学の基礎知識であるが，「Ⅲ」は日本を対象とし，国際比較の観点から日本財政の特徴を明らかにする。「Ⅲ」は 4 節に分けられており，それぞれの節の見出しが日本財政の特徴としてまとめられている。

1　租税負担が軽い——なのに，たくさん税を払っているという痛税感

　租税負担率とは，国税と地方税を合わせた租税負担が国民所得に対する比率である。言い換えれば，一国の国民はどれほど租税を負担しているのかという値である。図1から，日本の租税負担率は 34 ヵ国中，ワースト 5 位のレベルであることがわかる。25.1％の租税負担率は OECD 平均の 36.2％を大きく下回っており，つまり，日本の税金が安いのである。

　しかし，多くの国民は自分がたくさん税を払っているとの思い込みがある。

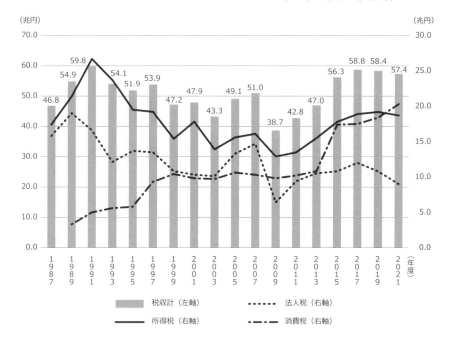

図2 日本における一般会計税収の推移
注：2019年度以前は決算額，2021年度は予算額である。
出所：財務省ホームページより作成。

　井手（2017：22-23）によると，日本の平均的収入は世帯年収300万円から
800万円くらいまでを中間層と呼ぶ。「中間層の租税負担をどう思うのか」とい
う質問をフランス，ニュージーランド，スペイン，オーストラリア，アメリカ，ス
ウェーデン，ノルウェー，オランダ，ドイツ，スイス，フィンランド，イギリス，
韓国，デンマーク，そして日本の15ヵ国を対象にアンケートを行った。日本人
は北欧諸国の人々よりも，中間層の税金が重いと考える人は多いという驚きの
結果となった。この感覚と実際に図1で示した負担している租税の間にギャッ
プが生じており，これが「痛税感」と呼ばれている。
　日本の税が安いことについて，もう少し具体的に説明してみよう。1989年，
日本は消費税を導入し，その後，消費税率を3％から10％まで引き上げてき
た。こうした動きから，日本はこれまで3回の増税が行われているのではと疑

170

問に思う人がいるかもしれない。しかし，前頁の図2から確認できるように，確かに1989年に消費税は3％として導入されたが，同時に所得税と法人税の税率が引き下げられた関係で，国税収は59.8兆円から51.9兆円に減少した。そして1997年，消費税率が5％に引き上げられた際にも同様に所得税と法人税をはじめとする税率の引き下げが行われたので，結果的に増税というより政策的な減税になってしまったり，増減税一体となったりして，マクロ的な増税にはならなかった。

その一方，2014年の消費税率を8％に引き上げた際に，日本にとって，1981年の法人増税以来，はじめての純増税となった。しかし，3％が増税されたうち，2％ほどの財源を財政赤字に補填され，我々の公共サービスに当てはまるのはわずか1％にすぎなかった。このような増税の仕方は，当然，多くの国民が公共サービスの受益者としての実感が薄れることになる。そして，痛みを分かち合う，助け合うという租税の仕組みに対し，さらに人々から取る税と誤解され，増税への反感を増すことになってしまった。

2　社会支出が少ない──なのに，社会保障が充実しているとの誤認

　社会支出とはOECD[(2)]が定義した財政支出で，国際比較を行う際によく用いられる指標である。社会支出の範囲は，人々の厚生水準が極端に低下した場合にそれを補うために，個人や世帯に対して財政支援や給付をする公的または私的供給とされている。ただし，制度による支出のみとし，人々の直接の財やサービスの購入，個人単位の契約や世帯間の助け合い等の移転は含まない。「社会的」と判断することが含まれる条件となるが，その給付に1つまたは複数の社会的目的があり，制度が個人間の**所得再分配**に寄与しているか，あるいは公的な強制力をもってその制度が存在しているかによって判断される。

---

(2)　OECD (Organisation for Economic Co-operation and Development) は1961年に経済協力開発機構として設立された。1948年，アメリカによる戦後の欧州復興支援策であるマーシャル・プランの受入れ体制を整備するため，欧州経済協力機構 (OEEC) がパリに設立された。その後，欧州経済の復興に伴い，欧州と北米が対等のパートナーとして自由主義経済の発展のために協力を行う機構としてOEECは発展的に改組され，これが今日のOECDの前身である。日本は1964年に，原加盟国以外で初めて，また非欧米諸国として初めて加盟したアジアの国である。

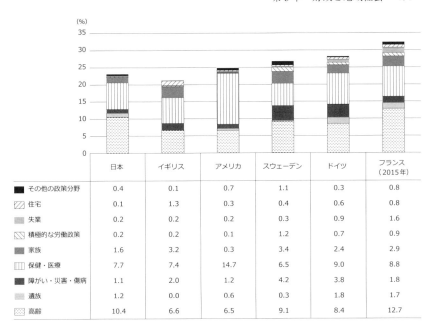

	日本	イギリス	アメリカ	スウェーデン	ドイツ	フランス (2015年)
■ その他の政策分野	0.4	0.1	0.7	1.1	0.3	0.8
▨ 住宅	0.1	1.3	0.3	0.4	0.6	0.8
▦ 失業	0.2	0.2	0.2	0.3	0.9	1.6
▨ 積極的な労働政策	0.2	0.2	0.1	1.2	0.7	0.9
▦ 家族	1.6	3.2	0.3	3.4	2.4	2.9
▥ 保健・医療	7.7	7.4	14.7	6.5	9.0	8.8
▦ 障がい・災害・傷病	1.1	2.0	1.2	4.2	3.8	1.8
▨ 遺族	1.2	0.0	0.6	0.3	1.8	1.7
▨ 高齢	10.4	6.6	6.5	9.1	8.4	12.7

図3　政策分野別社会支出の国際比較（2017年度の対GDP比）
出所：OECD.Stat.

　OECD基準によれば，社会支出は9つの社会的目的が定められている。それは①高齢，②遺族，③障がい・災害・傷病，④保健，⑤家族，⑥積極的な労働政策，⑦失業，⑧住宅，⑨生活保護である。図3は主要先進国における9つの社会支出の指標の国際比較である。

　図3から，日本の社会支出の少なさがわかる。全体的にいずれの国も高齢と保健・医療は社会支出に占める割合が高く，重要な社会支出となっている。一般的に高齢と保健・医療は高齢者が主な支出対象となるが，日本の場合，先進諸国の中で，最も高い28.1％（2018年）の**高齢化率**を有しており，既に2010年頃には**超高齢化社会**に突入している。これを加味すると，10.4％の高

---

(3)　総人口に対して65歳以上の高齢者人口が占める割合を高齢化率という。国連は，高齢化率が7％を超える社会を「高齢化社会」，14％を超えた社会を「高齢社会」，21％を超えた社会を「超高齢化社会」と定めている。

齢支出と7.7%の保健・医療支出は少ないと言わざるを得ない。

　一方で，家族をはじめとする住宅，失業，積極的な労働政策といった**対人社会サービス**の支出は日本の場合，わずか1%の，あるかないかとの水準に留まっている。9つの政策分野における社会支出のうち，高齢者向けの支出，すなわち年金と医療の社会支出は全体の8割近くを示し，**現役世代**が必要とする社会支出が多くても2割となり，現役世代への社会支出は非常に乏しいことがわかる。しかも，その社会支出を賄うための財源である税や社会保険料は，高齢者より現役世代のほうが相対的に多く負担している。当然ながら，現役世代のほうが就労する人が多く，ゆえに平均所得も高齢者より高いため，特に所得課税と社会保険料の負担は現役世代において大きくなる（高端・佐藤 2020：143）。

　ところが，誤解しないように説明を加えると，高齢者への社会支出が手厚く，現役世代への社会支出が薄いというのは，高齢者が特に優遇されていることを意味しない。前述した高齢化率のことを思い出してほしい。日本は最も高齢化率が高い国であるものの，老齢・遺族の支出がフランスよりも小さい。医療支出も特に他国と比べて，高いわけではない。さらに，日本では世代に関わらず，貧困が深刻な問題となっている。**生活保護**の給付を受ける人の約半数が高齢者という事実がある。つまり，高齢者は普通，年金所得があるが，それでも最低限の生活を維持することができなく，生活保護を受けざるを得ないという状況に陥っている。これは，到底高齢世代が手厚く保護されているとは言えないのである。

　このように，日本は**皆年金・皆保険制度**を用いており，なおかつ近年，社会保障の需要が高まっているので，一見すると，社会保障サービスが充実しているように見える。しかし現実は，日本一国で見る際に，昔より毎年社会保障の支出が増加しているが，高齢と医療以外では，先進諸国の平均にも及ばない水準だと図3において確認された通りである。

3　相対的に「小さな政府」——なのに，どちらかと言うと「大きな政府」と思っている国民意識

　政府が大きいか，小さいかによって，「大きな政府」と「小さな政府」と呼ばれている。財政は我々が生きていき，生活をしていくうえで，誰もが必要とするニーズを提供することを目的としている。したがって，この政府の大きさが

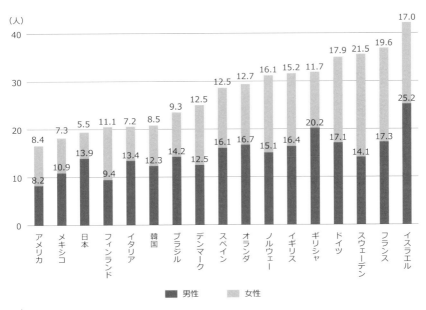

図4　千人あたり「公務・国防・社会保障事業」分野の就業者数
出所：総務省統計局「世界の統計 2021」より作成。

小さければ小さいほど，直接お金や暮らしにかかわる様々な問題を自分自身で
解決しなければいけなくなる（井手 2017：32）。
　では，政府が大きいか，小さいかというのはどのような基準を用いているの
だろうか，日本の場合は，どちらと言えるだろうか。まず，「大きな政府」の場
合，豊なサービスを我々に提供することができ，自らのお金で補う必要が少な
くなる。例えば，教育は大学まで無償化にすると，家計事情によらず誰でも大
学までの高等教育を受けることが可能になる。実際に，ヨーロッパの多くの国
は，大学まで無償化しており，国のお金，すなわち財政資金（租税）で教育費
を賄っている。反対に「小さな政府」の場合，財政支出が少ない分，我々自身
がそれを払わないといけなくなり，そのために貯蓄しなければならない。要す
るに，政府支出に賄われている財源は我々が支払っている租税であり，一国
の政府が大きいか小さいかというのは，まず租税負担率からみることができる。
租税負担率については，既に日本財政の特徴1（「租税負担が軽い」）のところで

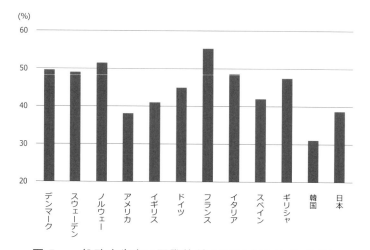

(%)

図 5　一般政府歳出の国際比較（2020 年の対 GDP 比）
出所：OECD 統計より作成（https://data.oecd.org/gga/general-govern-
ment-spending.htm）2021 年 9 月 8 日参照。

　見てきたように，日本の租税負担率は低く，OECD 平均水準にも達していないので，財源の側面から考えれば，日本は「小さな政府」である。

　次に，一国の財政規模が大きければ大きいほど，当然それを管理するための公務員の数も多く必要になる。そして，公務員たちの給料は我々の税金によって賄われているので，公務員の数が多ければ多いほど，それに使われる財源が多くなり，「大きな政府」と言える。

　前頁の図 4 は男女の公務員の数における国際比較である。日本の公務員の数は少ないことが一目瞭然であり，女性の割合が特に低いことは，日本が抱えている男女格差の問題を示唆している。

　最後に，一般政府[4]の財政支出，または OECD 基準の社会支出から日本は「大きな政府」になるかどうかを判断することもできる。OECD 基準の社会支出について，既に述べた通り，日本は「大きな政府」とは言えない。ここでは一般政府の財政支出を加えてさらに検討しておこう。

(4)　中央政府，地方政府（日本の場合，地方公共団体と呼ぶ），社会保障基金のことを一
　　般政府と呼ぶ。国際比較する際に，一般政府の概念を用いて比較するのが普通である。

表1 一般政府の主要歳出の国際比較（2020年の対GDP比）

	一般政府サービス	防衛	秩序・安全	経済	教育	保健・医療	社会福祉	合計
デンマーク	6.0	1.1	1.0	3.1	6.3	8.3	21.6	47.4
スウェーデン	6.9	1.2	1.3	4.4	6.9	7.0	18.9	46.6
ノルウェー	4.8	1.9	1.2	6.0	5.6	8.7	19.7	47.9
アメリカ	5.8	3.4	1.9	3.4	5.9	9.3	7.6	37.3
イギリス	4.3	2.0	1.8	3.5	4.9	7.7	14.8	39.0
ドイツ	5.6	1.1	1.6	3.3	4.3	7.3	19.6	42.8
フランス	5.5	1.7	1.6	6.0	5.3	8.0	23.7	51.8
イタリア	7.5	1.3	1.8	4.0	3.9	6.8	21.4	46.7
スペイン	5.5	0.8	1.8	4.0	4.0	6.1	17.4	39.6
ギリシャ	7.9	2.0	2.1	4.0	4.0	5.3	19.8	45.1
韓国	4.0	2.4	1.2	4.4	4.9	4.7	6.9	28.5
日本	3.7	0.9	1.2	3.7	3.3	7.7	15.4	35.9

出所：OECD 統計より作成（https://data.oecd.org/gga/general-government-spending. htm）2021年9月8日参照。

　前頁の図5は表1の主要な支出分野と環境保全，住宅・地域，娯楽・文化・宗教を加えた一般政府支出の総計である。取り上げた国の中では，日本は韓国，アメリカの次に一般政府支出が小さく，GDPの4割未満を占めているに過ぎない。

　そして，主要歳出の表1からわかるとおり，デンマーク，スウェーデン，ノルウェーの**社会民主主義レジーム**とドイツ，フランスの**保守主義レジーム**の場合，社会福祉を中心に支出規模が大きい。それに対し，自由主義レジームのアメリカとイギリス，そして**家族主義レジーム**と呼ばれる日本等は社会福祉等の支出規模が小さい。しかし，教育に関しては自由主義レジーム諸国においても支出が多く，保守主義レジームと家族主義レジーム諸国の支出は少ない。全体的に，日本においては，一般政府の歳出が少ないので，政府の規模が小さいと言える。

　これまで述べてきたように，日本の租税負担率が低く，公務員の数が少なく，社会支出や一般政府歳出の割合も低いので，明らかに日本は「小さな政府」

であることがわかる。

4 莫大な財政赤字──なのに，「自分と関係ない」と思う人が少なくない

　日本が多くの借金を所有し，莫大な財政赤字問題を抱えていることは多くの国民が知っているように思う。しかし，それは自分とどう関係し，何を意味するのか，さらに日本の場合，財政破綻に陥る可能性が低いので，それでよいのではと考え人も少なくない。

　次頁の図6と図7を合わせて見てみよう。まず日本の財政赤字は年々上昇しているとともに，国際比較した場合，コロナが流行する前の2019年度では，既に一般政府の債務残高の対GDP比が233.7％となり，深刻な財政赤字となっている。次に，2020年度では，コロナの影響により，国債依存度が倍になり，一気に64.1％まで跳ね上がった。これは日本における財政支出のうち，その6割超の財源を借金に依存していることを意味する。

　そもそも**財政法4条**では「国の歳出は，公債又は借入金以外の歳入を以て，その財源としなければならない」とし，公債の発行による財源調達を原則的に禁止している。しかし，4条の但し書きにおいては「公共事業費，出資金及び貸付金の財源については，国会の議決を経た金額の範囲内で，公債を発行し又は借入金をなすことができる」として，公共事業費等の投資的経費については，公債の発行による財源調達を例外的に認めている。こうした公債のことを**建設国債**と言い，**4条（公）債**とも呼ばれる。建設公債が発行できるのは，**公共事業費**[(5)]等の**投資的経費**は，社会的生産力の拡大に寄与し，今生きている世代のみならず，将来世代にも資産としてのベネフィットを提供することになるため，現在世代だけではなく将来世代も公債の**元利償還**のための租税負担という形でその費用を負担すべきという考え方によるものである（金澤2005：141）。

　それに対し，人件費等の経常的経費は，将来世代には資産としてのベネフィットを残さずに公債の元利償還のための租税負担という形での費用負担だけを残すことになるため，財政法でこうした公債の発行による財源調達は認めていな

---

(5)　公共事業とは，道路，橋，港湾等交通インフラの整備，商工業用地や住宅用地の造成，学校，福祉施設等各種公共施設の整備等，政府によって物理的な資産が形成される事業のことである（高端・佐藤2020：161）。

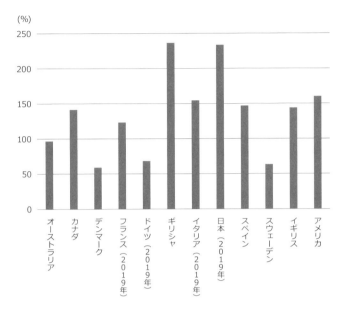

図 6　一般政府債務残高の国際比較（2020 年度の対 GDP 比）
出所：OECD の主要統計より作成（https://www.oecd.org/）。

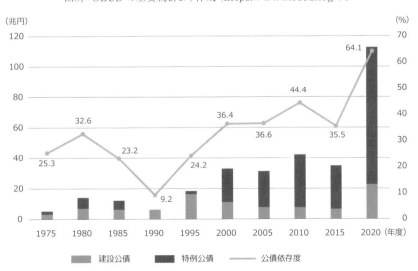

図 7　日本の公債発行額と公債依存度の推移
出所：財務省『債務管理リポート 2021』資料編より作成。

い（金澤 2005：142）。しかし，特例法を用いて，国会で議決されれば財政民主主義の過程を経ているとみなし，これは**特例公債**，**赤字公債**とも呼ばれるが，発行することができるようになる。つまり，日本がこれだけ公債残高が積み重ねられたのはある意味で，**財政民主主義**の過程において，国民の政治不参加と，財政赤字問題への無関心による一因もある。なぜなら，財政民主主義の過程を経ているとはいえ，実際に日本人の投票率が低く，なおかつ若者の不投票問題が特に問題化されているので，民意を反映した意思決定と言い難い。さらに，公債額は必ず予算の中に反映されるが，多くの国民は予算についてのモニタリングを行わず，結果としての公債発行額を知っているだけで，なぜそうなってしまったかという予算編成の決定過程については，特に関心が集まらないからである。

　図7から，日本の財政が悪化し始めたのは1990年代以降とも読み取れた。特例公債を発行し始めたのは1975年であるが，1980年代の**バブル経済**の恩恵により，1990年代初頭では特例公債の発行がゼロとなった。しかし，1990年代の半ばから再び特例公債を発行し始め，その後上昇し続けている。公債依存度から見ても同様で，1990年代から公債依存度が上昇し始め，2015年度ではいったん改善が見られたものの，依然として高い水準となり，2020年度では急激に上昇したことがわかる。

　周知のように，財政赤字の問題が深刻になると，財政破綻に陥る可能性が高く，図6のギリシャでは財政破綻に直面したのはまだ記憶に新しい。しかし，日本は深刻な財政赤字を抱えているものの，実際には財政破綻に陥る可能性が低いとされている。**財政破綻**とは「元利償還費の全部または一部の支払いが停止されたり，遅延されたりする状況」であり，いわゆる**債務不履行**のことを指す（高端・佐藤 2020：81）。日本が公式的に財政破綻になる可能性が低いのは，日本のすべての公債が**自国通貨建**てのものであり，**外貨建**てのものと異なり，返済資金が底につくことが考えにくいからである。

　だとすれば，公債残高の膨らみや財政赤字の深刻さは我々の生活に何も影響しないのかと問われると，そうではない。まず，公債は借金なので，借金をする以上，いずれ返さないといけない。毎年，国家予算の中には元利償還金の国債費として，すなわち借りたお金の上に利息が付くものであるが，少しずつ返済していく。予算の中では，我々が負担している租税（財政収入における

「メイン」)という歳入以外に，なお足りない場合，新規公債が発行される。それに対し，歳出は我々のニーズに当てはまる公共サービスへの支出である。元利償還金の国債費は支出の項目として計上され，なおかつ必ず支出しなければならない義務的経費のため，この額が高ければ高いほど，実際に我々に振り分けられる公共サービスの財源が少なくなる。当然のこととして，財源不足の中で，予算が我々国民のニーズに応じて柔軟に配分することができなくなる。この現象は財政の硬直化と呼ぶ。

また，公債は時間をかけて返済していくものであり，現在世代だけではなく，将来世代にもそれを返済しなければならない。そう考えると，公債発行により，今まで以上に公共サービスの恩恵を受ける世代がいる一方，公債を返済するために増税を迫られ，消費水準が引き下げられる世代が後に出てしまうことになる（高端・佐藤 2020：78）。こうした世代間の不公平が生じる可能性が十分あり得る。

これまで論じてきたように，財政は誰とも関係している。国際比較を通じて，日本財政は4つの特徴がある。それは①租税負担の軽さ，②実際には社会保障が充実されているほどの福祉国家ではないこと，③相対的に「小さな政府」であるが，④莫大な財政赤字を抱えているとの矛盾がある。

Ⅳ　社会・地域社会の「鏡」としての財政

財政学は社会のあり方を知るための格好の学問である。財政学者の神野直彦が言うように，「財政が危機に陥った時には，その背後には，必ず社会の危機か経済的危機が潜んでいる」からだ（高端・佐藤 2020：3）。この節では，事例を取り上げ，財政は社会・地域社会の「鏡」であることについて一緒に考えていきたい。

社会学のように，社会現象の実態や現象の起こる原因に関するメカニズムを統計，データ等を用いて分析する学問が存在する。他方で，社会のあり方とあらゆる問題は実際に財政を通じて読み取ることもできる。なぜなら，財政は誰か特定の人，またはある個人の利益のためにあるわけではなく，社会メンバーの全員が必要とするもの，つまり人間ならば誰でも必要とするものを提供するために財政が存在しているからである（井手 2017：5）。

　そして，財政の場合は収入と支出を予算という形で凝縮され，その中の具体的な数値を通じて時代の変化，社会のあり方と社会にいる我々が求めているニーズを可視化にする。例えば，社会保障関係費は 2001 年に発足した小泉政権においては，財政構造改革を掲げ，「聖域なき歳出削減」の**財政再建**政策の下，社会保障分野は大幅に**抑制**された。しかしながら，それでも社会保障の支出が上昇し続け，今日では，社会保障関係費は年度予算の 6 割超を占める最大の財政支出となっている。

　要するに，時代の変化に伴って社会のあり方が変わり，女性の社会進出，企業社会の行き詰まり等の影響により，それまで家族内，企業内でカバーしていた年金，医療，介護，子育て，福祉等の対人社会サービスは維持できなくなった。その代わりに，財政を通じて，皆が一層必要とする社会保障分野に多くの財源を配分することになった。この変化と方向性はたとえ国が政策的に抑制しようとしても，**ニーズという必ず要る特質**から自ずと予算の中で，ある程度反映することになる。逆に，ニーズに合わない予算配分，あるいは不十分な予算配分がなされる場合，自然に社会問題として浮上してくる。

　近年，日本の格差・貧困問題が頻繁に話題になっている。次頁の図 8 のように，厚生労働省が発表している『国民生活基礎調査』によると，2018 年では日本の**相対的貧困率**[6]は 15.4％に達しており，日本人 6, 7 人のうち，1 人が貧困に陥っている。この相対的貧困率を国際比較した場合，日本は OECD 加盟国のうち，アメリカ，韓国，メキシコに次いで 4 位の高さである。そして，日本の相対的貧困率に占める貧困の所得ラインは 127 万円という驚くべき低い所得水準であった。

　日本の社会保障制度の中では，生活保護制度が設けられており，日本国憲法の第 25 条では，「すべての国民は健康で文化的最低限度の生活を営む権利

---

(6)　『国民生活基礎調査』にて用いられている相対的貧困率の定義は，世帯可処分所得
　　（世帯内のすべての世帯員の所得を合算）を世帯人数で調整した値（等価世帯所得）の
　　中央値の 50％（EU では，60％を基準）を貧困線として，これを下回る世帯可処分所得
　　の世帯に属する人の割合である。可処分所得とは，稼働所得，財産所得などから，所
　　得税，住民税，固定資産税および社会保険料を差引き，公的年金，児童手当，生活保
　　護などの社会保障給付を足した値である。

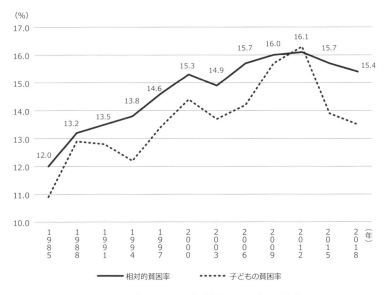

図8　日本における相対的貧困率の推移

出所：厚生労働省（2020）『2019 年国民生活基礎調査』より作成。

を有する」と書かれている。そして，第 25 条第 2 項では，「国はすべての生活面において，社会福祉，社会保障及び公衆衛生の向上及び増進に努めなければならない」と記されている。にもかかわらず，相対的な貧困率は 2012 年の 16.1％のピークに達し，その後緩やかな減少が見られるものの，まだ値として高い数値のままである。これは財政を通じた社会保障サービスの不足と給付の不充分さを証明し，社会問題として格差・貧困が現れたわけである。

V　地域経済と地方財政

1　地域経済の発展とは何か

「地域経済の振興や発展という言葉がよく聞かれるが，皆さんはどうイメージしていますか？　地域の経済が発展すれば，我々の生活が必ず豊かになると思います？　それとも地域社会を発展させたければ，経済を振興するという唯一の選択肢があると思いますか？」

　結論を先に言うと，どちらでもノーである。まず経済が良ければ，必ず我々の生活が豊かになるとは限らない。経済成長と呼ばれているのは，ほとんどの場合 GDP（国内総生産）の増加を指す。GDP とはある国，一定期間の生活・生産活動で生み出された付加価値の総額である。そして，GDP の最大の特徴の1つはあらゆるサービスの付加価値を中立的に足し合わせることである（井手・宇野・坂井・松沢 2017：15）。そうすると，ポジティブな消費は付加価値として計算されると同時に，当然ネガティブな消費も GDP としてカウントされることになる。例えば，まだコロナが収束していない今，マスクや消毒液の需要が高まり，それらが消費されることによって，GDP の向上につながる。しかし，我々にとって，マスクをつける必要がなく，頻繁に消毒液を使わないほうが生活しやすく，ストレスにならないはずである。このように，経済が成長し GDP が高くなることが，直接我々の生活の質の改善につながり，幸せな人間らしい生活を送れるとは限らないのである。

　地域経済も同じであるが，ある地域の経済が発展すれば，確かに税収が増え，財政的な余裕が出てくる。しかし，財政は余裕があること自体に問題がある。既に述べたように，租税を徴収するのは，誰でも必要とする公共サービスのためであり，公共サービスを給付するための財源調達を保障することである。したがって，経済を発展させ，徴税ばかりに視点を入れるのではなく，より重要なのは，その財源を皆のニーズに充て，地方財政の機能を果たすことによって，現金給付または現物給付の形で，地域住民に還元することである。そうしないと，我々の生活が向上することはなく，地域経済の発展・振興の意義も失われる。地域経済を発展させることによって，インフラ整備がさらに充実し，働きながら安心して子育てができる環境を整え，介護や医療等のサービスが心配なく受けられるようになること等々，住民の実際の生活において暮らしやすい地域社会づくりが必要である。そうすると，その地域に長く住めるという安心感が生まれ，少子化に歯止めがかかり，地域からの人口流出も阻止することができ，住民税をはじめとする地方税の増加にもつながる。要するに，地域社会に住んでいる住民の暮らしを優先させないと，単なる産業誘致，観光振興といった地域開発型の発展では，持続可能な地域社会を目指す道のりは程遠くなる。

　地域社会はまず人間が生きていくための社会でないといけないし，しかも人

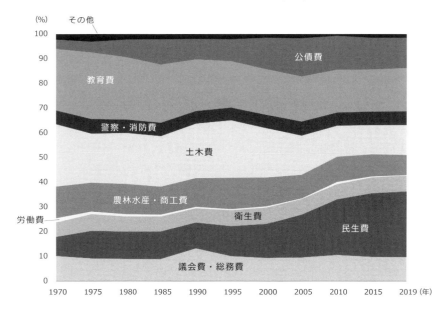

図9　地方自治体の目的別歳出構成（決算）
出所：総務省『地方財政統計年報』の各年度版より作成。

間らしい生活ができる地域でないといけない。経済ばかりを追求するような地域は，人々の切実な暮らしのニーズが軽視される恐れがあり，本末転倒になってしまう危険性がある。

2　「生活保障の場」としての地域づくりと地方財政

　我々に給付される公共サービスのうち，多くの場合，それは地方財政が担っている。地方財政はその地域の人々のニーズを満たすためにある。人々のニーズは地域の経済・社会状況に応じて変化し，ニーズが変化すれば，地方財政を果たす役割や地方自治のあり方の転換も要求される。

　図9は地方自治体の目的別分類でみた歳出の決算額の構成比の推移を示している。1970年代から今日まで，明らかに変化がある費用から確認すると，1970年代から2000年代半ばまで，**土木費**は常に歳出の2割強を占め，大きな歳出費用である。そして，実際にこの時期に歳出総額に占める普通建設事

業の割合は常に3割程度を占めていたので，土木費の傾向と合わせて考えれ
ば，地方自治体は巨額の公共投資を行ってきたことを示している。しかし，
2005年から今日まで，土木費の割合が減少し続け，その代わりに民生費の歳
出増が顕著になってきたことがわかる。**民生費**とは，地方公共団体が社会福祉
の充実を図るため，児童，高齢者，障がい者のための福祉施設の設備，運営，
生活保護の実施等の施策を行い，これらの諸施策に要する経費のことを指す。

　図9において，特徴的な点は2000年代以降の民生費の上昇は地域の人々
のニーズの変化を語っている。戦後しばらくの間，公共事業に関する投資的経
費を通じて，具体的に道路・橋，河川管理等の土木事業は，地域の社会基盤
を整備するとともに，各地の建設業を下支えし，地域に多くの雇用を生み出し
てきた。そこで，地域の発展・振興につながり，人々の所得が増え，生活の向
上に結び付けられた。

　ところが，1990年代半ば頃から，社会基盤整備への需要が低くなり，代わ
りに社会保障をはじめとする民生費のニーズが徐々に増大してきた。したがっ
て，開発型の地域社会を堅持し，なおさら公共事業等に投資しても無用であ
る。むしろ地域の人々の切実なニーズに合わせて地方財政の財源の使い方を決
めるのが緊要である。

　次に，図9から1990年代以降，地方自治体における公債費の増加が確認
できる。日本の国家財政には莫大な財政赤字を抱えていることが知られている
が，実際には国家財政と同様に地方財政も圧迫している。この点については，
特にここで言及しないが，コロナの影響により，地方財政の赤字問題は更に深
刻化している可能性が高く，今後注目されるべき課題である。

　さらに，図9の「議会費・総務費」，「衛生費」，「警察・消防費」等に注目
してほしい。このような歳出費は時代の変化につれて，あまり変化がないこと
に気付かされる。公共サービスのうち，上記のような公共財，すなわち政府し
か担い手にならないような分野では，時代が変化してもそのニーズが変わらな
いのである。なぜなら，どの時代になっても，警察・消防，及びごみ処理をは
じめとする衛生費は，地方自治体しかやれない公共サービスであるため，市場
に任せないし，政策的な誘導とも関係しないからである。

　一方で，既に論じた「土木費」や「民生費」，及び準公共財に当たる「教育

費」の場合，住民生活の実態と連動している。戦後から高度経済成長期において，住民が必要なのはまず自由に移動できる便利な交通手段や，公共な場の提供であった。それによって，幅広く経済活動を行うことができ，所得の増加につながり，生活水準の向上が目指された。それに対し，長引く経済不況をはじめ，少子高齢化が進んでいる今日では，核家族化，共働きが普通の現象となり，居住地域には「生産の場」より，「生活保障の場」として求められている。具体的には，福祉サービスや教育のように，人に対して個別に提供される公的サービス，いわゆる**対人社会サービス**が追求される。

　このようなサービスは，地域に個別に提供される公的サービスのために，全国的に統一した基準を設けるのは難しく，それぞれの地域の実情に合わせた対人社会サービスの提供が必要である。なおかつ，対人社会サービスが「生活保障の場」において，サービスを必要とする個人の事情に合わせて提供されるべきなのは現金給付より現物給付であり，その意味でも全国一律とした基準の現金給付とは根本的に異なる。

　総合的にみると，地方財政は「生活保障の場」としての地域づくりを目指し，その「生活保障の場」のニーズを満たすために財源を配分すべきである。それを実現するためには，これまでのような国による集権的な地域づくりではなく，分権的な地域づくりの制度設計を作ることが肝要である。端的に言えば，地方自治体の2つの自治とされる**住民自治**と**団体自体**の自主性を発揮することである。

Ⅵ　身近な地域社会に誰でも必ず要るニーズの充実を！

　「皆さんは，地域社会が身近であることは理解しやすいことですが，財政も身近にあることについて理解できたでしょうか？」

　地域社会を語るには，それが財政・地方財政と切っても切れない関係にあるため，この意味でも財政と関係しない人はいない。生まれ育つ地域以外，基本的に我々は自らの意思で，ある地域を選択し，その地域の住民として暮らすかどうかを決めることができる。その時に，あなたは何を基準とし，どのような地域を選ぶのだろうか。おそらく仕事しやすい，生活・暮らしやすいといったような答えが最も多くなるだろう。しかしながら，仕事・生活しやすいところ

186

を求めると言う反面，多くの日本人は自助努力によって実現すると考えているのであろう。これは，「パブリック」の言葉に対して，日本と欧米が異なる見解を持っているからである。

ヨーロッパの場合，人々がお互いに満たし合う「必ず要る・共通のニーズ」を満たす仕組み，すなわち「生活保障の場」とも言うべき財政（パブリック・ファイナンス）が発展してきた。これに対して，日本社会では，「パブリック」という発想はあまり定着しておらず，ヨーロッパと比べ，様々な問題は家族・個人の問題とされ，企業中心とする「生産の場」で稼いだお金で自分たちの生活を成り立たせなければならなかった（井手・宇野・坂井・松沢 2017：194 – 197）。そして，多くの人は子育てや教育，老後の備えとして自らによる貯蓄を選び，様々な公共サービスを政府に頼るのではなく，自分たちで何とかするのが筋だと理解し，正当だと思い込んでいる。

ところが，子育て，教育，医療，年金，介護といったサービスは誰か特定の人のニーズだろうか。人間として当たり前のライフサイクルと理解され，今が子育てや教育が終わって，老後生活に入る世代でも，かつては子育て・教育のニーズがあったはずであった。逆に，今は子育て・教育のニーズが高いが，将来的に介護，年金，医療サービスというニーズも必要である。

したがって，地域社会は住民の「生活保障の場」であるため，誰でも必要とする住民の切実なニーズを最優先する視点を入れるべきである。地方財政は地域社会の支えとして，ニーズへの把握と拡充に力を入れるべきであるが，そこには多くの課題が残されており，その動向は今後の社会のあり方とも大きく関わっている。

（宋 宇）

〈参考文献〉
井手英策（2017）『財政から読みとく日本社会──君たちの未来のために』岩波書店。
井手英策・宇野重規・坂井豊貴・松沢裕作（2017）『大人のための社会科──未来を語るために』有斐閣。
金澤史男（編）（2005）『財政学』有斐閣。
宋宇（2019）「消費税の増税をめぐって──「税は悪，取られ損」なのか？」『研究年報人文編』帝京大学宇都宮キャンパス，第 25 号，pp.1-15。
高端正幸・伊集守直（編著）（2018）『福祉財政』ミネルヴァ書房。
高端正幸・佐藤滋（2020）『財政学の扉をひらく』有斐閣ストゥディア。

第10章　地域と観光産業

I　はじめに

　多くの地域にとって観光産業は，重要な存在になっている。観光という活動
は，経済的な波及効果や雇用効果が高いだけではなく，地域で観光産業を創
出することにより，住民が地域の良さを再認識する契機になり，新たなコミュニ
ティが形成されることもある。地域にとっての観光産業は，経済的な効果のみ
ならず，社会的な効果も高いのである。2003年に小泉内閣が観光立国宣言を
して以来，政府はインバウンドを中心に観光政策を推し進めてきた。2019年の
訪日外国人旅行者数は3,188万人，観光収入は世界7位となった。訪日外国
人旅行者数は，2003年に521万人だったので，16年で約6倍になったことに
なる（国土交通省2021）。訪日外国人旅行者の増加は，徐々に都市観光から地
方へ拡大し，一部の地方観光地はインバウンド景気に沸いた。一方で，急激
な観光客数の増加が，地方の小さな観光地を過密にし，オーバーツーリズム問
題も浮上した。また，2020年に始まった新型コロナウイルスの世界的な拡大は，
国内外の観光活動を中断し，観光産業に大きな打撃を与えた。本章を作成し
ている2021年9月現在，この問題の終息は見えていない。しかしながら，新
型コロナウイルス問題の終息とともに，国際間の観光活動は再開され，観光客
は各地に戻ると考えられる。実際，感染が落ち着いた時期には，国内におい
て生活圏での観光や近県への日帰り観光が見られており，観光は多くの人々が
求めている活動であることには間違いない。だが，2年以上に亘る新型コロ
ナウイルス問題は，観光客の行動を変容させる可能性がある。地域はこれまで
の量的な観光客の受け入れからの変換を迫られるだろう。
　今後の地域の観光産業は，多様な環境変化のなかで，どのようにあるべき
だろうか。本章では，地域と観光産業の関わりを概観したのち、国内外の事

188

例を取り上げながら考えたい。まちづくりに関わる行政職員の方，地域の観光政策や観光産業を学びたいという方，また移住や地域での起業に興味を持つ方には，本章を読んでいただき，活動の糸口をつかんでいただきたい。

Ⅱ　観光産業とは

1　観光産業の定義と範囲

　観光産業は，観光庁によると「旅行業と宿泊業を中心として，運輸業，飲食業，製造業等までまたがる幅の広い産業分野」とある（国土交通省観光庁2012）。観光系シンクタンクのJTB総合研究所によれば，「ツーリズム産業とは，航空や鉄道・バス・船舶などの運輸業，旅館・ホテルなどの観光施設，レストランや土産店，MICEに関わるイベント・コンベンション業，ガイド，旅行会社などツーリズムに関連する産業」（JTB総合研究所2021）とより具体的に定義している。なお，観光産業とツーリズム産業はほぼ同義である。実際，国内産業を分類する日本標準産業分類には観光産業は存在しないので，具体的にどの産業までを含めるかは明確ではない。こうした観光産業の範囲の曖昧さは，過去に観光産業が経済界で注目されにくかった一因にもなっていた（溝尾2015）。国の観光統計でも，観光産業をどの範囲まで扱うかについては，「（日本標準産業分類の）分類ごとに観光に該当する割合はどの程度かを推計してそれを足しあげる」となっており（国土交通省2010），統計で扱う産業の範囲はその時により異なっている。観光産業を最も広く捉えているのは，日本旅行業協会・日本観光振興協会のもので（次頁図1），範囲を「ツーリズム産業」「関連団体」「ツーリズム関連産業」の3層構造で示している。

　このように，観光産業の範囲は曖昧であるが，主要産業は，旅行業・宿泊業・運輸業と言うことができる。これらは，日本の観光の大衆化を進めてきた立役者である。そこで本章では，これらの3産業に注目し地域との関係を述べたい。

2　観光産業が及ぼす地域への効果

　観光産業は地域への経済波及効果が高い産業であると言われている。観光

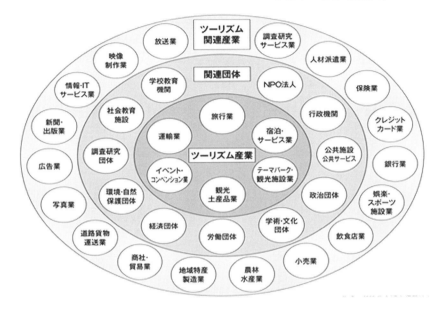

図1　ツーリズム産業の範囲
出所：日本旅行業協会・日本観光振興協会（『数字が語る旅行業 2011』）。

産業の範囲が非常に多くの産業を含むことから，経済的な効果の範囲も広い。
旅行業・宿泊業・運輸業は第三次産業だが，観光客による地域での飲食や土
産品の購入といった行動は，地域の農産物販売や食品加工などに繋がり，経
済効果は第一次産業や第二次産業にも波及する。また，観光産業は，雇用効
果が高い。宿泊業・飲食業・テーマパーク業では特にホスピタリティが重視さ
れ，地域の観光ガイドや観光施設も人に頼る産業である。観光産業は地域の
人材を必要とし，若者，女性，シニアなど様々な人が活躍でき，常勤でもパー
トタイムでも雇用が可能なため，雇用効果が高くなる。

　また，観光産業は地域への社会的効果も高い。地域において，観光産業が
創出される際には，観光資源となる地域資源の再評価がなされ，ふるさとの
資源が見直される機会になる。これは地域住民が地域への愛着を再認識する
機会になる。また，地域農産物を活用した土産品の創出や飲食店経営を地域
住民が行うことで，製造や販売の過程で地域のコミュニティが生まれることも

ある。そして，観光地化による地域イメージの向上は，移住者を呼び込むきっかけにもなる。さらに，観光産業は地域産業に新たな付加価値を加えることを可能とする。観光客は滞在での経験を口コミやSNSなどで情報発信している。その内容は，地域の農産物や，郷土料理，文化，景観，人との交流など様々である。こうした情報量が増加すると，地名のみならず農産物や製品の認知度を向上させ，地域産業のブランド化の促進にも繋がるのである。

　観光産業は他産業と比較して創業が容易とされる。その理由として，地域資源を活かした産業であることが挙げられる。観光資源の多くは，地域の歴史・文化・自然・景観に基づくもので，新しい何かを作り出さなくても，もともとある地域資源を活用すればよい。そして，観光産業参入においては特殊な技術や多くの施設を必要としない。歴史を説明する資料館や，文化を体験する施設，観光案内施設などは最低限の整備が必要であるが，使われていない公的施設を修復する程度で開業できることもある。むしろ，景観に合わない近代的な建築物で観光客の印象を悪くすることもあるので，最低限の施設整備で観光産業を創業した方が良い場合もある。山漁村で観光産業への参入をする場合，当初段階では宿泊業・飲食業・旅行業などが不足することがあるが，民泊や地域限定旅行業などの規制緩和を受けて宿泊業や旅行業に住民が参入することができるようになっており，地域の婦人団体などの活動の延長で飲食店を開業することも可能である。そもそも旅行業は，電話と机1つで開業可能と言われた通り，他産業に比較して参入しやすい産業なのである。

　また，地域における観光産業は，新たな観光産業の市場を生み出すことがある。エコ・ツーリズムやグリーン・ツーリズムは，地域における観光産業で生み出されたアイデアがもとになっている。観光産業を地域住民が創業した方が，産業の定着もしやすいとも言えよう。

Ⅲ　旅行業・宿泊業・運輸業

1　地域における観光産業の成り立ち

　日本では旅行業と宿泊業の主なルーツは江戸時代にあると言われる（溝尾2009）。江戸時代には巡礼と医療が目的であれば，庶民による観光が許されて

いた。そこで，巡礼目的の観光においては「講」という地域の有志による巡礼観光のための組織が生まれ，これが日本における初めての旅行組織となった。医療目的の観光においては，温泉地での湯治が発達し，長期滞在型の宿泊施設が生まれた。また，参勤交代による地方と江戸との大勢の移動が，宿場町を生み出した。

　日本の観光産業が確立したのは明治以降になる。開国した日本は西欧諸国から新しい技術や文化を取込むのに懸命であった。そこで先進的な技術・文化・制度・学問を導入するため，欧米から多くの技術者や専門家を招いた。産業革命を起こしたイギリスからは，技術者を招いて鉄道を整備したが，その際に登場した地方路線が，庶民の観光活動を拡大させた。外国人らは日本での観光を希望したので，政府は彼らのために宿泊施設を整備し，観光案内も行った。1912年に鉄道省内にジャパン・ツーリスト・ビューローが観光案内のために設置されたが，これは現在の旅行会社ジェー・ティー・ビーの前身組織である。その後，日本で初の民間の旅行会社である日本旅行や，近畿日本ツーリストが設立された。このようにして，最初の旅行業・宿泊業・運輸業が明治期に誕生した。

　現代の観光産業が確立したのは，第二次世界大戦後である。高度経済成長期には企業内の親睦を図る慰安旅行が盛んに行われた。これは，大勢がバスで温泉地などを訪れる団体旅行であった。団体旅行の拡大は，これらを手配をする旅行会社の規模も拡大させた。同時に，地方には団体旅行を受け入れるための大型の旅館やホテルが登場した。1954年，日本航空が国際線の就航を開始し，1964年には海外旅行が自由化，1970年にジャンボジェットが就航すると，海外旅行の時代が幕を開けた。1960年代は高額で富裕層しか手が届かなかった海外旅行が，1980年代に航空運賃の割引や格安旅行会社が登場すると，バブル経済の影響もあって，海外旅行ブームが巻き起こった。観光の大衆化，いわゆる「マス・ツーリズム」の時代に突入したと言える。気軽に国内外へ旅行できるようになった日本人の旅行目的は多様化し，旅行形態は団体旅行から個人旅行に移行した。国内観光地は，個人旅行化に対応できる地域とできない地域とで，その後の観光客の誘致活動の明暗が分かれることになった。

　1990年代，バブル経済が崩壊すると，日本人における国内外の旅行者数

は頭打ちの状況となった。そこで政府は 2003 年に観光立国宣言，2007 年に観光立国基本法を制定し，インバウンドを中心とした観光政策を進めた。第二次世界大戦後，外国人旅行者を多く集めてきた地方の観光地は少なく，外国語対応や案内表示など，円滑な受け入れに対する整備が進められることとなった。結果的に，地域におけるインバウンドは徐々に拡大していき，民泊やゲストハウスといった新たな宿泊形態の登場，交通における外国人向けの割引券などの商品が登場し，地域の観光産業のあり方にも影響を与えるようになった。

2 「着地型旅行法品」への期待

　1960～1970 年代の団体旅行が主流であった時代には，国内観光地の発展は旅行業に支えられていた。慰安旅行が盛況だったため，大手旅行会社は地域に対し積極的に大型旅館を整備するよう助言し，積極的な宣伝と営業活動で集客し，多くの団体旅行を送り込んだ。したがって「観光客は旅行業が送りこんでくれるもの」と観光地側は考えるようになり，直接観光客を集客しなかった。しかしながら，1980 年代に個人旅行の時代が到来し，1990 年代にはインターネットで旅行予約ができるようになると，国内観光客の旅行業離れが進み，観光地はかつてのように旅行業に頼ることが難しくなった。旅行会社も国内旅行では高い収益性を保つことは難しいため，個人旅行化で顧客が離れて行かないよう，質の高い観光地を発掘して販売するようになった。こうした状況から，観光地側は個人旅行客に選ばれる観光地になるために，自身でマーケティングし集客もしなければならない時代になってきているのである。

　こうした背景を受けて，政府は 2007 年の観光立国推進基本計画を策定して以降，観光地側が旅行商品を作って集客する「着地型観光」を推奨してきた。さらに 2012 年・2018 年に旅行業法を改正し，地域限定旅行業への参入を可能とし，地域主導の旅行商品販売が行いやすい環境を整備した。これまでの旅行商品は，都市のニーズのみを吸い上げて旅行会社が販売してきたが，「着地型旅行商品」は地域側が本当に売りたいと思う地域資源に光を当てて販売することができ，都市のニーズに翻弄されないという点で意義がある。しかしながら，実際の着地型旅行商品は日帰りから 1 泊程度が中心で販売単価も収益性も低いため，地域限定旅行業者が着地型旅行商品販売のみで自立する

ことは難しい。今後は地域の宿泊業，運輸業，法人格を持つ観光協会，地域の中小企業などが副業的に参入して拡大していくことが期待される。

3　多様化する地域の宿泊業

　宿泊業は，1948年に厚生労働省所管で制定された旅館業法によって，ホテル・旅館・簡易宿所・下宿の4分類に分かれていた。しかしながら近年，ホテル風の旅館があったり逆もまたあったりで，線引きがあいまいになっていたところに，訪日外国人旅行者の増加に伴って部屋貸業にあたる「民泊」が登場した。そこで，2018年に旅館業法が改正され，ホテルと旅館は統合して「ホテル・旅館営業」となり，民泊についても同年，住宅宿泊事業法が制定され旅館業とは区別して営業することが定められた。これとは別に，農林漁村においては1994年の農村休暇法で定められた「農家民宿」があり，都道府県の条例で規定され，教育旅行などの受け入れを行っている。

　地域における宿泊業は，日本人の個人旅行化と訪日外国人旅行者の拡大を受けて，多様化している。これまでは，ホテルや旅館に加え，1980年代以降に脱サラ組が観光地で開業したペンション，一次産業と兼業する民宿，都道府県下の条例で定める農家民宿などが，地域に存在した。そこに近年，レストランに宿泊を付けたタイプのオーベルジュ，訪日外国人などを安価で泊めるゲストハウスなどが登場し，民泊においても，1部屋の貸出しから別荘や古民家を1棟貸しするバケーションレンタルまで，多様な宿泊形態が混在するようになった。地域の宿泊施設に多様な選択肢があるのは観光客にとって魅力であるが，地域全体で許容できる観光客数を超えた定員になっていれば，オーバーツーリズム問題になりかねない。また，新型コロナウイルス問題のように，一時的に観光客数が落ち込んだ時には，激しい客の奪い合いになることもある。今後は地域側が観光地の規模に合わせて宿泊施設数をコントロールするような仕組みも考える必要がある。

　最後に，旅館の重要性にふれおきたい。旅館は日本にある最も古い形態の宿泊施設であり，日本の文化を発信できる施設である。団体旅行の時代には大型化して多くの宿泊客を集めたものの，個人旅行化が進むと施設やサービスが対応しきれず，厳しい経営状態に陥ったところが少なくない。負債を抱えて

倒産する旅館の建物が廃墟となって町の景観を悪くしている地域もある。バブル経済の崩壊以降，破たんした旅館の事業再生が存在感を増したが，複数の事業再生が入った観光地は町の一体感が薄れ，地域全体の観光魅力の創出が難しくなる傾向がある。一方，歴史ある観光地には，宿泊業の主役が旅館という地域も存在する。例えば大分県湯布院は，宿泊施設の数を増やさない代わりに長期滞在の観光客を誘致することを目指した。1990年代には，地域の宿泊業と行政が連携して大型宿泊施設の参入に制限をかけ，地域主導型の観光振興を進めてきた。その結果，美しい自然景観が守られ，観光地として人気を集めるようになった。今後の地域の宿産業に求められるのは，地域がどのような観光地を目指すのかのビジョンを持ち，住民が協力していくことだろう。そうした活動が最終的に地域の観光資源を良い状態で保ち，継続的な観光地を作りだすからである。

4 地域における運輸業

運輸業のなかでも鉄道業や航空業は，地方の観光地の創出に大きな貢献をしてきた。1872年に初めて新橋‐横浜間に鉄道業が開業して以降，移動を安価で安心なものにしたのみでなく，旅行を広域化させた。官営鉄道が大都市間を結ぶのに対し，私営鉄道は大都市から地方都市を結び，社寺や温泉地のほか様々な行楽地へ乗客を運んだ。私営鉄道は，有名観光地の他にも沿線にある認知度の低い地域を宣伝し割引切符などを発行して乗客を送り込み，新たな観光地を創出した。また，航空業は，商用客の少ない地域を観光宣伝して乗客を確保しようとした。その際たる例は，北海道や沖縄といった地域である。さらに，航空業は，1980年代以降の海外旅行ブームを支えた。近年では，格安航空会社が登場して，海外旅行はますます身近になり，訪日外国人旅行者も日本を訪れやすくなっている。他にも，観光バスやオプショナルツアーを実施するようなバス事業も地域の観光産業では存在感がある。とはいえ，観光地形成という意味では鉄道業と航空業が地域に果たした役割は極めて大きい。

ところで近年，観光産業において注目されているのがクルーズ産業である。産業としては海運業における客船業に当たる。日本外航客船協会（日本外航客船協会2012）によると，クルーズ船は「船に乗ること自体が旅の主目的」であり

「船内でのレジャーや滞在，洋上ライフを楽しむことが乗船の主目的」とされ，日帰りできるミニクルーズは含まれない。こうしたクルーズ船を運航する企業は，日本には3社しか存在せず，産業規模は極めて小さい。しかしながら，海外企業が運航するクルーズ船は，近年のインバウンドブームを受けて，日本に多数寄港するようになっている。2019年の訪日クルーズ旅客数は215.3万人，海外企業のクルーズ船寄港回数は1,932回にも及び，旅客のうち81％を中国人が占める（国土交通省2020）。現代のクルーズ船はかつてないほど大型化し，2018年時点で世界最大とされるクルーズ客船の定員数は6,680人（ロイヤルカリビアン・インターナショナル社「シンフォニー・オブ・ザ・シーズ」）であり，定員5,000人を超えるクルーズ船は少なくない。かつては時間をかけた豪華な旅というイメージがあったが，船の大型化で定員を増加し価格を下げてきたことから大衆化し，世界のクルーズ人口を増加させたのである。クルーズ船の寄港は一時的とはいえ，寄港地の周辺には多くの観光客が訪れることとなり，経済効果を生み出す。そこで，日本政府は大型クルーズ船が寄港できるように，各港湾の岸壁の整備を進め，世界的にも高額とされる着港料や水先料などの負担軽減策を検討している。ただし，寄港時には地域側が留意すべき点もある。クルーズ船の寄港においては一度に数千人という乗客が下船するので，地域側では多くの係員やガイドの人手が必要である。また，停泊期間はせいぜい日帰りから1泊程度のため，その観光行動は，有名観光地に送迎バスやタクシーで行き，食事と土産品を購入してクルーズ船に戻るという典型的な「マス・ツーリズム」の傾向になる。乗客は同じところに流れるばかりで，周辺地域には期待したほどの来訪がない場合もある。クルーズ船の寄港は地域にとってメリットもデメリットも及ぼすことを注意しなければならない。できればクルーズ会社に地域を売り込むポート・セールスの段階から地域の人材が関与することにより，寄港時に複数の方面へ乗客を送り込む体制を作るのが理想的である。

Ⅳ　観光産業とまちづくり

1　国内事例に学ぶ：京都府和束町

写真1　和束町の茶畑景観（原山地区）

（1）　茶畑景観を活かした観光振興

　和束町は，京都府南部に位置する人口3,789人[(1)]の鎌倉時代から続く茶業の町である（写真1）。茶は京都府生産量の約45%を誇り，高品質宇治茶として流通し，農業の安定感は他産地を上回るものがある。また，急傾斜地に張り付くように広がる茶畑景観は圧巻で，2008年には京都府景観資産の第1号として登録された。一方，和束町は高齢化率が45.9%[(2)]に上る過疎地である。農業のみを生業とする農家は100戸で、その多くが茶業であるが，後継者も高齢化や茶業における新規就農の難しさにより不足しており，近年は耕作放棄地が目立つ。そこで和束町では，茶畑景観が府の景観資産の登録候補になった2006年から，茶畑景観と生産文化を活かした観光振興を促進してきた。約15年の取組を経て，観光客数は2008年から2019年にかけて3.2倍の170,429人となり，宿泊施設は1軒から9軒（教育旅行向けの農家民宿は0軒から105軒）まで増加した。[(3)]

　自治体の財政力が弱く，職員も100人未満の和束町では，予算も人員も不足したため，中央省庁から各種の補助を受けて取組みを進めた。厚生労働省の事業費を受けて2006年に設立された和束町雇用促進協議会は，観光業や農産加工品に関するセミナーを実施し人材育成を促した。セミナーには，農家も非農家も短期移住の若者も参加し，観光業・農業における新たなアイデアを

---

(1)　平成27年度国勢調査による。
(2)　令和2年3月31日現在、京都府健康福祉部高齢者支援課資料による。
(3)　和束町雇用促進協議会事務局への聞取り調査による。

生み出し，人間関係を構築する場となった。2008年10月に開業した「和束茶カフェ」は，茶や農産加工品の販売・飲食・情報発信を目的に設立され，観光振興の拠点となった。その後，茶畑景観を歩く観光ルートの設定，茶香服など生産文化を活かした体験プログラムの創出が，高台で茶畑景観を眺めながら茶を楽しめる「天空カフェ」の設立や，観光案内所が設立された。農業法人「おぶぶ茶苑」は，茶畑オーナー制度や，茶摘みなどを旅行商品化して販売した。さらに，和束町に移住した若者が，援農を契機とした移住促進の取組である「ワヅカナジカン」（現・合同会社ゆうあんビレッジ）を開始すると，若者の短期移住の増加が見られるようになった。和束町の援農は，農繁期の作業の手伝いとして町外の若者を有償で募集している。この取組みをきっかけに移住定住者は，2008年から2019年にかけて24名となった[4]。彼らの多くは就農のほか観光業の創出にも関わった。

（2）　住民の危機感と多様な人材を受け入れる風土が観光振興を促す

　和束町が15年という比較的短い期間で地域に観光産業を定着させた背景には，生業である茶業に対する住民の危機感と多様な人材を受け入れる住民の寛容さがあると考えられる。

　日本茶のペットボトル飲料化による高級茶市場の縮小，生産者の後継者不足と耕作放棄地の問題から，住民や行政は地域の茶業に対して長らく危機感を抱いていた。また，和束産の茶は「宇治茶」として流通し，高品質・高価格という事実は茶業界で知られるのみで，和束町の名は一般的に知られることはなかった。そこで和束町では，地域産の茶を「和束茶」として流通させ，茶のブランド化と茶産地としての知名度向上を図る取組みを以前から進めていた。そこに観光振興の取組みが重なることになった。つまり，和束町では，新たな産業として観光産業を創出するというよりは，生業である茶業を活性化するために観光振興を活用したのである。あくまで農業が中心で，観光はその補完産業という位置づけは，過度な観光化を防ぎ，観光資源を保護することに繋がる。このことは，2021年の和束町景観条例の制定に反映されている。この

---

(4)　(3)に同じ。

ことは，和束町の住民は茶畑景観を保護しながら，過度な観光開発を避ける
ことに対して、高い意識を持っていることがわかる。

　和束町の観光産業では，農家・非農家・移住者といった多様な人々が関与し
ている。農産加工品販売は非農家の女性達が，体験プログラムや旅行商品販
売は農家が，援農の仕組みは移住者がそれぞれ始めた。その後も，茶畑内に
野点の茶室を整備する農家や，町外から移住してレストランを開業する若者な
ど，新たな事業が生まれた。いずれの取組みも，行政が旗振りしたものでは
ないので、和束町には，若者や移住者が創業しやすい雰囲気があると考えら
れる。その背景の1つとして，2001年から和束町では，農家がNGOの外国
人青年キャンプの受け入れを開始し，来訪者を受入れることに寛容だったこと
が挙げられる。また，京都・大阪・奈良といった国際観光地が鉄道の交通手
段で1時間圏内にあるという立地は，観光産業の参入における住民の心理的
な障壁を下げると同時に，都市からの多様な人材を招きやすかったとも言える。

2　海外事例に学ぶ──イタリア南チロル県のアグリツーリズモ

(1)　南チロル県における観光振興の取組み

　アグリツーリズモとはイタリアにおいて農家が行う観光業を指す。イタリアで
は国が1985年にアグリツーリズモ法を制定し，それに各州が規定を加える形
で農村観光を推進し，安定的な農村の発展を目指してきた。アグリツーリズモ
を活用した観光振興はトスカーナ州やトレンティーノ＝アルト・アディジェ州南
チロル県で進んでいる。ここでは，南チロル県における事例を紹介する。

　南チロル県は，歴史的経緯から県民の約6割がドイツ語を主言語とする特
殊な地域で，一定分野における独自の立法権を持ち，国から高い税配分を受
ける自治県である。自治意識の高さから，1970年代から地域産業の強化を進
め，農業や観光業の育成に力を入れた。その結果，農業では既存の酪農に加
え，リンゴ生産は世界市場の2%（2013年現在，DeMeyer 2013）を占めるほ
どになった。観光業では，1960年代から山岳やスキーを目的とした観光客が
見られたが，2011年にドロミテ山塊が世界自然遺産に登録されると年間700万
人を超える観光客を集めた。だが，農村を訪れる観光客は少なかった。そこ
で，県が1996年にアグリツーリズモを規定し，南チロル農民連合が1999年

写真2　南チロルの農村　　　　写真3　ルーター・ハンの直営店
(著者撮影)

に農村観光の推進組織としてルーター・ハン (Rooter Hahn) を設立し, アグリ
ツーリズモの導入を支援した。これにより, 南チロル県のアグリツーリズモ数は
2015年に2,798軒 (ASTAT 2018) と対1998年比で約2倍に急増した。この
数は, 県農家数の約15%で, 全国的にも高い開業割合である。著者が同県で
実施したアンケート[5]では, アグリツーリズモを経営する農家の収入は, 観光が
全体の30%を占め (2018年現在), 農村観光が重要な産業であることがわかる
(五艘 2019)。

(2)　アグリツーリズモの規定
　南チロル県のアグリツーリズモに関する規定は改正を重ね, 現状の枠組みに
なったのは2008年である[6]。ルーター・ハン (2021) によると, 南チロル県の
アグリツーリズモは, 原則として部屋数が施設当り8部屋までと制限され, 農
家が観光業を無秩序に拡大し農業を衰退させないようにしている。また, 農
地は果樹園や耕地は0.5ha以上, 牧草地や放牧地は1ha以上の面積を有し,
放牧地には必ず家畜を飼育しなければならない。そして, 文化的・教育的な
農村体験として乗馬などスポーツ・アクティビティや, 農場内での生産物の試

---

(5)　著者は2017年2月にルーター・ハンと連名で南チロル県の全アグリツーリズモへイン
　　ターネット・アンケート調査を実施した (有効サンプル数333)。
(6)　南チロル県法第7号 (Legge provinciale del 19 settembre 2008, n.7, Delibera
　　della Giunta Provinciale n.4617 del 9.12.2008) による。

食などの体験を宿泊者に提供することが推奨されている。さらに，食事は地元農産物を提供することが定められ，食材の80％が地域産品，30％が自家生産品と規定し，メニューには県が定めた伝統的な製品を積極的に提供することが推奨される。

　これらに加えて南チロル県には，教育・訓練に関する細かな規定がある。開業にはルーター・ハンが主催する基礎講習を85時間受講しなければならない。これは経営者のみでなく運営に関わる全員の受講が必要で，経営者以外は19時間免除される。受講はアグリツーリズモ開業後2年以内に行う必要があり，受講がない場合は，県がアグリツーリズモ運営の停止を求めることができる。また，運営においては，観光業の労働日数が農業の労働日数を上回ってはいけないとの規定もある。

(3)　アグリツーリズモ推進組織

　1999年に発足した農村観光の推進組織であるルーター・ハンは，南チロル農民連合という県最大の農業組織の傘下にある。南チロル農民連合は，かつて地域の統治がオーストリア・ドイツ・イタリアと歴史的に変化するなかで，常に農村住民に寄り添って活動してきたため，農村住民から大きな信頼を得ている。ルーター・ハンは，中心地に活動拠点を置く，研究員6名・アシスタント10名（2016年3月現在[7]）の小さな組織で，活動内容は，農業および農村観光のマーケティングを中心とし，①アグリツーリズモの推進と格付け，②生産物の販売促進，③農家向けのセミナーの実施，④伝統産業品，を柱としている[8]。

　アグリツーリズモの格付けは，観光客の利便性を向上するとともに，アグリツーリズモ経営者がより良いサービスを目指すことを目的としている。ルーター・ハンは，全アグリツーリズモに約100問の審査シートを配布し格付けを行う。格付けは，観光客向けのパンフレットやウェブサイトに掲載され，同時に施設の規模や内容，バリアフリー対応，スポーツ・アクティビティ，農産物の種類などの紹介もされている。生産物の販売促進は，農家による農産加工品

(7)　ルーター・ハンへの聞取り調査（2016年3月）による。
(8)　(7)に同じ。

の生産を支援し，それらを冊子，ウェブサイトで紹介し，市中心部の直営店で販売する。これによりアグリツーリズモに参入できない農家も，ジャム・ワイン・チーズなど農産加工品を生産し，販売することで観光業に参入できる。また，観光客も農家に立寄って土産品を購入する楽しみが増える。ルーター・ハンは，より多くの農家が観光業に参入できるような環境を整備している。農家向けのセミナーは，観光業経験の無い農家に対して，アグリツーリズモを開業時の 85 時間の基礎講習を始め，アグリツーリズモの改修や資金調達の方法，農産加工品の開発方法など多様な内容が含まれている。セミナー講師は，ルーター・ハンの研究員のほか，大学や企業からの外部講師が担い，研修期間は半日〜3ヶ月という短期から長期までがある。ルーター・ハンは参加費の半分を補助し，農家の負担を減らしている。長期のセミナーは，ルーター・ハンが県内の専門職業訓練学校に委託している。ルーター・ハンの運営費は，研究者の人件費を含め会員である農家からの広告収入と，県の補助によって賄われている。これはオーストリアの観光政策に強い影響を与えた方法である。

(4)　南チロル県における観光振興の成功要因

　南チロル県における観光振興の成功には大きく 2 つの要因がある。一つ目は，生業である農業を大切にし，農業を圧迫しない観光業を進めた点である。これを可能にした背景には，1985 年以降の国と地方のアグリツーリズモ関連法が大きく影響している。法的には，アグリツーリズモの経営者は農家であり，収入において観光が農業を超えないようと定め，生業である農業が衰退しないように規定した。二つ目は，人材の活用と育成の仕組みである。イタリアの農村観光では，女性が活躍している。アグリツーリズモ経営者の実質的経営者は，イタリア全域で女性が半数を超えるが，南チロル県では 82.9% に上る。[9]「農村らしさ」が求められるアグリツーリズモでは，家族の食事や家屋の内装を担ってきた女性に適性がある。また，観光客とのコミュニケーションでも能力を発揮する。南チロル県では，農村女性協会が主導し料理教室やハーブのリース作りなど，120 を超える体験プログラム（Südtiroler Bäuerinnenorganisa-

---

(9)　(5)にあるインターネット・アンケート調査結果による。

tion 2016）が生まれ，観光客に販売されている。農業と観光業を行うアグリツーリズモは多忙で，宿泊者に体験プログラムを提供するのは難しいが，農村の女性達の活動と連携することで，それを可能にしている。また，農家向けのセミナーは多くの選択肢があり、充実しているが、ルーター・ハンという小さな組織が豊富なセミナーを用意できるのは，県内の大学・専門学校や企業と連携しているためであり，県内組織の連携の良さに背景がある。セミナーは，ノウハウを提供する場だけではなく，集落を超えた経営者同士のコミュニティ形成のツールともなっている。

（五艘　みどり）

〈参考文献〉
国土交通省（2021）『令和 3 年版観光白書』。
国土交通省観光庁（2012）「観光産業の現状について」。
溝尾良隆（2015）『観光学：基本と実践』古今書院。
JTB 総合研究所（2021）「ツーリズム産業とは」https://www.tourism.jp/tourism-data-base/glossary/tourism-industry/（2021 年 9 月 28 日閲覧）。
国土交通省（2010）「観光統計コラム――観光をサイエンスしよう」http://www.mlit.go.jp/kankocho/column01_100827.html（2021 年 9 月 28 日閲覧）。
溝尾義隆編著（2009）『観光学の基礎』原書房。
日本外航客船協会（2012）『クルーズ教本』日本外交客船協会。
国土交通省（2020）「我が国のクルーズ等の動向（調査結果）」国土交通省海事局プレスリリース（2020 年 9 月 25 日）。
DeMeyer, J.（2013）：Apple-producing family farms in South Tyrol. *Solinsa Show Case Report*, project number 266306.
ASTAT（2018）：ASTAT ONLINE. https://astat.provincia.bz.it/it/rilevazioni- online.asp. Istituto provinciale di statistica Bozen Südtirol.（December 2018）.
五艘みどり（2019）「ルーラルツーリズムにおける農村女性の役割――イタリア南チロルの事例から」博士論文，立教大学大学院。
Südtiroler Bäuerinnenorganisation（2016）：Aus unserer Hand. Südtiroler Bäuerin-nenorganisation.
Südtiroler Bauernbund（2021）：URLAUB AUF DEM BAUERNHOF. Abteilung Marketing SBB, pp.1.

第11章　地域メディアにみる「草の根」イノベーション
—有線放送電話網による ADSL サービス—

Ⅰ　はじめに

　有線放送電話は，戦後の電話普及過程の初期に，都市部から取り残されが
ちな地方農村部において，農家に電話を普及させる手法として，全国各地で自
然発生的に広まった地域メディアである。こうした「地域」が創り，「地域」
が保有する電話事業というアイデア自体，革新的であり，まさに地域が「草の
根」的に作り出した地域イノベーションであった。有線放送電話の事業者たち
は，その後，日本で最初に ADSL（Asymmetric Digital Subscriber Line）の
実証実験を行って，商用 ADSL サービスを開始し，普及の初期におけるサー
ビス供給の中核を担った。本稿では，旧式な通信技術に立脚するこの地域メ
ディアが，インターネットの普及という情報化社会の大きな流れの中で，地域
独特のイノベーションを実現した過程を，既存の公表資料と有線放送電話事
業者等からの聞き取り調査から追い，地方の地域コミュニティがもつ「草の
根」的な感覚がそうしたイノベーションを導いたことを論じてみたい。

　日本でブロードバンドが普及し始めたのは 2000 年頃であり，その歴史はま
だ 20 年程であるが，その間にも新技術の開発・普及は急速であり，現在は，
固定通信では光ファイバー（FTTH）網，移動体通信では第 4 世代 (4G) 携帯
電話網を利用することが普通になっている。しかし，ブロードバンド普及の初
期段階にあった 2000 年代中頃にもっともよく利用されていたのは ADSL サー
ビスであった。既存の電話線を利用する ADSL は，ブロードバンド網構築の
ために，巨額の投資を必要とせず，短期間にサービスを立ち上げることができ
たのである。

　2000 年代中頃に全国で ADSL サービスが急速に普及していった段階で，主
たるサービス提供者となったのは，日本の電気通信事業の中核を担う NTT グ

ループ各社であった。しかし，日本で最初にADSLの実証実験を行い，最初の商用サービスを開始して，その後のADSL普及初期にサービス供給を担ったのは外国では類例を見ない地域通信サービスである有線放送電話の事業者であった。

II　農村の地域メディアとしての有線放送電話

　有線放送電話は，終戦直後の日本農村で考え出された放送と電話が一体化した地域メディアである。有線放送電話が出現して以降，国内各地の農村部の地方自治体や農業協同組合は，挙ってこの新しい通信手段を導入し，地域にラジオ放送サービスと電話サービスを提供した。

　有線放送電話では，自社の通信線（メタル線）を使って，自主制作した地域情報番組（音声）を各戸に配信するほか，通常の音声電話サービスを提供する。加入者の主体は農村住民であり，専用の電話機を自宅に保有している。各戸にある電話機は，専用の電話線を介して，有線放送電話局に設置されている放送設備および電話交換機と接続されている。有線放送電話は，通信技術的には，在来型の音声電話システムであり，各戸まで配線された電話線を交換機で接続するという，有線電話事業で一般的に長く用いられてきた方式を採っている。このように，有線放送電話は典型的な「古いメディア」であるが，現在もその一部は依然として使用されている。

　有線放送電話用の電話機はNTT回線用のものとほぼ同形だが，受話器の他に放送受信用のスピーカーが装着されている。後述する伊那市有線放送農業協同組合には，1950年代半ばの有線放送事業開始以来の歴代電話機が保存されているが，それらの電話機はそれぞれの時期のNTT（電電公社）用の電話機とほとんど変わらない。多少目立つ相違点としては，有線放送用のスピーカーが電話機本体の正面に見えるか（次頁写真1, 2），電話機本体の下にスピーカーを備えた補助機器が付加されていることであるが（次頁写真3），最新型では，通常のプッシュホン型電話機の本体に専用のスピーカーを外付けして使用するようになっている（次頁写真4）。

　有線放送電話の事業者は，1つまたは数市町村程度の地域範囲を事業対象

写真1　最初期型電話機　　　　　写真2　第二世代電話機

写真3　最初のダイアル式電話機

写真4　最新式電話機と専用スピーカー

写真1〜4：伊那市有線放送農業協同組合本社にて荒井撮影（2018年6月18日）

とする。そのサービス区域内では，居住するほぼ全世帯が加入している。基本的な利用料金は定額（月額）制で，加入者は相互の通話と放送のみであれば無制限に利用できる。

　それぞれの有線放送局は，局舎内に放送システム機器と電話交換機を設備している。それらの機器は適宜更新されており，新式のデジタル交換機が導入されている局も多い。また各局は，放送番組担当の制作スタッフと放送スタジオを抱えており，地域ニュース，気象情報，農業情報，音楽等の番組を自主制作している。例えば，後述する上越有線放送電話協会の例では，平日には早朝（AM6:00〜6:15），昼（PM12:15〜12:30），夕方（PM6:00〜6:15）に自主制作番組を放送している（土日祝日は早朝のみ）。それらの番組の中間の時間帯には5分間程度の音楽や「おしらせ」番組も放送されている（上越有線放送電話協会 2018b）。

Ⅲ　有線放送電話の誕生と発達

　有線放送電話の起源は，第二次大戦前後に全国各地の農村部で見られたラジオ放送の共同聴取施設に求められる。日本におけるラジオ放送（AM音声ラジオ）は1925年（大正14年）に開始されたが，当時のラジオ受信機は高価であり，農村地域では，個々の農家が自家専用の受信機を購入することは難しかった。そもそも電灯線が敷設されていない集落もあり，そこでは，通常のラジオ受信は困難であった。そうした中で，1台の受信機のスピーカーの線を伸ばして，各戸に置かれたスピーカーに接続することによって，それぞれの家でラジオ放送を聴取できるようにする共同聴取の方式が生まれてきた。真空管を使用する正式のラジオ受信機は個々の農家にとっては高価で手が届かないものであったが，スピーカーだけであれば，安価ですんだのである。

　こうしたラジオの共同聴取の開始は戦前に遡ることができ，新潟県（「池永ラジオ協聴会」，東頸城郡牧村），千葉県（「鶴田ラジオ共同聴取」，君津郡亀山村），北海道（「喜茂別ラジオ共同聴取協会」，虻田郡喜茂別村）などの例が報告されている。戦後になると，こうした共同聴取施設は全国の農村地域に普及し，1950年代半ばには，全国に1,000近くの施設が運営されるようになったとみられる

（坂田 2005）。

　誕生当初の共同聴取は，中心となるラジオ受信機（親機）で受信した通常の
AMラジオ放送を各戸に送るだけであったが，親機にマイクを接続すれば，そ
の音声を各戸で聴くことができることから，それを使って，地域の細かな情報
などを流す，いわば，原初的な自主放送が行われるようになった。そうした自
主放送は，次第に発展して，独自に取材した地域のニュースや音楽などを流
す番組が制作され，予め決まった曜日・時間に定期的に放送する番組プログラ
ム化が進められた。その番組を送出するのは，もはや単純なラジオ受信機で
はなく，マイク音声の増幅や音楽再生の機能を持つ放送設備が使用されるよう
になった。AM放送の単なる再配信から始まった共同聴取は，平行して自主放
送も行う有線放送と化したのである。もちろん，こうして自主的に誕生した有
線放送は，もともとの共同聴取の地域範囲内（多くは旧村の範囲）を対象として
いるから，まさに地域で生まれ，地域で発達した「地域メディア」と言って良
い。戦前・戦後を通じて，国の免許制度の下で大規模事業として成立し，「マ
スメディア」に発展してきた一般のラジオ放送に対して，有線放送は「草の
根」として誕生し，発達してきたメディアだったのである。

　ところで，スピーカー同士を単純にメタル線で接続した初期の共同聴取施設
は，原理的には，初期の音声電話機と同一のものであって，いずれかのスピー
カーに向かって喋れば，離れた場所にあるスピーカーでその音声を聞くこと
ができる。同じ方法で，逆方向にも音声を送れるから，簡単な電話機として利
用できる。もちろん，有線放送用の通信線に受話器を接続すれば，相互の通
話が可能である。1950年代初めには，こうした原理を利用して電話サービス
を開始する有線放送局が出てきた。1952年（昭和27年）に日本電信電話公社
（電電公社）が発足し，翌年には「有線電気通信法」が制定されて，国内の電
話事業は電電公社の独占事業となっていたが，電電公社はまず，都市部での
電話普及を進めようとしたため，個々の加入者宅に接続する電話線網の整備も
都市部が優先された。その結果，農村地域での電話網の整備は取り残され，
各農家が電話加入を希望しても，いつになれば可能になるのか，まったく目処
が立たない状態であった。そこで，すでに存在している有線放送施設を簡易
な電話施設とする方法が注目され，全国の農村で広く利用されるようになった。

1956 年に実施されたある村落を対象とした調査では，「通信機能付き有線放送」の加入者は 1 戸あたり 1 日平均約 1.5 回の通話を行っているという結果となっており，有線放送施設を利用した通話がすでに日常のものとなっていることを示している（佐藤 1957）。

ただし，有線放送局による電話サービスにはある弱点があった。電電公社などの一般の電話では，各交換局から加入者宅まで 1 本ずつの電話線が個別に配線されているが，有線放送施設は，共同聴取の延長であった初期の電話サービスでは，同一の親機（もしくはそれに接続された小地区ごとの中継器）に接続されているすべての子機が 1 本の通信線を共用する形態をとっていたために，ある加入者の子機と別の加入者の子機との間の通話が，周辺のすべての加入者の子機から聞こえてしまうという状態であった。しかし，通信・交換技術の改良によって，そうした問題も次第に解消され，一般の電話と変わらない通話が可能になった。後には，隣接の地区をカバーする有線放送電話局との間に接続回線を設けて，自局加入者以外のさまざまな相手と通話できるサービスが付け加えられた。さらに，電電公社電話との回線接続も開始され，農村地域では普通に常用される電話サービスの地位を得るに至った。

有線放送電話の技術がほぼ確立された 1950 年代後半には，有線放送事業の法的な根拠となる「有線放送電話に関する法律」（1957 年公布）が制定されたこともあって，有線放送局が各地に設立され，1964 年には 2,649 施設まで増加した。1960 年代に入ると加入者数も急増し，1960 年の 103 万から，64 年には 225 万，67 年には 306 万に達した（次頁図 1）。1960 年代中頃には，有線放送電話の加入者は全国の電話サービス加入者の 1/4 以上を占めていたのである。この時期には，相当数の有線放送電話事業者が電電公社の電話網に自社の回線を接続して，公社線との接続サービスを行っており，有線放送電話の加入者は，隣接地域の電電公社電話と通話することができた。さらに，その一部は全国の電電公社電話との通話も可能であった。

その後，有線放送電話の加入者数は，1970 年の 323 万をピークとして減少に転じた。その背景には，農村地域へも自社の電話網を拡張しようとする電電公社の方針転換があった。農村地域でも，電話の加入待ちが解消され，いつでも公社電話が引けるようになったのである。それに伴って，有線放送電話と

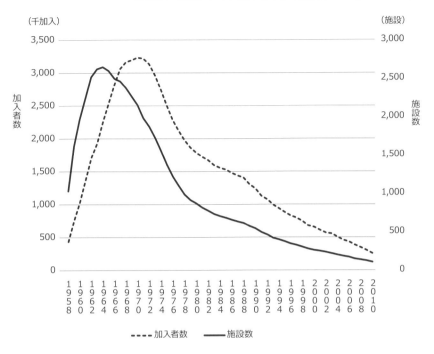

図1　有線放送電話施設数および加入者数の推移（1958～2010 年，全国）
　　　　資料：坂田（2005：211）および日本統計年鑑各年次版より作成。

電電公社電話との接続サービスも廃止された。しかしその後も，地域での自
主放送と定額制のローカル電話サービスの提供を続ける有線放送事業者は相
当数が残り，1990 年代始めでも，500 前後の施設で合計 100 万以上の加入者
が見られた。斯くして，有線放送電話は地域の情報を専ら扱う，文字通りの
「地域のメディア」となったのである。

Ⅳ　ADSL のフィールド実験

1　有線放送電話によるインターネット接続の開始

　1970 年代には，有線放送電話には大きな変化は見られず，すでに成熟化
が進み旧式となった地域メディアと認識されるようになっていた。1980 年代に

入ると，多くの有線放送事業者は最新式のデジタル交換機を導入し，電話サービスの向上に努めたが，廃業する有線放送事業者も見られ，総加入者数も減少の途を辿った。しかし，インターネットの技術が生まれ，日本の農村地域でも関心を集めるようになると，有線放送電話をインターネット接続に利用しようとする動きが始まった。

　周知のように，インターネット普及の初期には，通常の電話機に端末（PC）を接ぎ，既存の電話線経由でインターネット接続事業者（ISP：Internet Service Provider）に接続する，いわゆる「ダイアルアップ接続」が広く用いられた。ダイルアップ接続に使用されるのは，一般的には，1985年に旧電電公社から民営化されたNTTの電話であったが，有線放送電話の加入者であれば，その電話機に端末を接続し，有線放送電話の回線からNTT回線を経由してISPのアクセスポイントに接続することが可能であった。その背景には，電電公社時代の1970年代から停止されていた有線放送電話回線と電電公社（NTT）電話回線との接続が，電電公社民営化以降は，再び可能になったことがある。

　このように有線放送電話経由でインターネットを利用することには，利用者にとって大きな利点があった。NTT電話からインターネットをダイアルアップ接続で利用しようとすると，自宅からアクセスポイントまでの従量制の電話料金が課金される。農村地域から見れば，アクセスポイントは遠方に置かれていることがほとんどであるから，そこまでの市外通話料金を負担しなければならない。インターネットを利用するのは，音声通話とは比較にならないほど長時間であるため，その接続料金は著しく高額になる。したがって，ダイアルアップでの電話料金の問題は，農村地域でのインターネット普及の深刻なボトルネックであった。しかし，有線放送電話からNTT線経由でアクセスポイントに接続する方法を取った場合，通話と同様に，接続時間によらない定額制の料金が適用されるため，利用者にとっては大きな負担が発生しない。したがって，インターネットのヘビーユーザーにとっては，1日中接続しておく「常時接続」も可能であった。

　有線放送電話経由接続のこうしたメリットが，広く認識されるようになると，その利用者は増加していったが，それに伴って，有線放送電話網とNTT網

を結ぶ接続回線が不足するようになった。例えば伊那市有線放送農業協同組合では，1995 年に NTT との回線接続を開始した段階で，NTT 回線経由のダイアルアップ接続が急増し，5 回線しかない中継線が常に容量一杯になる事態となった。伊那市有線放送側は，中継線の増設を希望したが，NTT 側に拒否されたため，自局内にアクセスポイントを開設し，自社網から直接インターネット網に接続することが考え出された。伊那市有線放送では 1995 年に自社の通信網を更新しており，新しいデジタル通信網である「いなあいネット」が稼働していたので，その電話サービスを使えば，ダイアルアップ接続を容易に実現できたのである。1997 年に富士通系の ISP である Infovalley 社のアクセスポイントが伊那市有線放送の局内に設置され，有線放送の電話機からインターネットに直接ダイアルアップ接続することが可能になった[1]。

2　有線放送電話による ADSL のフィールド実験

　伊那市有線放送では，自社の電話網を利用したダイアルアップ接続が飽和状態に達していることを受け，利用者が常時接続できるインターネット接続サービスを模索した。その作業には，日常の諸業務で関係を持つ伊那市の担当職員も積極的に関わり，中心的な役割を果たした。同時に，地域で活動していたパソコン通信のユーザーグループである INAJIN インターネット協議会のメンバーも加わった。そうした地域の人脈内でのインフォーマルな議論から，当時，米国で開発が進められていた xDSL（ADSL を含む）の技術をインターネット常時接続に利用するというアイデアが生まれてきた（平宮 1997）。しかし当時は，米国でも ADSL が実用化される前の段階であり，理論上は数 Mbps とされる通信速度が実際に実現できるのか，あるいは，音声電話や有線放送等の他のネットサービスへの影響はないのかといった疑問が残った[2]。

　そこで，上記のグループは実際の有線放送電話の通信線を使って，xDSL のフィールド実験を行うことを企画した。実験のために，伊那市有線放送，伊那市役所および地元の農業団体，小中学校，伊那市有線放送局内にアクセス

---

(1)　伊那市有線放送農業協同組合でのヒアリング（2018 年 6 月 18 日）および株式会社富
　　士通システムズアプリケーション&サポート（2018）による。
(2)　伊那市有線放送農業協同組合でのヒアリング（2018 年 6 月 18 日）による。

表1　ブロードバンド種類別加入者数の推移（全国）

年	ADSL	(%)	光ファイバ	(%)	ADSL・光ファイバ計	(%)	ケーブルテレビ	(%)
2001	805	0.4					216,000	99.6
2002	73,365	8.6					784,000	91.4
2003	2,387,821	62.1					1,456,000	37.9
2004	7,023,039	74.7	305,387	3.2	7,328,426	78.0	2,069,000	22.0
2005	11,196,830	75.1	1,142,335	7.7	12,339,165	82.7	2,578,000	17.3
2006	13,675,840	70.2	2,852,205	14.6	16,528,045	84.8	2,959,712	15.2
2007	14,517,859	62.3	5,457,697	23.4	19,975,556	85.8	3,309,481	14.2
2008	14,013,219	53.0	8,803,898	33.3	22,817,117	86.3	3,609,625	13.7
2009	12,710,613	44.2	12,154,665	42.3	24,865,278	86.5	3,871,906	13.5
2010	11,184,182	36.9	15,020,903	49.5	26,205,085	86.4	4,110,168	13.6
2011	9,735,055	29.5	17,802,381	53.9	27,537,436	83.4	5,313,969	16.1
2012	8,200,919	23.5	20,218,252	57.9	28,419,171	81.4	5,672,230	16.2
2013	6,704,633	18.0	22,304,857	59.9	29,009,490	77.9	5,906,447	15.9
2014	5,424,699	8.9	23,854,742	39.1	29,279,441	48.0	6,011,702	9.9
2015	4,470,009	5.0	25,312,636	28.2	29,782,645	33.1	6,225,431	6.9
2016	3,752,630	3.0	26,611,893	21.5	30,364,523	24.5	6,429,665	5.2
2017	3,203,516	2.0	27,878,556	17.4	31,082,072	19.4	6,731,524	4.2
2018	2,512,017	1.3	29,319,710	15.5	31,831,727	16.9	6,852,863	3.6

出所：日本統計年鑑各年次版より作成。

ポイントを設置しているInfovalley社や，国内のネット関係企業，さらには，INAJIN インターネット協議会などの個人・企業の有線放送加入者有志も加わって，「伊那xDSL利用実験連絡会」が結成され，具体的な作業や調整を担当した。実験のためのネットワークは，伊那市有線放送の本局および4カ所の支局とインターネットのアクセスポイントを高速のHDSL（High-bite-rate Digital Subscriber Line）あるいはADSLで接続し，実験に参加した延べ21の加入者（公的組織5，小中学校3，企業2，個人11）は有線放送の通信線を利用したADSL接続で本局か支局のうちのいずれかに接続する形態とした（伊那xDSL利用実験連絡会 1998）。実際の実験は，1997年9月〜10月に実施され，

無線アクセス	(%)	合　計
		216,805
		857,365
		3,843,821
		9,397,426
		14,917,165
		19,487,757
		23,285,037
		26,426,742
12,836	0.0	28,750,020
12,656	0.0	30,327,909
164,302	0.5	33,015,707
821,771	2.4	34,913,172
2,313,805	6.2	37,229,742
25,694,253	42.1	60,985,396
53,881,932	59.9	89,890,008
87,253,860	70.3	124,048,048
122,511,834	76.4	160,325,430
150,069,627	79.5	188,754,217

ほぼ予定通りの通信速度を実現できること，目立った通信障害は発生せず，安定的な利用が可能であることが確認された（伊那 xDSL 利用実験連絡会編 1998）。

この実験には，長野県内各地の有線放送電話事業者の担当者も立ち会っていたために，それぞれの事業者も同様な実験を行い，商用化を目指すところが出てきた。そうした中，1999 年 9 月には川中島町有線放送農業協同組合（長野県長野市）が最初の ADSL 商用サービスを開始した（川中島町有線放送農業協同組合 2018）。かくして，有線放送電話は，日本のブロードバンド利用の先導役となった。

V　有線放送電話による ADSL サービスの普及

　　　　　1999 年 9 月に川中島町有線放送が ADSL の商用サービスを開始して以降，日本各地の有線放送電話事業者が続々と ADSL サービスに参入した。有線放送電話の ADSL サービス利用者も急速に増加し，2002 年 3 月には全国の同サービス利用者は 9,000 を超えている。

　このような動きを受けて，それまで ADSL 技術に懐疑的で，自らの参入に消極的であった NTT も経営戦略を変更した。1999 年 12 月には，大分県に所在する独立系 IPS である㈱コアラ（現㈱ QTmedia）が NTT の電話回線を用いた ADSL サービスを開始し，その後，数社の IPS がそれに続いた（株式会社 QTmedia 2021）。NTT は，2001 年に自社での ADSL サービス（フレッツ・ADSL）を開始し，日本国内での ADSL サービス利用者は劇的に増加すること

となった（東日本電信電話株式会社・西日本電信電話株式会社 2000）。全国の
ADSL サービス加入者は 2005 年には 1,000 万を超え，ブロードバンド利用者
全体の約 75% を占めた（前頁表 1）。

　有線放送電話網による ADSL サービスで，特に多くの利用者を集めたのは，
いわば同サービスの発祥の地である長野県の事業者であった。2002 年 3 月の
有線放送電話 ADSL の長野県内加入者は 5,000 近くに達して全国の同加入
者の 54% を占め，2005 年中には 10,000 を超えた。NTT を含めた長野県内
全 ADSL 加入者中の有線放送電話のシェアは 2002 年 3 月時点で 20.5% に上
った。ADSL サービス普及の最初期に，長野県内の ADSL 利用者の多くは，
キャリアとして有線放送電話を選んだのである。その後，同シェアは NTT サ
ービスの拡大に伴って徐々に低下したが，2005 年以降は 5% 前後でほぼ安定し
ており，有線放送電話は一定の ADSL 利用者を確保し続けていることが分か
る（次頁図 2）。

VI　ADSL サービスの退潮と有線放送電話インターネット
接続事業の現況

1　2000 年代以降の ADSL
サービスの動向

　2000 年代後半に入ると，インターネット利用者はさらに増加し，動画などデ
ータ量の多いコンテンツの視聴も盛んになったことに伴って，ブロードバンドの
利用が一般化した。それにも関わらず，ADSL サービスの加入者数は 2007 年
に約 1,450 万のピークに達した後は減少に転じた。ブロードバンド全体の中で
のシェアも 75.1% だった 2005 年以降は急速に低下し，2013 年には 20% を割
り込んだ（前頁表 1）。

　こうした変化は，NTT が全国で光ファイバ網の整備を進め，光サービス
（「B フレッツ光」の普及に本腰を入れ始めた結果である。光サービスの加入者
数が 2010 年に約 1,500 万と ADSL を追い抜いて以降も増加を続ける一方，
ADSL 加入者の減少は止まらなかった。表 1 に示すように，有線系のブロー
ドバンドである ADSL と光サービスの加入者数の合計は，2000 年代中は年間

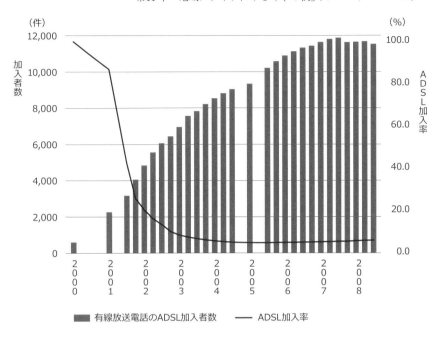

図2　長野県内有線放送電話への ADSL 加入者数と加入率の推移
出所：総務省信越総合通信局（2009）より作成。

100万以上の増加であったが，2012年には増加数が100万を割り込み，それ
以降はさらにペースが落ちている。明らかに有線系ブロードバンドの需要は頭
打ちの状態にあるが，その中で，ADSLからより高速の光サービスに乗り換え
るインターネット利用者が相次いだとみられる。ADSLはもはや「時代遅れ」の
メディアと化したのである。

2　有線放送電話のインターネット接続事業の動向

　それでは現在，有線放送電話のインターネット接続事業はどのような状況に
あるのだろうか。

　筆者が2007年4月に実施した有線放送電話局のウェブサイト等の検索調
査では，長野県内でインターネット接続サービスを提供していたのは40事業
者であり，隣接の新潟県は3事業者であった。2018年1月末に実施した同

表2　有線放送電話事業者のADSLサービス（長野県・新潟県）

県	種別	事業者名	JA NIS	通信速度（Mbs）	月額料金（円）
長野	共設	長野市有線放送電話共同施設協会	○	0.64〜60	1,500〜3,900
	専門農協	屋代有線放送電話農業協同組合	○	0.64〜60	1,500〜3,900
	専門農協	埴生有線放送電話農業協同組合	○	0.64〜60	1,500〜3,900
	専門農協	若穂有線放送電話農業協同組合	○	0.64〜60	1,500〜3,900
	専門農協	更北有線放送電話農業協同組合	○	0.64〜60	1,500〜3,900
	専門農協	篠ノ井有線放送電話農業協同組合	○	0.64〜60	1,500〜3,900
	専門農協	松代有線放送電話農業協同組合	○	0.64〜60	1,500〜3,900
	専門農協	川中島町有線放送農業協同組合	○	0.64〜60	1,500〜3,900
	専門農協	川西有線放送農業協同組合	○	0.64〜60	1,500〜3,900
	専門農協	丸子有線放送農業協同組合	○	0.64〜60	1,500〜3,900
	専門農協	望月有線放送農業協同組合	○	0.64〜60	1,500〜3,900
	専門農協	伊那市有線放送農業協同組合	○	0.64〜60	1,500〜3,900
	専門農協	大町市有線放送電話農業協同組合	○	0.64〜60	1,500〜3,900
	行政	真田地区有線放送電話	○	0.64〜60	1,500〜3,900
	社団法人	三水有線放送電話協会	○	0.64〜60	1,500〜3,900
	一般農協	JAながの若槻・浅川有線放送	○	0.64〜60	1,500〜3,900
	一般農協	JAながの大豆島支店有線放送部	○	0.64〜60	1,500〜3,900
	一般農協	JAながの古里支店有線放送部	○	0.64〜60	1,500〜3,900
	一般農協	JA信州うえだ有線放送センター	○	0.64〜60	1,500〜3,900
	一般農協	JA上伊那南箕輪支所有線放送	○	0.64〜60	1,500〜3,900
	一般農協	JA佐久浅間立科支所有線放送	○	0.64〜60	1,500〜3,900
新潟	社団法人	㈳上越市有線放送電話協会			
	専門農協	新井市有線放送農業協同組合			

出所：埴生有線放送電話農業協同組合（2007）および各事業者ウェブサイト等から作成

様の調査では，長野県内では表2に示す21事業者，新潟県内では2事業者がインターネット接続サービスの営業を続けていた。

　長野県内の21事業者のすべてがJA長野県グループの㈱長野県協同電算のISP部門であるJANISによるADSLインターネット接続サービスを提供している。そのうち5事業者は前出Infovalley社のADSLサービスも提供して

Infova-lley	通信速度（Mbs）	月額料金（円）	光接続	月額料金（円）戸建
○	0.5〜26	1,700〜3,800	Infovalley 光 1Gbps	5,100〜5,900
○	0.5〜26	1,700〜3,800	JANIS 光	
○	0.5〜26	1,700〜3,800	1Gbps	5,100
○	0.5〜26	1,700〜3,800	NTT フレッツ光 200Mbps〜1Gbps	4,200〜4,700＋プロバイダ料金
○	0.5〜26	1,700〜3,800		
○	0.5〜27	1,200〜2,800		
○	1〜27	2,400〜3,000		

いる。加えて，JANIS や NTT，あるいは Infovalley 社の光接続サービスを提供する事業者もみられる（株式会社富士通システムズアプリケーション＆サポート 2018）。JANIS の ADSL サービスはいずれも，通信速度は 0.64〜60Mbps，月額料金は 1,500〜3,900 円となっており，NTT の ADSL サービス（月額約3,000 円〜5,500 円）に比べてかなり低価格である。

　さらに，JANIS は農山村地域に広く点在する潜在的利用者への ADSL サービスを実現するために，NTT 交換局から離れた場所に所在する加入者向けに特殊な低速 ADSL モデムを利用した接続サービスを提供している。JANIS の通信速度の下限 0.64Mbps はそのサービスに対応しており，その月額料金は 1,500 円である。こうしたサービスは，人口密度の低い農山村地域を多く抱える長野県の状況にうまく対応しており，すべての有線放送電話事業者が JANIS の接続サービスを利用する大きな理由となっていると考えられる（荒井 2015）。

3　有線放送電話事業者の現況──上越市有線放送電話協会の事例

　このように，かつては農村地域での地域メディアとして広く利用され，一時期は電話普及の原動力ともなった有線放送電話は，2000 年代初頭には ADSL によるインターネット接続サービスによってやや勢いを取り戻した。しかし，2010 年代に入ると，事業者の廃業が相次ぎ，事業を継続しているものは残り少なくなった。しかし，その中には，現在もかなりの事業規模を維持し，地域メディアとしての存在感を保っている事業者もみられる。ここでは，その代表的な例である「（公社）上越市有線放送電話協会」を取り上げ，その事業活動の現況を紹介しよう。

　上越市有線放送電話協会（JHK）は，新潟県上越市で 1967 年から有線放送電話事業を営んでいる事業者である。同協会は，当時の旧高田市および市内 9 農協が主体となって設立した法人で，上越市内で通常の有線放送電話事業を営んでいる。2018 年 3 月末時点で 4,917 の加入者数があり，全国でも有数の規模を誇る（上越市有線放送電話協会 2018a）。

　加入者数の推移をみると，1970 年代は概ね横這いであるが，1980 年代には，加入者数が 1,000 近く増加し，6,000 を上回るようになった。これは，その頃，拡大しつつあった新興の住宅地で，特別キャンペーンを行って加入促進を図った成果であった。1988〜91 年にデジタル交換機を導入するなど，局設備の整備を完了した後の 1990 年代から 2000 年代半ばまでは，6,000 以上の加入者数を維持できたこともあって，協会の経営は安定していた。

　特に，営業区域の東側に当たる農村部では，地付きの住民が多く，代替わ

りも進んでいるために，加入者数は安定している。それに対して西側の市街地
地区では，住民の移動が相対的に多い上，上記の新興住宅地の開発が一段落
した後は，旧市街地の住民の高齢化が進んでいることもあって，加入者は減
少気味である。[3]

　このように，加入者数が比較的安定して維持されている要因のひとつには，
地域の情報伝達のために，ページング放送が活用されていることがあるという。
有線放送電話は通常の構内電話と同等の電話機を使用しているため，構内電
話と同様にあらかじめ設定した範囲の加入者向けに一斉放送を送る機能を備
えている。この機能を使えば，町内や小学校区単位などでの一斉放送が簡単
にできる。そこでページング放送が農家の農事情報伝達や学校行事などの通
知に重宝に利用されている。同時に，役所や消防署と組んだ災害情報の伝達
などにも使われており，地域の情報をきめ細かく流通させるという地域メディア
としての役割を十分に果たし得ている。

　上越市有線放送電話協会はインターネット接続サービスにもいち早く取り組
んでおり，1998年にはダイルアップによるインターネット接続サービスを始めて
いる。2000年9月にADSL接続の公開実験を実施し，2001年9月には商用
サービスを開始した。ADSLサービスの利用者数は順調に増加し，2000年代
末頃には約1,400に達した。この時点で有線放送電話の加入者の1/4近くは
ADSLサービスを利用していたことになる。その後のADSLサービス加入者は
減少傾向にあるが，それでも，全加入者の15%程度がADSLを利用している
（次頁図3）（上越市有線放送電話協会2018a）。同協会事務局によれば，同協会
のネットワークは通常より支局が多いため，個々のサービスエリアが小さく，支
局から2km以内程度で概ね全域をカバーすることができる。そのため，比較
的余裕のある通信速度を実現できることが多く，高速の光ファイバ・サービス
の必要性をあまり感じないという。なお，同協会の端末をPCやタブレットに
接続するのではなく，無線ルーターを介してスマートホンに接続している利用
者もみられる。もちろん，月額1,200円〜と廉価な定額制料金を採用している
ことも，同協会のADSLサービスの競争力を維持できている大きな理由であ

---

(3)　上越市有線放送電話協会でのヒアリング（2018年5月18日）による。

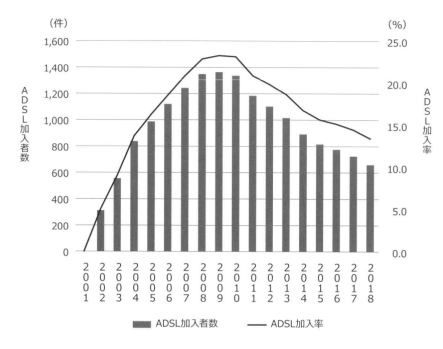

（件）　　　　　　　　　　　　　　　　　　　（%）

図3　上越市有線放送電話協会のADSLサービス加入者数・加入率

出所：上越市有線放送電話協会（2018a）より作成。

ることは間違いない。[4]

　以上のような上越市有線放送電話協会の事例は，比較的旧式の通信施設である有線放送電話局のインターネット接続サービスでも，必ずしも高度なサービスを求めないライトユーザーにとっては十分な使い道があることを示している。さらに，そうした施設は早い時期に整備されているので，すでに償却が済んでいる設備が多く，概ね保守・管理費用だけで維持しうるために，利用料金を低く抑えることができることが，利用者数をある程度，維持し続ける可能性をもたらしていると考えられる。

（4）　上越市有線放送電話協会でのヒアリング（2018年5月18日）による。

Ⅶ　通信技術の「草の根」イノベーション

　ここまで見てきたように，有線放送電話は，画期的な技術イノベーションを何もたらしてはいない。しかし，かれらは既存の通信技術を革新的に利用する可能性を拓いたのである。

　日本国内では，戦前の逓信省，あるいは戦後の電信電話公社・NTTという事実上の国営企業体が電話事業を独占してきた。この国営企業体は，国内の電話網建設の段階では，都市部の公官庁や企業などへの電話敷設を優先した。農村地域のほとんどの一般家庭は，こうした国家的な電話網整備の流れから取り残された。そうした中で，「地域」が創設し，「地域」が保有する電話事業というアイデア自身が革新的であり，まさに「地域イノベーション」と呼びうるものであった。そうした地域の人々は，自分たちで，家々を結ぶ電線を張り巡らせば，国の政策とは無関係に，電話が使えるようになることに気づいた。有線放送電話普及の初期段階では，有線放送電話の加入者の増加ペースが電電公社電話のそれを上回っていたという事実は，「地域」が保有する電話システムというアイデアが，いかに強いインパクトを持っていたかを示している。

　電話事業において，国と地域が競合するという状況は，ADSLが普及する初期の段階でも見られた。ブロードバンド・サービスが普及しようとする初期の段階で，NTTが既存の電話線を利用するDSL技術の導入には消極であったのに対して，有線放送電話事業者は同技術の可能性に注目して，直ちに商用化を目指した。「地域メディア」としての有線放送事業者の規模の小ささが，こうした機動的な対応を可能にした。

　こうした動きにおいては，地方の地域コミュニティがもつ「草の根」感覚が，有線放送事業者のイノベーションを後押ししたと考えられる。伊那市有線放送農業協同組合が実施に踏み切った実験では，市や組合の若手スタッフが重要な役割を果たした。加えて，同局の多数の加入者が実験に関わった。

　実験の実施に当たって公表された「伊那xDSL利用実験趣意書」は，次のように述べている。

222

　本利用実験は長野県伊那市にある有線放送電話網の下で実施されます。全国的には知名度も低くなり，存在感も薄れかかった草の根通信インフラが一躍先端技術の実験場として登場することに xDSL の有用性と庶民性とが見て取れます。(中略) 有線放送電話網の管理運営者，そして加入者有志が実験の第一の主体であり，中心です（伊那 xDSL 利用実験連絡会 1998：41）。

　彼らは普段から顔見知りであり，お互いが簡単にコミュニケーションを取り合える関係だった。彼らは次々に新しいアイデアを出し合い，それを自由に議論した。同連絡会は，全体がボランティア組織と位置づけられ，参加者はその所属組織からの直接の指示で動くのではなく，あくまで個人として活動した。実験用の機器やソフトウェア・コンテンツ等は，すべて参加者の所有品を貸与してもらうこととし，全体としての予算措置は講じなかった。この ADSL 実験は，まさに，地域コミュニティが立ち上げた「草の根」のイノベーションだった（伊那 xDSL 利用実験連絡会編 1998）。斯くして，日本初の ADSL フィールド実験は成功したのである。
　ところで，ここで言う「草の根」イノベーションに類似する概念は，欧米でも提案されている。例えば，Cook et al. eds. (2004) が提唱する「地域的イノベーションシステム（RIS：Regional Innovation Systems）」では，そのひとつの類型として「草の根 (grassroots) 型」が挙げられている。そこで想定されている「地域」は１つの都市程度の範囲であるから，確かに伊那市もそれに当てはまる。しかし，「草の根型」RIS では，地元の行政，金融機関，商工団体の出資等も念頭に置かれていることに比べると，伊那市の実験の場合は，個人としての参加を基本とした，如何にも手作り感の強いものであった。そうした意味では，伊那市の xDSL 実験は，より純粋に「草の根」的なイノベーションであったと言えよう。
　伊那市ではその後，ADSL 実験に関わったメンバーが無線 IoT の技術を使う新しいプロジェクトを立ち上げている。2017 年に始められたこのプロジェクトは「伊那市 LoRaWAN ハッカソン」と呼ばれ，日本各地から参加者が集まった。参加者は新しい無線 IoT である LoRaWAN を社会の中でどのように活用できるかとアイデアを出し合った。そうした活動の場にみられる雰囲気は，

ADSL 実験の時を彷彿とさせる (伊那市 LoRaWAN ハッカソン実行委員会 2017)。このプロジェクトも，行政や企業の主導ではなく，あくまでもボランティアな個人ベースの活動として運営されている。こうした例をみる限り，ADSL 実験で発現した，この地域の「草の根」イノベーションの精神は失われていない。そして，そうしたイノベーション精神を生み出す地域コミュニティもいまだ健在である。

（荒井　良雄）

〈謝　辞〉
　本稿で取り上げた事例調査では，伊那市有線放送農業協同組合，上越市有線放送電話協会，株式会社富士通システムズアプリケーション&サポート，株式会社長野県協同電算ほかのご協力を得ました。関係の皆様に感謝いたします。なお，本稿の内容は，2018 年にカナダ・ケベック市で開催された国際地理学連合大会，および，2019 年に新潟大学で開催された日本地理学会 2019 年秋季学術大会で発表した。

〈参考文献〉
荒井良雄 (2015)「条件不利地域における地理的デジタル・デバイドとブロードバンド整備」荒井良雄・箸本健二・和田崇（編）『インターネットと地域』ナカニシヤ書店, pp.36 -52。
伊那 xDSL 利用実験連絡会 (1998)『伊那 xDSL 利用実験報告書』数理技研。
伊那 xDSL 利用実験連絡会編 (1998)『ドキュメント伊奈 ADSL——有線放送電話とインターネット』光芒社。
伊那市 LoRaWAN ハッカソン実行委員会 (2017)「伊那市 LoRaWAN ハッカソン公式ブログ」(http://ina-hack.blogspot.com) 2018 年 3 月 31 日最終アクセス。
株式会社 QTmedia (2020)「COARA ヒストリー」(https://qtmedia.co.jp/coara_archive/) 2021 年 8 月 21 日最終アクセス。
株式会社富士通システムズアプリケーション&サポート (2018)『有線放送電話回線での ADSL について』（内部資料）
川中島町有線放送農業協同組合 (2018)「World ゆう　川中島」(http://www.janis.or.jp/ agri-or/kuhk/index.html) 2018 年 4 月 7 日最終アクセス。
坂田謙司 (2005)『「声」の有線メディア史——共同聴取から有線放送電話を巡る〈メディアの生涯〉』世界思想社。
佐藤令一 (1957)「農村における有線放送の普及とその問題点」『都市問題』第 48 巻 12 号, pp.2218-2229。
上越市有線放送電話協会 (2018a)『有線放送及びインターネット関連資料』（内部資料）
上越市有線放送電話協会 (2018b)「放送と通話・インターネットで上越を結ぶ——JHK 上越市有線放送電話協会・番組表」(http://www.jhk.or.jp/program.html) 2018 年 4 月 9 日最終アクセス。
総務省信越総合通信局 (2009)「管内ブロードバンドサービスの加入者数と世帯普及率の推移」(http://www.soumu.go.jp/soutsu/shinetsu/) 2018 年 2 月 2 日最終アクセス。

埴生有線放送電話農業協同組合 (2007)「長野県の有線放送」(http://www.valley.ne. jp/~hanu-y/nagano.html) 2018 年 1 月 30 日最終アクセス。

東日本電信電話株式会社・西日本電信電話株式会社 (2000)「ＡＤＳＬ接続サービスの本格提供開始およびフレッツ・ＡＤＳＬの提供開始について」(https://www.ntt-east.co. jp/release/0012/001212.html) 2021 年 8 月 21 日最終アクセス。

平宮康広 (1997)「有線放送電話の高度利用化についての提案 (第二版)」伊那市有線放送農業協同組合。

Cook, P., Heidenreich, M., Braczyk, H-J. eds. (2004) *Regional Innovation Systems 2nd Edition : The Role of Governance in a Globalized World*, Routledge.

第12章　環境経済学におけるエネルギー問題
―エネルギー問題から地域を見つめ直す―

Ⅰ　はじめに

　環境問題は経済活動によって引き起こされる問題であると考えられている。例えば石油といった枯渇性資源を投入することで，様々な生産物が生産されるが，その生産過程で二酸化炭素といった温室効果ガスや大気汚染物質が発生し，地球温暖化や大気汚染が引き起こされる。また，誰もが日常生活の中で電力を消費しているが，その電力の多くは枯渇性資源を燃料とした火力発電によって生産されている[(1)]。このように環境問題は経済活動や日常生活と密接に関わる問題である。では環境問題を解決していくためにはどうすべきか，それを考える学問分野の一つが環境経済学である。

　環境問題を解決していくためにはどうすべきかを考えるにあたって，環境問題とはどういうものかを知る必要がある。例えば地球温暖化は地球規模の問題であるし，大気汚染はある特定の地域の問題であることが多い。地球温暖化は地球規模の問題だからこそ，国レベルの対策と国々の協力が必要不可欠である。しかし，二酸化炭素を排出している場所は様々である。二酸化炭素の排出源は，エネルギー転換部門，産業部門，運輸部門，業務その他部門，家庭部門などに分類して示されることが多く，いずれも身近なところである[(2)]。例えばエネルギー転換部門は発電所など，産業部門は工場など，運輸部門は

---

(1)　経済産業省編（2021：134）で2019年度の電源別発電電力量のシェアを見ると、火力発電は石炭が31.8%、LNG（液化天然ガス）が37.1%、石油等が6.8%となっており、全体の75.7%を占めている。残りは、水力発電が7.8%、原子力発電が6.2%、新エネ（再生可能エネルギー）等が10.3%となっている。

(2)　二酸化炭素の排出量などのデータは、国立環境研究所や全国地球温暖化防止活動推進センターのホームページで確認することができる。

自動車など，そして家庭はそのまま家庭を表している。つまり，地球温暖化は地球規模の問題と考えられがちだが，排出源は身近なところにあり，対策も身近なところで行うことができることを意味している。

　次に，二酸化炭素を削減するためにはどうすればよいのかを考える必要があるが，その前に「二酸化炭素の削減」には 2 つの意味があることを考えたい。1 つ目は排出する量を削減することであり，排出源や排出量を抑制するという意味である。例えば火力発電で作られた電力ではなく再生可能エネルギーで作られた電力を消費することが挙げられる。2 つ目はすでに排出された二酸化炭素を削減するという意味である。代表的な取組みとして植林が挙げられ，ほかにも二酸化炭素の回収・貯留の技術開発が進められている。しかし，環境問題の解決に向けては往々にして前者を指すことが多い。

　以上のことを踏まえ，環境経済学とはどういう学問分野なのか，また，環境問題をどう考えているのかを説明していきたい。そして，環境問題には様々な問題があるが，本章ではその中でもエネルギー問題を中心に取り上げ，特に地域のエネルギー問題に着目していく。

II　環境経済学とは

1　公害と環境問題

　環境問題は解決すべき重要な社会問題の一つであることは，多くの人から理解が得られるであろう。しかし，一言で環境問題と言っても，地球温暖化，大気汚染，海洋汚染，資源の枯渇，ゴミ問題，動植物の絶滅など様々である。ここでは環境問題とは何なのかを考えていくが，その前に公害について取り上げておきたい。公害は環境問題と同様なものと考えられがちである。確かに公害と環境問題は類似点が多いが，区別して考えることで公害あるいは環境問題の解決に向けて視野を広げることができる。

　日本では環境問題に関する法体系が整備されている。その中で環境問題に関わる最も重要な法律が環境基本法であり，環境基本法の下に具体的な個別の法律が位置づけられている。環境基本法は公害対策基本法を発展させて制定された法律であり，環境保全に向けて国や地方自治体，企業，国民の責務

を明らかにし，環境保全に関する施策の計画を推進する内容となっている。同法第二条3で公害が具体的に定義づけられており，大気汚染，水質汚濁，土壌汚染，騒音，振動，地盤沈下，悪臭の7つとなっている。足尾鉱毒事件や四大公害といった代表的な公害は，大気汚染や水質汚濁，土壌汚染に起因するものである。

　では，環境基本法で示された7つの公害以外が環境問題かというとそういうわけではなく，この分類は環境基本法で示された公害であり，公害や環境問題の解決に向けては異なる視点から分類することができる。植田監修(1994：4)によると，「公害では特定の発生源と被害との間の因果関係を見つけ，発生源の責任を問うのが非常に重要であるのに対して，地球環境汚染の対策においては，因果関係の特定化や対症療法的な対策はあまり重視されない」と説明している。よって公害とは，特定の発生源から排出された汚染物質によって被害が生じたという関係性が確認されるものとなる。因果関係が特定できることで，汚染物質の排出者に対して被害に対する責任を取らせることができる。例えば，四大公害の1つの四日市ぜんそくは，石油コンビナートに立地する工場や発電所から排出された大気汚染物質によって周辺住民に健康被害が生じた。四日市公害裁判では，汚染物質と被害の因果関係を認め，損害賠償を命じ，汚染排出に対する防止措置を講ずべきといった判決が下された。[3]このように公害について，汚染物質の排出者が特定できることから，その排出を抑制することで解決に向かうことができる。

　一方で，地球環境汚染は地球温暖化といった地球規模の環境問題であるが，環境問題において因果関係の特定化が重視されない理由として，汚染物質の排出者が特定できない場合，あるいは特定できるとしても一つ一つの排出量が少なく，排出者が非常に多数であることが挙げられる。例えば，ある地域で自動車の交通量が多く，排気ガスによって大気汚染が発生した場合を考えてみる。大気汚染の原因が自動車の排気ガスであると特定できても，どの自動車が原因かを特定することは困難である。よって，この場合の大気汚染は環境問題に位置づけられる。このように大気汚染は環境基本法では公害とし

(3)　詳しくは四日市市(2019)を参照されたい。

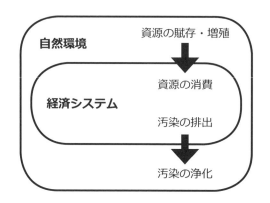

図1　自然環境と経済システムの関係

出所：時政・薮田・今泉・有吉編（2007：7）図1.1を加筆修正

て位置づけられる一方で，環境問題であるとも言える。自動車の排気ガスによって生じた環境問題の場合，解決に向けた対策としては自動車の排気ガス規制や自動車の交通量規制などが挙げられ，これは四日市ぜんそくの場合のような対策とは異なってくる。

2　経済活動と環境問題

　経済活動によってなぜ環境問題が発生するのか。この問いに答えるため，自然環境の役割と経済システムがどのように関わっているのかを考えていきたい。図1は自然環境と経済システムの関係を示したものである。[4]自然環境にはエネルギー資源，生産資源，食料資源などが存在し，経済システムがそれらの資源を消費している。資源は森林資源や食料資源などであれば適切に管理することで増殖することができる。しかし，その増殖のスピード以上に資源を消費してしまえば，消費できる資源はどんどん減少し，最終的には絶滅，枯渇し

てしまう。よって，資源の増殖と消費のバランスが崩れることで，資源の枯渇といった問題が生じることになる。なお，枯渇性資源のように増殖しない資源の場合は，消費によって一方的に減少することになる。また，経済システムからは汚染物質の排出がなされる。自然環境はその汚染物質を浄化してくれる。しかし，自然が汚染物質を浄化してくれるスピード以上に汚染物質の排出がなされてしまえば汚染物質の浄化が間に合わず，汚染物質が蓄積することになる。よって，汚染の排出と浄化のバランスが崩れることで，環境汚染といった問題が生じる。このように自然環境と経済システムの間で，資源や汚染に関するバランスが崩れてしまうことで環境問題が発生してしまうことになる。

　次に別の視点から経済活動と環境問題の関係について見ていきたい。経済活動を優先すれば環境問題が拡大し，環境問題の解決（環境保全）を優先すれば経済活動へ悪影響が生じるといったトレードオフの関係があると指摘されることがある。経済活動が活発であれば原材料やエネルギー資源の投入量が増え，生産活動から排出される環境汚染物質が増えると考えられる。一方で逆のことも言え，具体的には 2020 年ごろから世界的な問題となった新型コロナウイルス感染拡大によって経済活動が低迷し，二酸化炭素排出量は対前年比で減少を記録している。[5]

　このように経済活動と環境問題の関係は，経済活動を優先するか環境保全を優先するかといったトレードオフの議論になりがちであるが，経済活動と環境保全の両立を目指すという視点もある。具体的な研究事例として，ポーター仮説が挙げられる。ポーター仮説とは，適切な環境規制の強化が企業の技術開発を促進させ，その技術開発によって生産性が向上し，市場競争において優位になるというものである。[6]1970 年に制定されたアメリカの改正大気浄化法（マスキー法）では自動車の排気ガスに対して厳しい環境基準を設定したが，そ

---

(5)　内閣府経済社会総合研究所によると，2020 年の実質 GDP 成長率は−4.6％とマイナス成長となっており，経済活動が低迷していたことがわかる。また，国立研究開発法人海洋研究開発機構・気象庁気象研究所（2021）によると，世界全体の二酸化炭素などの排出量は産業革命以降，対前年比で最も大きく減少していると説明している。ただし，地球温暖化に与える影響は限定的とも説明している。

(6)　ポーター仮説については，環境経済・政策学会編（2006：296）が詳しい。

230

れをホンダの CVCC エンジンがクリアし，低公害車の地位を築いた事例があ
る[7]。

　このように，経済学から環境問題の解決策を検討するにあたり，経済活動
を優先するか環境問題を優先するかというトレードオフではなく，どうすれば
経済活動と環境保全が両立できるのかを考えていくことが重要である。

3　経済学における環境経済学

　ここでは環境経済学という学問分野について説明したい。環境経済学は環
境問題の解決に向けて経済学的にアプローチをする分野ということができるが，
ほかの経済学の分野に比べると新しいと言える。日本における環境経済学の
初期の代表的な著書として 1989 年に出版された宮本憲一の『環境経済学』
があり，その中で 1960 年代から経済学における環境問題の研究が増え，
1970 年代に体系的な環境経済学が誕生するようになったと論じている[8]。環境
問題自体は古くから起きており，経済学の中でも分析対象として取り上げられ
てきた。宮本（1989：27）では，近代経済学とマルクス経済学とに分けて環境
問題に関連する研究がどのように行われてきたのかを説明しながら，環境経済
学の誕生について論じている。近代経済学の議論に着目すると，環境問題の
多くは市場の失敗における外部性（外部不経済もしくは負の外部性）によって生
じる問題と位置づけられ，いかに外部不経済を内部化するのか，それが環境
問題の解決に向けた経済政策となっている[9]。外部不経済とは，ある経済主体
の行動が市場を介さないでほかの経済主体あるいは社会全体に悪い影響を及
ぼすことであり，それを費用化したものが外部費用である。例えば，ある工場
で排出される大気汚染物質によって，その工場の周辺住民に健康被害が生じ

---

(7)　一連の経緯については，ホンダのホームページで説明がなされている。
(8)　宮本（1989：30）。また，宮本（1989：99）では，環境問題を「人間の広義の健康
　　（公衆衛生）と直接に関係する公害と，環境の質あるいはアメニティを悪化させる問題」
　　に区分している。さらに公害の特徴として，①生物的弱者から被害が始まる，②社会的
　　弱者に被害が生じる，③絶対的不可逆的損失（事後的な補償が不可能な損失）の 3 つ
　　を挙げている（宮本（1989：106））。
(9)　市場の失敗とは市場メカニズムが機能せず，効率的な資源配分が達成されないことで
　　あり，外部性のほか，不完全競争や費用逓減産業などがある。

るケースである。外部不経済の内部化を行う代表的な経済政策として環境税がある。環境汚染物質の排出によって環境汚染（外部不経済）が発生しているのであれば，その物質の排出に対して課税を行い，排出抑制を図るというものである⁽¹⁰⁾。

　ここで社会的費用という概念についても説明しておきたい。外部不経済が生じている場合，環境汚染物質を排出している企業の通常の生産にかかる費用（私的費用）のほかに，環境汚染物質による環境被害の費用（外部費用）が発生していることになる。私的費用と外部費用を合わせた費用のことを社会的費用という。『厚生経済学』を著した A.C. ピグーは私的費用と社会的費用の差，つまり外部費用に対して課税すべきと論じており，ここから環境税はピグー税とも呼ばれている。環境問題を中心として社会的費用について取り上げた著書として，1950 年に出版された K. William Kapp の *The Social Costs of Private Enterprise*（カップ K.W., 篠原泰三訳, 1959『私的企業と社会的費用』）があり，企業（私的企業）は外部費用を私的費用に組み込まず，外部費用はほかの経済主体や社会全体に転嫁され，負担がなされることを指摘している（カップ 1959：序ⅲ）⁽¹¹⁾。

　では，実際に環境被害が発生した場合にどうなるのかというと，1972 年に OECD の理事会で PPP（汚染者負担原則：Polluter Pays Principle）が勧告され，環境汚染物質を排出した汚染者が汚染防止に関する費用を負担すべきという考えに基づき，汚染者が負担することになる⁽¹²⁾。そうなると企業は，環境被害の費用と環境汚染物質の排出を抑制するための環境投資を比べることになる。近年は CSR（企業の社会的責任：Corporate Social Responsibility）として企業の環境問題への取組みが重視されるようになっており，さらには ESG

---

(10)　外部不経済の内部化としての環境税の効果については，例えば栗山・馬奈木（2020）で詳しく説明している。実際に環境税は日本でも「地球温暖化対策のための税」（いわゆる炭素税）という名称で導入されている。

(11)　なお，カップ（1959）における社会的費用の概念は，ピグー的な意味である私的費用と外部費用の和で算出される社会的費用と差異があることに注意したい。例えば動物の絶滅やエネルギー資源の枯渇も社会的費用として位置づけるなど，広い概念として扱われている。この点については宮本（1989：130）で詳しく説明されている。

(12)　日本では汚染防止だけにとどまらず，被害者の救済や原状回復の費用も含まれる。

(Environment, Social, Governance) 投資のように環境問題への取組みが投資の判断基準として考慮されるようになってきている。そのため，企業は環境問題に対する取組みが必要不可欠になってきている。このように企業に対して環境問題への取組みが求められる社会となっており，企業は環境問題への取組みに対して，トレードオフの関係ではなく，いかに両立の関係を見出すかといった視点が必要である。

Ⅲ　エネルギー産業とエネルギー問題

1　経済学におけるエネルギー産業

　ここからは環境問題のうち，エネルギー問題，特に電力の分野について取り上げ，経済学においてエネルギー産業がどのように考えられているのかを，費用逓減産業と規制緩和を例に説明していく。

　石油をはじめとするエネルギー資源はあらゆる経済活動における重要な生産要素に位置づけられる。特にエネルギー資源から生産される電力は，熱エネルギーや位置エネルギーへ変換して利用することが容易にできるため汎用性が高い。また，電力を供給するため，送電網などが社会インフラとして整備されている。一般的に電力は，発電所で電力が生産され，送電網を通じて，電力消費者のもとに供給される。この一連の電気事業を担う電力産業は，従来，地域ごとに独占（地域独占）となっていた。この背景には，電力産業が有する特徴に起因する。電気事業を行うには，電気事業者が発電所を建設し，電力消費者まで送電網をつなげる必要があり，莫大な費用（具体的には固定費用）がかかる。電力の生産量を増やすことで，その莫大な費用は少しずつ下がってくる。しかし，独占ではなく，競争が生じている場合，電気事業者は別々に発電所の建設や送電網の敷設を行う必要があり，それぞれが莫大な費用を抱えることになる。一方で電力消費者の消費量はそれほど変化するものではないため，電気事業者は決まった消費量を取り合うことになる。そうなると電力の生産量を増やすことができず，莫大な費用は十分に下がらない事態となり，電力消費者は高い価格で電力を利用しなければならないことになる。そういった不利益が生じないように，規制をかけて独占（自然独占）を認めるとなっていた。

これが市場の失敗の１つである費用逓減産業であり，電力産業は代表的な費用逓減産業に位置づけられていた。

　一般的に独占市場は，完全競争市場に比べて価格が高くなる⁽¹³⁾。独占の弊害を避けるため，電力市場においては総括原価方式といった電気料金に関する規制がかけられていた。総括原価方式とは，発電や送電の設備管理の費用，燃料費，人件費などの通常の生産活動に必要な費用に，事業報酬を加えた総費用を総括原価とし，そこから電気料金を決める方式である。1990年代以降，電力自由化が段階的に行われるようになり，料金規制を含め，様々な面から規制緩和が実施されるようになった。例えば，電気料金の引下げについては，認可制であったところから届け出制へと移行した。そして2016年４月には電力小売り完全自由化となり，電力消費者は自由に電気事業者を選択することができるようになった⁽¹⁴⁾。エネルギー産業での規制緩和はガス事業においても実施されており，電気事業にガス会社が参入したり，ガス事業に電気事業者が参入したりするなど，競争が進んでいる。

2　日本のエネルギー問題とエネルギー政策

　エネルギー資源は一度消費してしまうとなくなってしまい，再び生産することができない枯渇性資源が多く用いられている。これらのエネルギー資源は，産出できる地域が限られており，日本はエネルギー資源のほとんどを輸入に依存している。経済産業省編（2021）によると，2019年度のエネルギー資源の輸

---

(13)　発展的な内容として，理論的な側面から説明を加える。完全競争市場では右下がりの需要曲線と右上がりの限界費用曲線の交点で市場数量と市場価格が導出される。しかし，独占市場では右上がりの限界費用曲線と限界収入曲線の交点で独占数量が決まり，その数量における需要曲線上の点（クールノーの点）で独占価格が導出される。市場数量よりも独占数量の方が少ないため，右下がりの需要曲線上では独占価格の方が市場価格よりも高くなる。そのため，電気事業などの公益事業においては，料金規制に関する経済学的な研究も多い。

(14)　日本の電気事業は戦後に９電力体制と呼ばれる９つ電力会社による地域独占体制（沖縄電力が1972年に設立されて10電力体制）となった。なお，戦前は電気事業者のほかにも紡績業，鉄道業，自治体など様々な事業者が電気事業を営んでいた。電気庁編（1940）によると，1939年末時点で619事業者が存在していた（受電のみのケースを含む）。また，戦後も一部の企業や自治体では発電設備を所有していた。

入比率は，石油が 99.7％，天然ガスが 97.8％，LP ガスが 74.2％，石炭が 99.6％となっている。エネルギー資源を輸入に依存することで，価格変動リスクを抱えることになる。1970 年代の石油危機では，1973 年 1 月に 1 バレル 2.6 ドルだった原油価格が，1 年後の 1974 年 1 月には 11.65 ドルまで上昇した[15]。また，2008 年 7 月には 1 バレル 147.27 ドル（瞬間ベース）を記録するなど，中東情勢や世界経済の動向などによって大きく変動する[16]。価格変動リスクは日本国内で対応できる問題ではないにもかかわらず，日本経済に大きく影響を及ぼす事態となる。

　また，環境問題に着目すると，エネルギー問題はエネルギー資源である枯渇性資源の枯渇やその資源の消費に伴う温室効果ガスや大気汚染物質の排出といった問題がある。さらに電力生産において原子力発電を用いた場合，放射性廃棄物が発生する。長期間にわたって管理が必要な放射性廃棄物の処理方法は決まっていない。よって，これまで主力電源であった火力発電や原子力発電からの脱却を目指す必要がある。

　このような問題がある中で，日本のエネルギー政策がどのようになっているのかを説明する。日本では，エネルギー政策基本法に基づき，エネルギーの需給などに関するエネルギー基本計画を策定することになっている[17]。日本のエネルギー政策は S+3E を基本的視点とし，現在のエネルギー基本計画では，安全性 (Safety) を前提とし，エネルギーの安定供給 (Energy Security)，環境への適合 (Environment)，経済効率性 (Economic Efficiency) の 4 つの視点を重視している。安全性の S は東日本大震災及び東京電力福島第一原子力発電所事故後に策定された第 4 次エネルギー基本計画から盛り込まれるようになった。エネルギーの安定供給は，従来から日本はエネルギー資源の海外依存度が高いことから，エネルギーの安定供給をいかに確保するかが課題となっている[18]。また，夏の猛暑の日はエアコンなどによる電力需要が高まったり，災害

---

(15)　詳しくは櫻井 (2018：129) を参照されたい。

(16)　データについては石油連盟 (2009) を参照されたい。

(17)　2018 年 7 月に第 5 次エネルギー基本計画が策定され，2021 年 9 月に第 6 次エネルギー基本計画（案）に関するパブリックコメントを開始している。

(18)　1970 年代の石油危機を受けて，再生可能エネルギーの開発や省エネルギーの推進などを進めてきた経緯もある。

によって発電所が被災したりするなどで，電力の需給バランスが崩れ，経済活動に支障をきたすケースも想定され，その対応が必要となっている。環境への適合は，温室効果ガスの排出抑制が念頭に置かれており，再生可能エネルギーなどを活用していくことが示されている。経済効率性は，エネルギー市場への市場原理の導入を念頭に，経済効率性の向上を図り，コスト削減や新技術による産業の競争力強化といったことが示されている。

　このように日本が抱えるエネルギー問題に対してどう対応していくかが示されており，エネルギー基本計画に基づいて様々なエネルギー政策が行われている。ここで重要になってくるのが再生可能エネルギーである。再生可能エネルギーは資源の枯渇問題の回避や環境負荷の低減に貢献でき，持続可能な社会の形成には再生可能エネルギーの普及が必要不可欠である。さらに基本的に国内にあるエネルギー資源（太陽光，風力，水力など）を活用するため，価格変動リスクの影響を受けない。ただ，現状では供給できる量が少なく，主力電源になるためには課題が多い。国では再生可能エネルギーの主力電源化に向けた検討が進められている。そこで，最後に再生可能エネルギーについて取り上げていきたい。

Ⅳ　地域のエネルギー問題と問題解決に向けた検討

1　地域のエネルギー問題

　再生可能エネルギーによる発電は，太陽光発電，風力発電，水力発電，地熱発電，バイオマス発電があり，基本的に自然由来のエネルギー資源を用いている。経済産業省編（2021：134）によると，再生可能エネルギーの発電電力量のシェアは年々上昇しており，2019年度には10.3％となり，初めて10％を超えた。再生可能エネルギーは自然環境に左右される特徴があることから，設置できる場所にも制約が出てくる。太陽光発電のように日射のあるところであればどこでも発電することが可能であるが，発電量を増やそうとすれば太陽

---

(19)　バイオマス発電の中には廃棄物発電が含まれており，これについては必ずしも自然由来のエネルギー資源というわけではない。可燃ごみは燃焼処理され，ゴミの減容化がなされている。もともと燃焼処理が行われており，廃棄物発電はその熱を利用しており（廃熱利用），エネルギー資源の有効活用となっている。

236

光パネルの設置面積を広げなければならない。つまり，大規模な太陽光発電事業を行うためには広大な土地が必要となり，地価の安さが求められる。そのため，太陽光発電事業は地価の高い都市部では難しく，地価の安い地方の方が行いやすい。風力発電，水力発電，地熱発電は発電に適した自然条件を満たす地域が限られており，必然的に再生可能エネルギー事業が実施できる場所も限られる。バイオマス発電は自然条件というよりも，いかに燃料を確保するかが課題になる。さらに再生可能エネルギー事業を行う適地があっても，送電網と接続する必要があり，送電網が整備されていない地域では再生可能エネルギー事業者自らが送電網を敷設する必要がある。

　このように再生可能エネルギーは設置できる場所に制約があるものの，2012年7月から実施されているFIT（Feed-in Tariff）制度（固定価格買取制度）によって普及が進んでいる[20]。FIT制度をきっかけに再生可能エネルギー事業が安定した投資として注目され，再生可能エネルギー事業を実施し始めた企業も多い。また，地域の人たちで再生可能エネルギー事業に関する勉強会を開催したり，全国各地で再生可能エネルギー事業を推進する団体が立ち上がったりするなど，再生可能エネルギーの普及の地盤が地域の中から形成されている。一方で太陽光発電事業による地域経済への効果に着目すると，その事業を実施している企業は，地元の企業のみならず，様々な地域からの参入が見られる。例えば県を挙げて再生可能エネルギーを推進している福島県の場合，FIT制度で太陽光発電事業の認定を受け，公表されている企業や地方自治体などの事業者の数は2,545者に上り，そのうち福島県内に所在する事業者の数は1,560者となっており，その割合は61.3％である[21]（次頁表1）。残り38.7％はほ

(20)　FIT制度とは，再生可能エネルギー由来の電力を一定期間，一定価格で電気事業者（送電事業者）が買い取ることを義務づけた制度である。再生可能エネルギー事業者は再生可能エネルギーの電力を一定期間，一定価格で買い取ってもらえる保障があることから事業計画が立てやすく，急激な普及につながった。
(21)　表1は資源エネルギー庁「事業計画認定情報公表用ウェブサイト」に掲載された2021年3月末時点のものから作成したものである。事業者数は個人で実施している太陽光発電事業を除き，複数個所で実施している事業者を1つとし，記載されている住所などをもとに分類した。住所が記載されていない企業や地方自治体は，ホームページで確認できたものは加えている。一方，事業数は住所不明や個人で実施している太陽光発電事業を除き，同一事業者が複数個所で実施しているものを含めた数となっている。

表1　福島県の太陽光発電事業者数と事業数の都道府県別内訳

	事業者数		事業数			事業者数		事業数	
北海道	22	(0.9)	103	(1.3)	岐阜県	8	(0.3)	24	(0.3)
青森県	1	(0.0)	2	(0.0)	静岡県	15	(0.6)	225	(2.9)
岩手県	9	(0.4)	19	(0.2)	愛知県	29	(1.1)	71	(0.9)
宮城県	48	(1.9)	71	(0.9)	三重県	7	(0.3)	48	(0.6)
秋田県	2	(0.1)	4	(0.1)	京都府	11	(0.4)	54	(0.7)
山形県	14	(0.6)	37	(0.5)	大阪府	50	(2.0)	165	(2.1)
福島県	1,560	(61.3)	4,137	(52.5)	兵庫県	4	(0.2)	5	(0.1)
茨城県	29	(1.1)	84	(1.1)	奈良県	2	(0.1)	3	(0.0)
栃木県	41	(1.6)	594	(7.5)	和歌山県	1	(0.0)	1	(0.0)
群馬県	20	(0.8)	51	(0.6)	鳥取県	6	(0.2)	48	(0.6)
埼玉県	46	(1.8)	195	(2.5)	島根県	1	(0.0)	1	(0.0)
千葉県	38	(1.5)	157	(2.0)	岡山県	6	(0.2)	7	(0.1)
東京都	435	(17.1)	1,358	(17.2)	広島県	6	(0.2)	29	(0.4)
神奈川県	57	(2.2)	145	(1.8)	徳島県	13	(0.5)	68	(0.9)
新潟県	7	(0.3)	35	(0.4)	香川県	3	(0.1)	5	(0.1)
富山県	9	(0.4)	18	(0.2)	愛媛県	3	(0.1)	4	(0.1)
石川県	6	(0.2)	16	(0.2)	福岡県	18	(0.7)	49	(0.6)
福井県	5	(0.2)	11	(0.1)	長崎県	1	(0.0)	1	(0.0)
山梨県	7	(0.3)	8	(0.1)	沖縄県	1	(0.0)	1	(0.0)
長野県	4	(0.2)	28	(0.4)	合計	2,545	(100.0)	7,882	(100.0)

出所：資源エネルギー庁「事業計画認定情報公表用ウェブサイト」より作成。
注：( ) 内の数値は事業者数，事業数の都道府県別のシェアを示している。

かの都道府県に所在する事業者が行っている。1つの事業者が複数の太陽光発電事業を行っているケースもあることから，同様に太陽光発電の事業数を見てみると，全体で7,882事業となっており，福島県内の事業者によるものは4,137事業で，その割合は52.5%となっている。よって残りの47.5%は福島県

外の事業者によるものとなっている。太陽光発電事業によって得られる利益は
事業者に入る。そうなると，半数近くの事業が福島県外の事業者によって行
われたものであることから，福島県内で生み出される利益ではあるものの，そ
の利益は福島県内に入らないことになる。さらに設置の際の工事と運転時のメ
ンテナンス以外に人手を必要とせず，雇用創出効果があまり期待できない側面
もある。こういった事業は，開発型の再生可能エネルギー事業ということがで
きる。このように地域内で再生可能エネルギー事業が増えることで，地域活性
化につながると期待できるものの，実態を詳細に確認する必要がある。

　さらに太陽光発電事業による地域の景観問題や土砂災害を誘発する懸念材
料として扱われるようになってきている。大規模な太陽光発電事業によって景
観を損ねる恐れがあり，観光地や豊かな自然を有する地域ではそういった事業
に対して反対運動が行われたり，条例を制定して太陽光発電事業開発を抑制
したりする事例が増えている。また，太陽光発電事業のために山林の伐採な
どを行うことで，大雨などによって斜面の土砂が流され，土砂災害が発生する
問題が生じている。この問題に対しては，国の方で 2020 年 4 月の環境影響
評価法の改正で対応しているものの，第 1 種事業（必ず実施するもの）は発電出
力が 4 万 kW 以上，第 2 種事業（実施するかは個別に判断するもの）は発電出力
が 3 万から 4 万 kW となっており，非常に大規模な太陽光発電事業が対象と
なっている。[22]

　このように再生可能エネルギー事業は普及に向けた動きがある一方で反対運
動も生じており，普及と反対の両立をいかに図るのかが課題となっている。

2　地域のエネルギー問題の解決に向けて

　表 1 の福島県の太陽光発電事業の事例のように，太陽光発電事業の実態を
詳しく見てみると，福島県内の事業者ばかりではなく，全国の様々な事業者に
よって行われている。全国の事業者の分については，福島県内に利益が落ち
ないことになる。福島県は東日本大震災からの復興に向けて，再生可能エネ

---

(22)　環境影響評価法とは開発事業を行うにあたって環境への影響を予め調査，予測，
　　評価を行うことを定めた法律であり，道路や河川，発電所，工業団地の造成などの開発
　　事業が対象となっている。

ルギーを通じた地域活性化を政策の1つとして掲げている。このような背景の
もとで，地域活性化に貢献できる再生可能エネルギーとはどういったものがあ
るのかを考えていきたい。

　単なる開発型の再生可能エネルギー事業ではなく，再生可能エネルギーを
通じて地域活性化につなげるためには，地域貢献型の再生可能エネルギー事
業が求められる。これに関連して，世界風力エネルギー協会の「コミュニティ
パワー3原則」の考え方がある。株式会社三菱総合研究所（2016：174）による
と，再生可能エネルギー事業のプロジェクトについて「地域の利害関係者がプ
ロジェクトの大半もしくはすべてを所有している」，「プロジェクトの意思決定は
コミュニティに基礎をおく組織によっておこなわれる」，「社会的・経済的便益
の多数もしくはすべては地域に分配される」というものである。この3原則の
1つ目と3つ目によって再生可能エネルギー事業で得られる利益が地域の中に
還元されることになり，2つ目によって合意形成が取りやすく，トラブルが発生
したときへの速やかな対処が可能となる。株式会社三菱総合研究所（2016：
175）ではそれまでの調査やコミュニティパワー3原則を整理し，「地域が「事
業者」として参画している」，「地域が「資金面」で参画している」，「地域が
「関連事業者」として参画している」，「事業の効果が地域に継続的に「還元」
される」の4つの項目を示し，このうち1つ以上有する事業を地域主体型の再
生可能エネルギー事業と定義している。誰がどのように関わっているのか，再
生可能エネルギー事業における資金・利益の流れがどうなっているのか，この
ような視点から，それぞれの再生可能エネルギー事業がどのように地域に貢献
しているのか，地域活性化につながっているのかを判断することができる。

　再生可能エネルギーは，環境問題への貢献として2つの役割（資源の枯渇問
題への対応，環境負荷の小さい電源の提供）を有するだけでなく，さらに3つ目
の役割として地域活性化の手段としても期待されている。これまで再生可能エ
ネルギー事業はFIT制度の高い買取価格が投資の経済インセンティブとなっ
て急激に普及が進んだ側面がある。買取価格が低下し，さらにFIT制度の変
更が進む中でも継続して再生可能エネルギーが普及していくためには，買取価
格に依存せず，再生可能エネルギー事業そのものに対して付加価値を見出す
必要がある。例えば災害対策として災害時でも独立電源として活用できたり，

再生可能エネルギーが有する環境の価値を売買できる非化石証書を活用したりするなどが挙げられる。このように再生可能エネルギーが普及し，地域活性化の手段として活用されることで，ポーター仮説とは異なるアプローチで再生可能エネルギーが経済活動と環境保全の両立を実現する一例になってくる。

V　おわりに

　本章では，環境経済学とはどういう学問なのかを，東日本大震災以降，特に関心が高まっているエネルギー問題に焦点を当てて取り上げてきた。さらに地域のエネルギー問題の解決策として，開発型の再生可能エネルギー事業ではなく，地域活性化に貢献する地域貢献型の再生可能エネルギー事業について論じてきた。

　「地域」について学び，研究するにあたり，どのような問題が抱えているのか，問題の所在はどこにあるのか，ステークホルダーとはどのような関係があるのかなどを観察して，その問題解決に向けた分析を行うことになる。本章では，問題の所在を明らかにすることを中心に論じてきた。ステークホルダーの関係を探るためには，具体的な地域を定め，文献調査や現地調査を通じて行うことになる。問題解決に向けては，公害と環境問題とで異なるアプローチを考える必要があり，経済活動に対してマイナスの影響が生じるような環境政策ではなく，経済活動と環境保全が両立できる環境政策を模索することが肝要である。本章を通じて，環境経済学という学問に興味を持ってもらい，環境問題の視点からも地域に対して様々なアプローチができることを学んでもらいたい。

（大平　佳男）

〈謝　辞〉
　本文の執筆にあたっては JSPS 科研費基盤研究（A）（研究課題番号 18H03600，研究代表者：山川充夫）の助成を受けた研究成果の一部である。記して感謝申し上げる。

〈参考文献〉
植田和弘監修（1994）『地球環境キーワード──環境経済学で読み解く』有斐閣。
カップ K.W.，篠原泰三訳（1959）『私的企業と社会的費用』岩波書店。
株式会社三菱総合研究所（2016）「平成 27 年度低炭素社会の実現に向けた中長期的再生

可能エネルギー導入拡大方策検討調査委託業務報告書」https://www.env.go.jp/earth/report/h29-02/h27_all.pdf, 2021 年 9 月 26 日最終アクセス。

環境経済・政策学会（2006）『環境経済・政策学の基礎知識』有斐閣。

栗山浩一・馬奈木俊介（2020）『環境経済学をつかむ【第 4 版】』有斐閣。

経済産業省編（2021）『エネルギー白書 2021』

国立環境研究所「日本の温室効果ガス排出量」https://www.nies.go.jp/gio/aboutghg/index.html, 2021 年 9 月 14 日最終アクセス。

国立研究開発法人海洋研究開発機構・気象庁気象研究所（2021）「コロナ禍による CO_2 等排出量の減少が地球温暖化に与える影響は限定的」（国立研究開発法人海洋研究開発機構，プレスリリース）http://www.jamstec.go.jp/j/about/press_release/20210507/, 2021 年 9 月 18 日最終アクセス。

櫻井宏二郎（2018）『日本経済論──史実と経済学で学ぶ』日本評論社。

資源エネルギー庁（2018）「エネルギー基本計画　平成 30 年 7 月」https://www.meti.go.jp/press/2018/07/20180703001/20180703001-1.pdf, 2021 年 9 月 22 日最終アクセス。

資源エネルギー庁（2021）「エネルギー基本計画（案）」https://www.enecho.meti.go.jp/committee/council/basic_policy_subcommittee/opinion/data/01.pdf, 2021 年 9 月 22 日最終アクセス。

資源エネルギー庁「事業計画認定情報公表用ウェブサイト」https://www.fit-portal.go.jp/PublicInfo, 2021 年 9 月 26 日最終アクセス。

石油連盟（2009）「WTI 原油価格推移」（定例記者会見・配布資料, 2009 年 12 月 17 日）https://www.paj.gr.jp/from_chairman/data/20091217.pdf, 2021 年 9 月 22 日最終アクセス。

全国地球温暖化防止活動推進センター「4-4　日本の部門別二酸化炭素排出量（2019 年度）」https://www.jccca.org/download/13335, 2021 年 9 月 14 日最終アクセス。

電気庁編（1940）『第 31 回電気事業要覧』電気協会。

時政勗・薮田雅弘・今泉博国・有吉範敏編（2007）『環境と資源の経済学』勁草書房。

内閣府経済社会総合研究所「国民経済計算（GDP 統計）」https://www.esri.cao.go.jp/jp/sna/menu.html, 2021 年 9 月 18 日最終アクセス。

ホンダ「CVCC エンジン発表」https://www.honda.co.jp/50years-history/challenge/1972introducingthecvcc/index.html, 2021 年 9 月 22 日最終アクセス。

宮本憲一（1989）『環境経済学』岩波書店。

四日市市（2019）「四日市公害のあらまし」https://www.city.yokkaichi.mie.jp/yokkaic-hikougai-kankyoumiraikan/wp/wp-content/themes/miraikan_theme/img/abstract.pdf, 2021 年 9 月 15 日最終アクセス。

第13章　COVID-19 感染禍に Equity を核とした
教育実践を考える

Ⅰ　はじめに

　2019 年に発生した新型コロナウイルス感染症（COVID-19）は，2021 年 10 月時点でも猛威を振るっている。我が国だけでもコロナ感染者は 150 万人を超えた。2021 年 8 月下旬，女優の綾瀬はるかが COVID-19 に感染し入院療養したことに対し，ネットは「芸能人ならすぐに入院できる」「上級国民だから」などの批判コメントで埋め尽くされた。卑近な例を挙げて恐縮だが，ほぼ同時期，筆者の弟もコロナに感染し 40 度を超える熱を出し，アセトアミノフェン・ロキソニンを処方されたが熱が下がらず，何とか入院加療を願うものの受け入れられず，5 日後にパルスオキシメーターの数値が 90 を切り漸く入院できるという経験をした。入院時には肺炎が進行し，ステロイドの点滴により幸い快復することはできたが，現代日本にあって病院を前に「入院させてください」と祈ることしかできないということをどれほどの人が想像したことだろう。

　受け入れ先がなく入院できなかった人，自宅療養という名の「医療崩壊」のなか亡くなった人がいる。悪いのは，責められるのは，COVID-19 の感染者なのだろうか。はたまた，いのちの危険と対峙して運よく入院できた患者なのだろうか。ネットのコメントを読みながら，私たちの暮らす社会が「分断」されていることを痛切に感じた。「上級国民」等のキーワードから、2016 年のイギリスのブレクジットやアメリカのトランプ大統領当選前夜のような「分断」が，ココ日本でも広く深く潜行しているように感じた。

　人口 1,000 人あたりの病床数は 13.0 床（米国：2.9　英国 2.5 の約 4〜5 倍）と主要先進国の中で最も多いのにもかかわらず，なぜ「医療崩壊」が起きているのか。これまでの保健医療政策に問題はなかったのか。本稿では COVID-19 を喫緊の課題としてとらえ，身近な「自分事」として考えていく。

II　本稿を貫く四つの重要概念

1　Equity

　世界にただ一人しかいない，かけがえのない存在であるからこそ，日本国憲法第 13 条は「すべて国民は，個人として尊重される。」と謳い，「人権尊重」の根源にある原理として規定している。

　個人の利益よりも全体の利益を優先させる全体主義を否定し，個々の人間はその多様な存在そのままに尊重されなければならない。誰もがかけがえのない存在として扱われるためには，どのような配慮が必要なのかをしっかりと考えていきたい。この視点に立って Equality と Equity について，下の画像図 1，図 2 から考える。

　『中学校学習指導要領解説社会編』には，「現代社会の見方・考え方の基礎となる枠組みとして，対立と合意，効率と公正などについて理解すること（略）

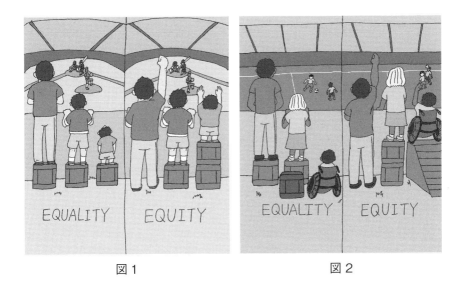

図 1　　　　　　　　　　　　　図 2

(1)　古家正暢（2020）「今こそ，真の意味で憲法第 13 条『個人の尊重』が実現する社会を」社会科通信 scope　教育出版。

『効率』については，社会全体で『無駄を省く』という考え方である。これを別の表現で説明すると『より少ない資源を使って社会全体でより大きな成果を得る』という考え方[2]とある。

この考え方に基づいて前記の二つの図を見てみよう。図１は、足元の木箱を入れ替えるだけであるので，Equality から Equity は容易に達成される。しかし，図２のように障害があり車椅子を利用する幼子がいた場合はどうだろうか。「効率」を『中学校学習指導要領解説社会編』に基づき「無駄を省く」「より少ない資源を使って社会全体でより大きな成果を得る』と解した場合，Equity は達成されないのではないだろうか。なぜならば，木箱を一つ無駄にし，なおかつ，たった一人のために新たな資源を使いスロープを作成しているのである。ルールも分からないであろう障害のある幼子がスタジアムでの競技を見られないとしても「しかたない」ではないかとされて終わるのではないか。ここには３で述べる「ホリスティックなものの見方」の「ケア」の精神が決定的に欠落している。

ちなみに Google 翻訳にかけると Equality は「平等」と訳されるが、Equity は「エクイティ」とカナ変換されるだけであった。この事実をもってしても，日本に Equity が根付いていない証左であるといえる。このように考えたとき、真の Equity な社会を築こうとするならば，『中学校学習指導要領解説社会編』にある「効率」と「公正」の概念を並列に考えていいのか等、問い直さなければならない課題があるのではないだろうか。

2 Critical Thinking（批判的思考）

OECD 国際教員指導環境調査 TALIS（Teaching and Learning International Survey）2018[3] によれば，指導実践（中学校）において日本は「批判的に考える必要がある課題を与える」が，国際平均の 61.0％から大きく外れ最下位の 12.6％となっている。「批判的思考を追究することのない教師に批判的思考

---

(2)　文部科学省（2018）『中学校学習指導要領』東洋館出版社。

(3)　国立教育政策研究所「教員環境の国際比較：OECD 国際教員指導環境調査（TALIS）2018 報告書―学び続ける教員と校長―の要約」https://www.nier.go.jp/kokusai/talis/pdf/talis2018_summary.pdf（2021 年 9 月 30 日最終アクセス）。

を育む授業ができるわけがない」と揶揄されても全く反論ができない状況にある。よって本稿では，現実の社会問題から目を逸らすことなく直面する課題である COVID-19 に向き合っていく。

ただ critical thinking の critical の訳語「批判的」については再考が必要であろう。critical という語は概ね「批判的」と訳されるが，その語源や派生源を辿ると crisis（危機・重大局面）と同根である。したがって，critical thinking とは，危機的局面に立つ・重大局面に立つ思考と捉えるべきで，単純に批判・否定するという意味ではなく，我々の思考を深化・拡充する概念であると捉えるべきである。

3　ホリスティック（holistic）

『人新世の資本論』[(4)] の中で斎藤幸平は「『人新世』の環境危機によって明らかになりつつあるのは，皮肉なことに，まさに経済成長が，人類の繁栄の基盤を切り崩しつつあるという事実である」「資本主義とは，価値増殖と資本蓄積のために，さらなる市場を絶えず開拓していくシステムである。そして，その過程では，環境への負荷を外部へ転嫁しながら，自然と人間からの収奪を行ってきた。（略）利潤を増やすための経済成長をけっして止めることがないのが，資本主義の本質なのだ。その際，資本は手段を選ばない。気候変動などの環境危機が深刻化することさえも，資本主義にとっては利潤獲得のチャンスになる」という。では，どうすればよいのか……。その解は日本ホリスティック教育協会『つながりのちから』[(5)] から見出すことができるのではないだろうか（次頁図 3）。

そこには「経済的なものの見方」と「ホリスティックなものの見方」の関係性について次頁のように記す。この「ホリスティックなものの見方」にこそ，これからの未来の解があるのではないだろうか。教育においても，経済界が求める人材育成のための実務的な知識の偏重ではなく，心と身体と魂を育てる教育，人間の全体性を重視する教育が望まれているのである。

---

(4)　斎藤幸平 (2020)『人新世の資本論』集英社。
(5)　日本ホリスティック教育協会 (2010)『つながりのちから』せせらぎ出版。

246

経済的なものの見方		ホリスティックなものの見方
スピード	←→	スロー
競争	←→	協調
お金	←→	心・文化
物欲	←→	節制
機械的・人工的	←→	自然・いのち
切り捨て	←→	ケア
複雑	←→	シンプル
一極集中	←→	多様性
環境破壊	←→	自然との共存
乱開発	←→	持続可能な開発
独占	←→	分かちあう
結果	←→	プロセス
みえるもの	←→	みえないもの

図3

4　数理科学

　日本学術会議数理科学委員会は「これからの時代の市民にとって，数理科学的な事象の把握・処理の能力は欠かせない。市民が正しい判断を行うためには，データに基づき物事を量的に把握することが必要不可欠であるが，そのような能力の涵養において，数理科学教育が果たす役割は大きい」[6]という。

　現代のさまざまな社会事象に対して，数理的に処理し根拠をもって意思決定をすることが望まれる所以である。今回のコロナ禍にあっても，飲食店関係者が「なぜ，飲食店ばかりが標的にされるのか。エビデンス（根拠）に基づいた飲食店対策を！ 感染経路別の内訳では，家庭や職場が飲食店よりも多く，飲食店を狙い撃ちにする明確なエビデンスがない」と強く訴えている。これは数理的に処理し根拠をもって説明されないが故である。まさにデータに依らず兵站を無視し精神論を重視した第二次世界大戦の大日本帝国陸軍「インパール作戦」を現代社会にあっても歴史に学ぶことなく繰り返しているかのようである。

---

(6)　日本学術会議数理科学委員会数理科学分野 参照基準検討分科会，2013。

本稿では，これら「Equity」「critical thinking」「ホリスティック (holistic)」「数理科学」の四つの重要概念をもとに，COVID-19 に関連する課題を考えていく。

Ⅲ　先行研究　Bowland Maths の教材「OUTBREAK」[7]

Bowland Maths が作成した数理科学の学習教材をここに紹介する。

　〔課題〕イギリスのある町で病気が蔓延している。あなたはワクチン接種を任されている。平等に次の 2 つのワクチンの使い方を管理する必要がある。ワクチン A は感染に 95％効き，一人当たり 8 ポンドかかる。ワクチン B は感染に 70％効き，一人当たり 3.5 ポンドかかる。945,500 人の予防接種に対して，5,000,000 ポンドの予算が与えられている。あなたは，どのようにすれば最も効果的にワクチンを接種できるかを決める任務を任された。ワクチン接種計画を作成しよう。

　日本の数学であれば，誰もが経験した「リンゴとミカンの連立方程式」に則って，以下の連立方程式を立て解を求めることになろう。
　A + B = 945,500　8A + 3.5B = 5,000,000
　若干の調整を行い，解として A = 375,722　B = 569,778 を導き出せば終了となる。しかし，イギリスの Bowland Maths は，ここに次頁表 1 の「職業別人口表」を付記する。
　連立方程式の解が得られたとして，誰に 95％の効き目があるワクチン A を優先接種するのかという選択を迫るのだ。常々，日本的数学の「リンゴとミカンの連立方程式」が解けたところで，何の役に立つのだろうと疑問に思ってきた筆者にとっては衝撃であった。それも，この問いは COVID-19 後に生まれたものではなく，2014 年には日本数学教育学会で紹介されているのだ。イギリ

---

(7)　Bowland Japan「アウトブレイク」https://bowlandjapan.org/starterkit/outbreak （2021 年 9 月 30 日最終アクセス）。

表 1

職業	人数
医療関係者（医師・看護師）	75,640
重要な公共サービス（電気・ゴミ取集等）	113,460
食料品店等の店員	113,460
農業・食料品生産業者	85,095
その他の販売業者	104,005
教師・法律家等の専門職	122,915
小売業者・自動車修理業・室内装飾等	85,095
定年退職者	85,095
児童・生徒	94,550
5歳未満の幼児	66,185
合　計	945,500

スでは子どもたちに，このように意思決定を迫る問いに向き合わせ，仲間と対話する中で，自らの考えを練り上げるトレーニングを積み重ねている。日本においても，このような数理科学に根ざした課題解決に迫る授業の必要性を強く感じる。

Ⅳ　COVID-19 から考える教育実践

　このCOVID-19をもとに社会的合意形成をめざす教育実践において，最重要視するのは聖徳太子によって制定されたとされる『十七条の憲法』である。「一曰，以和爲，無忤爲宗（和を大切にし人といさかいをせぬようにせよ）」が有名であるが，筆者が注視したいのは「十七曰，夫事不可獨斷。必與衆宜論。少事是輕。不可必衆。唯逮論大事，若疑有失。故與衆相辯，辭則得理」である。現代語訳すれば「物事は独断で行ってはならない。必ずみなと論じ合うようにせよ。些細なことは必ずしもみなにはからなくてもよいが，大事を議する場合には誤った判断をするかも知れぬ。人々と検討しあえば，話し合いによっ

て道理にかなったやり方を見出すことができる」⁽⁸⁾となる。

　桑子敏雄は「日本のような大陸を離れた島によって構成されている国家は，陸続きの国家間や異民族間の対立・紛争の根底に潜むインタレストについての認識が浅いので，対立，紛争に陥ったときの解決に対する経験や理論的蓄積が少ない」⁽⁹⁾と指摘する。それゆえ，この COVID-19 という難局にあたり、社会的合意形成を培うための 4 つの授業試案を以下に示す。

1　「あの金で何が買えたか……」

　1999 年，芥川賞作家：村上龍は『あの金で何が買えたか』⁽¹⁰⁾を著した。バブル経済崩壊後の不良債権をかかえた金融機関を救済するために投入された公的資金は総額 7 兆 4,592 億円に上った。この公的資金投入に対して，村上はまさに critical thinking をもって多面的・多角的に追究した。

　2020 年春，COVID-19 で学校が一斉休校を余儀なくされた。安倍晋三首相は唐突に通称「アベノマスク（布マスク 2 枚）」を各世帯に一斉配布することとした。どのくらいの国民が利用したのだろうか。少なくとも筆者の周囲には利用者は存在しなかった。当初 466 億円とされた「アベノマスク」。最終的には億円とはなったものの，あの億円があったならば何が買えたのだろうか。

　オープンキャンパスの折，模擬講義を受講した高校生にこの問いを投げかけた。戸惑いつつも周囲の友だちや保護者と相談して得られた回答の中には，「多くの学校行事が中止になり精神的につらい思いをしている小学生のために，レンタル料 1 億円というジャイアントパンダを園舎付きで日本全国の動物園にプレゼントしたらどうでしょう」という意見があった。自分たちも修学旅行等の学校行事が中止になったにもかかわらず小学生を気遣う優しい高校生。「アベノマスク」に代わり，もしも本当にジャイアントパンダが日本各地の動物園にレンタルされていたならと想像してみた。地域の活性化に一役買ったのではないだろうか。

　つづいて課題として取り上げたのは，全国にコロナ感染を拡大したのではな

---

(8)　井上光貞監修 (2020)『日本書紀』中公文庫。

(9)　桑子敏雄 (2016)『社会的合意形成のプロジェクトマネジメント』コロナ社。

(10)　村上龍 (1999)『あの金で何が買えたか』小学館。

いかと酷評された「GO TO キャンペーン」である。3次補正まで含めると総額は約2兆7,000億円。ここまで大きな額になると想像がつかなくなり，スマートフォンで計算する参加者の手の動きも止まってしまった。政治は私たち一人一人が納めた税金によって成り立っているのだが「兆」という大きな金額を前に思考が停止してしまったかのようであった。

　主権者としての私たちに必要なことは，もし私なら……私たちなら……このように税金を使うだろうと考えることが重要である。筆者もCOVID-19感染禍における医療崩壊を自分事として捉え，病院建設にはどのくらいの費用が必要なのかをWebで検索してみた。東京都下の「多摩メディカルキャンパス」(難病医療センター等) の整備基本計画252億円がヒットした。ほぼ「アベノマスク」の費用に等しいものを探しあてた。しかし，GO TO キャンペーンの2兆7,000億円ともなるとやはり考えが及ばなかった。

　また，本授業の導入と終結では『リアルタイム財政赤字カウンター』[11]を用いた。スマートフォンで，刻々と数値が変化していくようすを見せるとともに，スクリーンショットで或る一瞬を切り取ることとした。そして，授業開始時と終結時の数値の違いは何かと問うた。この刻々と変化し増え続けていく数値は国・地方公共団体の「借金」に対する利息だ。日本の財政健全度は世界でも最下位という惨状にある。これからの未来を切り拓く若者は，借金の付け回しをされたのではたまらないという意識を持たなければならない。税金の使い道だけではなく「世代間格差」にも敏感になる必要があるのではないだろうか。

2　「なぜ，高齢者からワクチン接種をしたのだろう」

　2021年2月，政府はCOVID-19のワクチン接種順位を　①医療従事者，②高齢者，③高齢者以外で基礎疾患を有する者・高齢者施設等の従事者とした。　「東京都感染者数 (年代別)」(次頁図4)[12] を見ると 20代が圧倒的に多い。感染拡大阻止の面から考えるならば，活動範囲の広い20代の接種順位を上

---

(11)　リアルタイム財政赤字カウンター http://www.kh-web.org/fin/ (2021年9月30日最終アクセス)。

(12)　NHK「東京都の感染者数 (年代別・感染経路)」https://www3.nhk.or.jp/news/special/coronavirus/by-age-tokyo/ (2021年10月7日最終アクセス)。

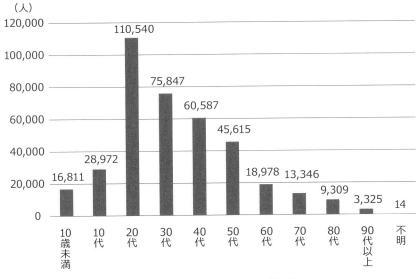

図 4　東京都感染者数（年代別）

出所：NHK ホームページ「特設サイト新型コロナウイルス」https://www3.nhk.
or.jp/news/special/coronavirus/by-age-tokyo/（2022 年 1 月 4 日アクセス）。

げるという選択もできたはずである。しかし，政府は高齢者を優先接種した。
高齢者の重症化率・死亡率が高いという理由からであった。

　しかし，ここで危機的局面・重大局面に立つ critical thinking として，な
ぜだろうと考えることも必要ではないだろうか。活動範囲が広く感染者も多い
20 代に優先接種することによって感染の拡がりを抑えるという考えは，あなが
ち間違っていないように感じる。

　そこで，次頁表 2 の「衆議院議員総選挙投票状況」を見ていただきたい。
現代日本は超高齢社会で高齢者の絶対数が多いばかりではなく投票率も高い。
若年層は「誰に投票すればいいのかわからない」「投票所に行くのが面倒」な
どの理由で棄権をする。投票の手間や時間を惜しみ棄権をする若年層が多い
ならば，投票率の高い高齢者に優先接種するということは政治的判断として至
極理に適っている。現に 20 代と 60 代の投票者数を比較すると，20 代の 370
万人に対して，60 代は 1,258 万人と 3.4 倍にもなる。2021 年 10 月 21 日には任

表2　衆議院議員総選挙投票状況（2017 年概算，単位：万人）

年代別	有権者数	投票者数	投票率
18-19	274	108	39.4
20-29	1,145	370	32.3
30-39	1,436	612	42.6
40-49	1,766	900	51.0
50-59	1,539	928	60.3
60-69	1,833	1,258	68.6
70-79	1,448	999	69.0
80 以上	1,168	522	44.7

出所：不破雷蔵「若者の意見は団塊の 4 分の 1 にも満たず……投票者ピラミッドの実情をさ
　　ぐる（第 48 回衆議院議員総選挙版）」2020/07/06　https://news.yahoo.co.jp/by-
　　line/fuwaraizo/20200706-00186658 より筆者作成。

期満了となる衆議院議員選挙を控え，もしも自分が総選挙に出馬するとなれば，
どちらの年代に耳あたりのいいことを言うか考えてみると良い。このように「い
のち」と投票行動とが直結しているということを知ったならば，住民票を実家
に置いたままの大学生は「不在者投票」制度等を活用するなど選挙に関心を
持つことが大切であると気付くのではないだろうか。
　この考えを念頭にニュースを見ていると興味深いことに気づいた。2021 年 6
月，吉住健一新宿区長は 59 歳以下のワクチン接種にあたっては，20〜30 代の
若者の予約を優先する方針を示した。何も知らなければ何という英断だろうと
思うであろう。しかし，統計資料を扱う「統計 Dashboard」で新宿区の人口ピ
ラミッド[13]を見ていただきたい。日本の総人口を表す人口ピラミッドとは全く異な
る形をしていることに驚くはずである。20〜30 代の人口が最も多いのである。
この人口ピラミッドのデータを知ったならば，新宿区長の方針は当然の帰結で
あろう。

---

(13)　統計 Dashboard「人口ピラミッド」https://dashboard.e-stat.go.jp/pyramidGraph
　　?screenCode=00570&regionCode=00000&pyramidAreaType=2（2021年 9 月 30日
　　最終アクセス）。

3　「Equality vs Equity　一律10万円か減収世帯に30万円か」

　政府は2020年4月，コロナウイルスが感染拡大するなか，減収世帯に30万円を支給する措置を考えていた。しかし，最終的には国民一人あたり一律10万円を給付する措置へと変更した。

　減収世帯に30万円を給付する制度は極めて複雑であった。「効率」を考えたならば，一律10万円の方が手間も時間もかからない。しかし，本当に撤回されなければならない政策であったのだろうか。10万円をいただいた際には，筆者自身も大いに喜んだのではあるが再検討する必要はないのだろうか。確かにプロセスが複雑であればあるほど支給までの時間がかかる。生活困窮者にとっては時間との勝負の面があることも事実だ。

　しかし，EqualityでなくEquityの面から考えたとき，減収世帯への給付策の方が理にかなっているのではないだろうか。それにもかかわらず国民の多くは一律10万円給付を支持した。そこには「平等」に支給することこそが正しいという確信に近いものがあるからだ。ここにこそGoogle翻訳をもってしてもEquityをエクイティとしか表現できない深い闇が横たわっているのではないだろうか。

　たとえば，2021年1月の国会で，COVID-19感染拡大の影響で生活に困窮する人たちへの支援を巡り，菅義偉首相は「最終的には生活保護」があると答弁したが，生活保護制度を有名無実化する「水際作戦（生活保護の窓口で相談者に申請をさせないこと）」を知って答弁したのであろうか。福祉事務所に生活保護の相談に行くと，多くの場合3〜4時間，あまり答えたくないプライバシーや経歴を聞かれ，自動車の保有状況や親族に頼れない事情は何なのか，就労努力が足りないのではないか等の質問攻めにあい，心を折られ申請に至らないケースが多いという。日本弁護士連合会の資料によると「日本の生活保護の捕捉率は19.7％（イギリス87％　ドイツ85％）」[14]であり，他国と比較すると如何に低水準であるかが分かる。日本国憲法第25条「すべて国民は，健康で文化的な最低限度の生活を営む権利を有する」という生存権が保障される国でなければならないと考える。

(14)　日本弁護士会連合会「生活保護法改正要綱案―権利性が明確な『生活保障法』に」https://www.nichibenren.or.jp/library/ja/publication/booklet/data/seikatuhogohou_kaisei_youkou_leaflet.pdf（2021年9月30日最終アクセス）。

4 「日本は，ベーシックインカムを取り入れるべきか……」

ベーシックインカム（BI）はミルトン・フリードマンの負の所得税という考え方を基礎にした考えで，国民全員が最低限の生活ができるように保障する制度である。波頭亮は「BI は現在の社会保障制度とは全く異なるシステムである。受給年齢の引き上げが検討されている年金制度，自ら申請して数々の条件に適合していることを証明しなければ受給できない生活保護，非就業期間が長引こうとも一定期間しか受給できない失業保険などといった従来からの社会保障制度と比較すると，BI の特徴は一目瞭然であろう」[15]と，BI 導入のメリットを強調する。COVID-19 後のショック療法として一気に導入する必要があるという意見もある。BI のデメリットとしては，いわゆる「フリーライダー（経済的・労力的なコストを支払わずに，社会政治システムの恩恵だけを受け取ろうとする人）」を生み出し，人々が働かなくなるのではないかといわれている。

2020 年秋，竹中平蔵パソナグループ会長は BI は「究極のセーフティーネット」であるとして一人平均月 7 万円を給付する案を提示した。そこで BI 導入の最大の課題ともいわれている財源を 2019 年度の数値をもとにシミュレーションしてみた。

① BI 財源：月 7 万円×12 か月＝84 万円×日本の人口：1 億 2,616 万人＝105 兆 9,744 万円が必要となる。

2019 度版「国税庁統計年報」をもとに，国民の総収入を求めると……
②確定申告総所得　　　83 兆 9,207 億円[16]
③源泉徴収給与総額　　229 兆 3,259 億円[17]
④国民の総収入②＋③＝313 兆 2,466 億円
原田泰『ベーシックインカム』[18]に紹介されている定率課税方式により一律 30％の税率で課税すると……

④ 313 兆 2,466 億円×0.3 ＝⑥ BI 税収 93 兆 9,739 万円

① BI 財源：105 兆 9,744 万円−⑥ BI 税収：93 兆 9,739 万円＝

(15)　波頭亮（2018）『AI と BI はいかに人間を変えるのか』幻冬舎。
(16)　第 145 回令和元年度版「国税庁統計年報」第 5 表。
(17)　第 145 回令和元年度版「国税庁統計年報」第 11 表。
(18)　原田泰（2015）『ベーシックインカム』中公新書。

⑦ BI 財源不足：12 兆 0,005 万円

　しかし，BI を導入することにより⑧社会保障関係費：34 兆 0,593 億円の支出削減が考えられる。よって，⑧社会保障関係費：34 兆 0,593 億円−⑦ 12 兆0,005 億円 = 22 兆 0,558 億円。つまり，このシミュレーションで考えた場合，国にとっては BI を導入したほうが 22 兆 0,558 億円の黒字決算となるのだ。加えて，BI は生活保護費と違い全国民一律での給付となるので事務作業は激減し，人件費削減等で黒字幅はより大きくなるものと予想され，国にとっては喜ばしい限りとなる。

　しかし，ここで立ち止まって考えたい。超高齢社会の日本にあっては，今後，ますます社会保障関係費は確実に増大する一方である。だから BI 毎月一律平等に 7 万円給付で完結ということになれば国の負担は大きく減少する。しかし，これまで年金を支払ってきた者からすると，BI の 7 万円ですべてが「ご破算」にされたのなら暴動が起きるのではないだろうか。

　また，Equity の面から考えたとき，前述の税収計算は，定率課税方式で行ったのだが，定率課税は年収 300 万円の者も，年収 10 億円の者も，税率は一律平等に 30％だというのだ。現行の累進課税制度では，年収 300 万円であれば控除後の税率は 10％である。年収 10 億円であれば 45％である。定率課税方式は複雑な計算の必要もなく「効率」的であるように思える。しかし，実は富裕層にとって，より有利な課税方式だということで格差が広がり，ますます社会が「分断」されていくのではないだろうか。

　立岩真也が指摘するように「ときに『最低限』を給付するからそれ以外のことはしない，そのことに文句は言わせないという手切れ金のようなものとして機能させ」てはいけない。「同じ暮らしをするのに（例えば介助・介護が必要で）資源を他の人よりも多く必要とする人たちがいる。少なくともその超過分については社会的に支出されるべき」[19]という問い直しが必要であろう。

---

(19)　立岩真也 (2010)『ベーシックインカム』青土社。

Ⅴ　おわりに

　みなさんにたくさんの本を読んでいただきたいと，ここまで数多くの本から引用してきたが，最後に2冊紹介して本稿の総括としたい。

　1冊目は，山本七平の『空気の研究』である。沖縄海上特攻隊として天一号作戦に出撃した戦艦大和について「大和の出撃を無謀とする人びとにはすべて，それを無謀と断ずるに至る細かいデータ，すなわち明確な根拠がある。だが一方，当然とする方の主張はそういったデータ乃至根拠は全くなく，その正当性の根拠は専ら『空気』なのである。従ってここでも，あらゆる議論は最後には『空気』で決められる。最終的決定を下し，『そうせざるを得なくしている』力をもっているのは一に『空気』であって，それ以外にない。」[20]と記し，そのあとがきには「徳川時代と明治初期には，少なくとも指導者には『空気』に支配されることを『恥』とする一面があったと思われる。『いやしくも男子たるものが，その場の空気に支配されて軽挙妄動するとは……』といった言葉に表れているように，人間とは『空気』に支配されてはならない存在であって『いまの空気だけは仕方がない』と言ってよい存在ではなかったはず」と厳しく断ずる。

　筆者は寡聞にして安倍内閣の「森友・加計学園疑惑」の報道に接するまで「忖度」というコトバを知らなかった。国有地の8億円値引き・公文書の改竄・首相案件による優遇措置等，行政の公正さを歪める「忖度」。すべて官僚が「空気」を読んで行ったことである。十数年前に「KY（空気が読めない）」という他者への侮蔑語がはやった。集団による同調圧力の強い日本社会にあっては「場の空気」を読み取るスキルに劣っている者として揶揄したものだ。しかし，同調圧力に屈し「空気」を読み続けるだけならば，何のために「個としての私」という存在があるのだろう。「空気」に支配されることを「恥」とする「強い個人」の構築をめざそうではないか。知の巨人と呼ばれた立花隆の著書

---

(20)　山本七平（2018）『空気の研究』文春文庫。

『最後に語り伝えたいこと』[21]の帯には「負け続けてもいい。自分の意思を持ち続けろ！」とある。改めて日本国憲法第 13 条「すべて国民は，個人として尊重される」を共に噛み締めたいものだ。

2 冊目は，ナオミ・クラインの『ショック・ドクトリン』である。BI の項で紹介したミルトン・フリードマンを称して「深刻な危機が到来するのを待ち受けては，市民がまだそのショックにたじろいでいる間に公共の管轄事業をこまぎれに分割して民間に売り渡し，「改革」を一気に定着させてしまおうという戦略だ。(略) 私はそれを『ショック・ドクトリン』すなわち衝撃的出来事を巧妙に利用する政策だと理解するに至った」と語り，「通常の状況では，経済的決断は競合する利害同士の力関係に基づいて下される。(略) しかし，通貨危機や株式市場の暴落，大不況といった深刻な経済的危機が勃発すると，他のことはすべてどこかへ吹き飛び，指導者は国家の緊急事態に対応するという名目のもとに必要なことは何でもできる自由を手にする。危機とは，合意や意見の一致が必要とされない，通常の政治にぽっかりあいた空隙—いわば民主主義から解放された"フリーゾーン"なのだ」と警告を発する。

現在 COVID-19 感染禍にある日本にあって，一部政治家は強いリーダーシップを発揮することが支持拡大に繋がると考え「ロックダウン（都市封鎖）のような強力措置が必要」「憲法を改正して政府の権限を強める『緊急事態条項』を制定しよう」という声を上げる。しかし，このような危機にある時こそ冷静に立ち止まって考えることが必要である。

既に 2015 年の安保法制時の憲法解釈の変更，2020 年 2 月の法的根拠のないままの全国学校休校宣言，そして 9 月の日本学術会議の任命拒否問題においても従来の法解釈はないがしろにされてきている。これ以上，政府の権限を強めたならばどうような未来が待ち受けているのかと想像することが重要である。今ほどcritical thinking が必要とされている時はない。

確かに，21 世紀に入ってからだけでも重症急性呼吸器症候群 (SARS)・新型インフルエンザ・中東呼吸器症候群 (MERS)，そして今回の COVID-19，今後ますます感染力が強く致死率の高い感染症が出現するかもしれない。だから

---

(21)　立花隆 (2021)『最後に語り伝えたいこと』中央公論新社。

258

「緊急事態条項」が必要なのだと論じる前に，かけがえのない一人一人の「いのち」を最優先に考える「ケア」の精神が大切なのだ。equity に配慮した医療体制・社会保障体制の再構築こそが最優先されなければならないのである。私たちが COVID-19 感染にうろたえ，思考力・想像力を働かさないと，この惨事（ショック）をチャンスととらえ，これまでできなかったことをやってしまおうと悪だくみを画策する輩が必ず出てくる。今こそ『ショック・ドクトリン』に学び，取り返しのつかない事態に陥らないよう心しなければならない。

〈追記〉「アベノマスク」続報

　本稿で「アベノマスク」について，当初 466 億円が最終的には億円となったとしているが，これは 2020 年 6 月 1 日の菅義偉官房長官（当時）の談話によるものである。その後，より詳細に調べてみると翌 7 月下旬には，介護施設や保育所，幼稚園などへの配布を含め総額 507 億円に上ったという数値が新聞紙上を賑わせていた。

　また，2021 年 12 月 15 日，松野博一官房長官は行き場を失った「アベノマスク」8,000 万枚を希望する自治体や個人に配布すると発表した。「アベノマスク」の保管費用は 2021 年 3 月までで 6 億円と報じられたので，あれから 1 年が経過しようとしている現在，保管費用は単純計算で軽く 10 億円は突破しているものと思われる。2022 年 2 月に入ってからの新聞報道によれば，廃棄費用 6,000 万円に対して，希望者への配送費用は 10 億円に上るという試算があるという。私たちの税金の問題であるので，今後も「アベノマスク」の続報には十分注意していきたいものだ。

〈古家　正暢〉

【参考資料】学習指導案

IV-1　COVID-19「あの金で何が買えたか……」

50	学習内容	【学習活動】教師の発問 Q と指示・説明◆と 予想される生徒の反応△	指導上の留意点
導入 10分	○日本の財政赤字の現状を知る。	◆タブレットを出してください。 ・検索窓に「リアルタイム財政赤字カウンター 15」と入れてください。 ・掛け声をかけたら，スクリーンショットを撮ってください。「せーのっ！　ハイ！」 Q.日本全体の債務残高はいくらですか… △凄い！　1500 兆円を超えている… Q.総額でなく，国民一人当たりにチェックを入れて… △1200 万円を超えている…	＊タブレット端末を一人一台準備する。 （スマホも可）
展開① 10分	○アベノマスクの使用度合確認 ○GO TO トラベル予算と中断	Q.2020 年春，新型コロナウイルス感染で学校が一斉休校を余儀なくされたときに通称「アベノマスク」の配布が問題とされたのだけれど覚えているかな… 　このクラスで使用した人はいるかな… △・・・ Q.ゼロ。今，通称「アベノマスク」はどうなっているの… △知らない… Q.ところで「アベノマスク」の予算はいくらだったと思う △3 億円　30 億円　100 億円 ◆当初 466 億円だったものが 260 億円に引き下げられた Q.「GO TO トラベル」というものもあったよね… 　いくらくらいの予算が立てられたか知っている… △500 億　1000 億　5000 億　1 兆円 ◆正解は約 2 兆 7000 億円。 Q.「GO TO トラベル」を利用した人はいるかな… △・・・ Q.昨年末から中断されているのだけれど，どうしてかな… △感染が広がるから… ◆ほとんど使用されなかった「アベノマスク」に 260 億 「GO TO トラベル」に 2 兆 7000 億，債務(借金)が いっぱいあるというのにどう思う… △・・・	＊「アベノマスク」を準備しておき提示する。 ＊朝日デジタル 2021/07/21
展開② 25分	○あの金で何が買えたか	◆タブレットを使って，260 億円または 2 兆 7000 億円で，何が買えるか考えてみましょう… 〔考える時のポイント〕 キーワードは「公共」 ◆第1 段階　個人個人で調べてみよう（5 分） 　第2 段階　4 人一組のグループをつくってアイディアを検討しホワイトボードに記入しよう（10 分） ◆では，グループごとに発表してください △・・・	＊村上龍『あの金で何が買えたか』を準備する ＊個人学習の際，課題が手につかない生徒への配慮が必要 ＊マグネットボードとペンを準備する。
まとめ 05分	○借金を返却する際の利子の怖さ	◆再度，タブレットの検索窓に「リアルタイム財政赤字カウンター 15」と入れてください。 ・再びスクリーンショットを撮ります。「せーのっ！」 Q.約 40 分前と比べて，どのくらい増えていますか… △ウソォー　ものすごい増えてる… Q.どうして，この短時間にも大きく増えたのでしょう… △ざわざわ 「利息・利子」　ウギョー！	

索　引

執筆者紹介 <small>(執筆順, *は編者)</small>

山本　健兒（やまもと　けんじ, 第1章担当）
　帝京大学経済学部地域経済学科教授（2017〜2021年度）
　東京大学大学院理学系研究科地理学専門課程博士課程単位修得退学，博士（理学）
　高知大学人文学部, 法政大学経済学部, 九州大学経済学研究院を経て, 九州大学名誉教授
　専門：社会経済地理学, 国際労働力移動と移民, ドイツ語圏の都市・農村の社会経済,
　　イノベーティブな中小企業論

玉　真之介（たま　しんのすけ, 第2章担当）
　帝京大学経済学部地域経済学科教授
　北海道大学大学院農学研究科博士課程修了，農学博士
　岡山大学教養部, 弘前大学農学部, 岩手大学大学院連合農学研究科, 徳島大学総合科
　　学部, 生物資源産業学部を経て現職。岩手大学名誉教授, 徳島大学名誉教授
　専門：農業経済学, 日本農業史

*林田　朋幸（はやしだ　ともゆき, 第3章担当）
　帝京大学経済学部地域経済学科講師
　東京農工大学大学院連合農学研究科博士課程修了，農学博士。
　阪神・淡路大震災記念人と防災未来センター　嘱託研究員を経て現職。
　専門：農村社会学, 森林資源管理論

松尾　浩一郎（まつお　こういちろう, 第4章担当）
　帝京大学経済学部地域経済学科教授
　慶應義塾大学大学院社会学研究科博士課程満期退学，博士（社会学）
　日本社会事業大学等を経て現職
　専門：社会調査論, 都市社会学

*乗川　聡（のりかわ　さとし, 第5章担当）
　帝京大学経済学部地域経済学科講師
　早稲田大学大学院商学研究科博士課程満期退学
　早稲田大学, 跡見学園女子大学等を経て現職
　専門：経済史, 経済思想史

丹羽　孝仁（にわ　たかひと, 第6章担当）
　帝京大学経済学部地域経済学科准教授
　東北大学大学院理学研究科博士課程後期修了，博士（理学）
　マップ仙台M96 GIS室研究員, 神戸大学研究員等を経て現職
　専門：地理情報分析学, 地域政策論

夜久　仁（やく　ひとし, 第7章担当）
　帝京大学経済学部地域経済学科教授

東京大学法学部卒業
衆議院法制局，国立国会図書館を経て現職
専門：予算理論，立法政策，立法過程

内貴　滋（ないき　しげる，第 8 章担当）
帝京大学経済学部地域経済学科教授
東京大学法学部卒業，博士（法律学），バーミンガム大学名誉フェロー
自治省入省，官房審議官，消防大学校長，北九州副市長，ロンドン事務所長，在英日本
　大使館一等書記官などを経て現職
専門：地方行政論，地方財政論，行政法，公共政策論，危機管理論，地方自治法

** **宋　宇**（そう　う，第 9 章担当）*
帝京大学経済学部地域経済学科講師
横浜国立大学大学院国際社会科学研究科グローバル経済専攻博士課程後期修了，博士
　（経済学）
嘉悦大学大学院非常勤講師，横浜国立大学産官連携研究員，帝京大学経済学部地域経
　済学科非常勤講師等を経て現職
専門：財政学，財政政策，地方財政学

五艘　みどり（ごそう　みどり，第 10 章担当）
帝京大学経済学部地域経済学科准教授
立教大学大学院観光学研究科後期課程修了，博士（観光学）
㈱ジャルパック，㈱富士通総研，神戸夙川学院大学，デロイトトーマツコンサルディング合
　同会社を経て現職
専門：観光地理学

荒井　良雄（あらい　よしお，第 11 章 担当）
帝京大学経済学部地域経済学科長・教授
東京大学大学院理学系研究科博士課程中途退学，博士（工学）
信州大学，東京大学を経て東京大学名誉教授
専門：都市地理学，都市計画学，地域経済学

** **大平　佳男**（おおひら　よしお，第 12 章担当）*
帝京大学経済学部地域経済学科准教授
法政大学大学院経済学研究科博士後期課程満了，博士（経済学）
福島大学うつくしまふくしま未来支援センター，法政大学経済学部を経て現職
専門：環境経済学，エネルギーの経済学

古家　正暢（ふるや　まさのぶ，第 13 章担当）
帝京大学経済学部地域経済学科教授
早稲田大学大学院教育学研究科修士課程修了
東京都公立中学校，東京学芸大学附属国際中等教育学校を経て現職
専門：社会科教育，法教育，教職論

「地域」の学び方

経済・社会を身近に考えよう

2022年3月31日　第1刷発行

編　者　　帝京大学地域経済学科
　　　　　編　集　委　員　会

発行者　　　片　倉　和　夫

発行所　　株式会社 八 朔 社
〒101-0062　東京都千代田区神田駿河台1-7-7
Tel 03-5244-5289 Fax 03-5244-5298
http://hassaku-sha.la.coocan.jp/
E-mail：hassaku-sha@nifty.com

組版：鈴木まり／印刷製本：厚徳社

ISBN 978-4-86014-107-3